Barbara Bronnen
Meine Väter

Insel Verlag

© Insel Verlag Berlin 2012
Alle Rechte vorbehalten, insbesondere das der Übersetzung,
des öffentlichen Vortrags sowie der Übertragung
durch Rundfunk und Fernsehen, auch einzelner Teile.
Kein Teil des Werkes darf in irgendeiner Form
(durch Fotografie, Mikrofilm oder andere Verfahren)
ohne schriftliche Genehmigung des Verlages reproduziert
oder unter Verwendung elektronischer Systeme
verarbeitet, vervielfältigt oder verbreitet werden.
Satz: Hümmer GmbH, Waldbüttelbrunn
Druck: Druckhaus Nomos, Sinzheim
Printed in Germany
Erste Auflage 2012
ISBN 978-3-458-17534-6

1 2 3 4 5 6 – 17 16 15 14 13 12

Meine Väter

Für meine Schwester Franziska mit Pierre-Dominique
meinen Sohn Florian mit Anja
meine Enkelkinder Tabea und Nils
meinen Bruder Andreas
meine Cousins Hans und Fred
meinen Neffen Günther mit
Ulrike, Tobias und Sulamith
und Bernd C. Hesslein

Der Mythos einer Familie entsteht, wenn eine einzige Geschichte versteinert wird. *David Grossmann*

1. Findlinge

Der Findling, der mein Vater ist, auf dem Dorotheenstädtischen Friedhof in Berlin.
Arnolt Bronnen, Schriftsteller. Geboren 1895. Gestorben 1959 in Ostberlin.
Selbstfindling. Ein erratischer Block, vom Alpenrand in die Ebene Berlins transportiert. Inbegriff der Vereinzelung.
Ein grauer Himmel scheint sich herabzusenken, als würden sich Himmel und Erde vermählen. Knapper Austausch mit dem Vater.
Neben ihm Christa Wolf. Am Ende ihrer literarischen Autobiographie stellte sie sich die Frage: Wie sind wir geworden, was wir sind? Eine Frage, die auch Arnolt Bronnen umtrieb. Gegenüber Günter Gaus, im ewigen Interview mit meinem Vater verstrickt. Ich bin sicher, daß er Neues herausfindet. In der Nähe Weggefährten: Bertolt Brecht, Helene Weigel, John Heartfield, Wieland Herzfelde, Johannes R. Becher.
Arnolt gibt das Theater nicht auf, richtet sein blaufunkelndes Monokel auf mich und schüttelt den Kopf. Immer hat er schnell die Tür zugemacht, damit niemand einen Fuß dazwischenstellt und ihm das Geheimnis raubt. Er spielt nach wie vor mit verdeckten Karten, wenn ich nach seinem Vater frage.
Steinerne Stirn. Nichts, was ihn ins Wanken bringt.
Ach, gib's doch auf, Genosse.
Unheimliches Laubgeraschel, verräterisches Kreischen eines Eichelhähers. Eine Katze in der Dämmerung. Feuchtes Gras. Erdgeruch.

Kalte Füße.
Ich sage, daß ich mich nicht davon abbringen lasse, die Wahrheit über den Großvater und den Vaterschaftsprozeß herauszubekommen. Ich fühle, daß da etwas nicht stimmt. Daß der Trick mit der Selbstgeburt nichts anderes ist als Selbstbetrug.
Ich warte auf das ersehnte Zeichen.
Er schweigt. Ich drohe. Daß ich den Sarg des Großvaters öffnen werde. Daß Großvater auferstehen und den Mund auftun würde, über kakanische Familienabgründe hinweg.
Sie wendet sich ab.
Verläßt den Dorotheenstädtischen Friedhof. Hat sie wirklich erwartet, daß von Vaterseite etwas käme?
Es gibt immer weniger Berührungspunkte zwischen ihrem Vater und ihr.
Sie hat angenommen, wenn sie oft genug über ihren Vater schreibt, wird sich das Geheimnis enthüllen. Fehlanzeige.
Doch je älter sie wird, desto dringlicher wird es ihr, Bescheid zu wissen.
Ich gehe weiter und finde mich auf dem Stelenfeld wieder, erbaut vom jüdischen Architekten Daniel Libeskind. Betrachte die Kinder, die von Stele zu Stele springen oder Verstecken spielen, die Jugendlichen, die einen Joint rauchen. Zwei Busse halten, einer mit deutschen, einer mit jüdischen Besuchern, die ernste Gesichter aufsetzen; hinter einer Stele sehe ich den Penner, der verstohlen pinkelt. Als die Busse abfahren, ist es ruhig.
Die Anonymität bedrückt.
Dazwischen leerer Raum. Spalten. Sie steigt von der Stele hinab.
Im Hotel, an der Rezeption, verlange ich die Rechnung. Ich gehe in mein Zimmer, packe Kleider, Laptop und

Arbeitsmaterial ein und fahre zum Bahnhof. Ich buche einen Platz im Liegewagen nach Krakau.
Eigentlich wollte ich zwei Wochen in Berlin bleiben.
Ich gebe dem Schaffner zehn Euro und bekomme ein Abteil für mich allein. Ich schlafe im Liegewagen eine Stunde wie tot.
Wie komme ich in diesen Schlafwagen?
Dann begreife ich, warum ich hier bin. Ich muß den Weg zur Wahrheit finden.
Mich herantasten. Mich fragen, wie andere mich stets fragten.
Mein Großvater ist in Auschwitz geboren.
Gestorben?
Nein, geboren.
Im KZ?
Nein, in Auschwitz.
Das geht?
Das ging.
War er Jude?
Jude oder Halbjude.
Was denn nun?
Ich weiß es nicht.
Du weißt es nicht?
Ich weiß nur, daß mein Vater meinen Großvater nicht zum Vater haben wollte.
Wie kam der Großvater damit zurecht? Wie lebte er? Was hat seine Geschichte bei ihrem Vater ausgelöst? Was macht sie aus ihr?
Ich staune über mein Unwissen. Schließlich habe ich im Lauf der letzten Jahrzehnte bereits in meiner Familiengeschichte gegraben.
Ich bleibe wach in dieser Nacht.
Diese Familienversenkung, die stets vor dem Großvater haltmachte.

Alles, was sie hat, sind ein paar Papiere und Hefte.
Was will sie vom Großvater erfahren?
Ich fahre meinen Laptop hoch. Hier habe ich alles zusammengetragen, ich sehe es durch. Immerhin zuverlässiges Material zur Biographie eines Unbekannten.
Bestandsaufnahme.
Ich besitze:
Das Typoskript seiner Lebenserinnerungen von über fünfhundert Seiten, abgeschlossen 1948.
Seine Dramen in Fotokopien.
Einen Gedichtband.
»Unter strikenden Bergleuten«, eine Skizze von Ferdinand Bronner aus dem Jahr 1900, veröffentlicht in »Die Zeit« am 10. Februar 1900.
Das Verzeichnis seiner Einschreibungen an der Wiener Universität.
Das Einreichungsprotokoll der Lehramtsprüfungen in Wien von 1894 bis 1896.
Den Auszug aus dem Jahrbuch des höheren Unterrichtswesens in Österreich von 1895 bis 1914.
Die Trauungsurkunde von Dr. Ferdinand Wilhelm Bronner und Martha Schelle aus dem Jahr 1894.
Die Mitgliedsliste des österreichischen PEN von 1947, in der er aufgeführt ist.
Einen Brief Ferdinand Bronners an seinen Enkel Fred Adler vom 29. 5. 1947.
Die Fotokopien der Briefe meiner Großmutter Martha Bronner zur Vaterschaft ihres Mannes aus den Jahren 1938 und 1940.
Einen Artikel aus dem Prager »Sozialdemokrat« vom 20. Juli 1933: »Wie Arnolt Bronnen ein rassereiner Arier wurde«, in dem es auch um Ferdinand Bronner geht.
Zeugnisse und Abstammungsbescheide sowie Karteikarten der Reichssippenämter Berlin und Wien.

Die Prozeßakten des Landgerichts Berlin vom 5. Mai 1941 im Rechtsstreit »Arnold Hans Bronner genannt Bronnen« gegen Ferdinand Bronner.
Briefe des Präsidenten der Reichsschrifttumskammer an Arnolt Bronnen, später an »Arnold Schelle«, so sein Name nach dem Prozeß.
Briefe des Reichsrundfunks an Arnolt Bronnen.
Briefe des Gau-Amts für Sippenforschung Wien sowie die Aufforderung an »Prof. Ferdinand Bronner«, sich im Amt für Sippenforschung in Wien einzufinden.
Einen Brief des NSV Wien.
Einen Brief des Polizeireviers Wien.
Einen Artikel über Ferdinand Bronner und Arnolt Bronnen aus den *Abwehrblättern*.
Einen Artikel von Willi Frischauer aus der Wiener Sonn- und Montagszeitung 1935.
Nicht zuletzt habe ich zu Hause noch ein zerfleddertes, uraltes Märchenbuch der Gebrüder Grimm mit herrlichen Jugendstilbildern, in dem sein Name steht. Und seine *Deutsche Sprachlehre*, den Willomitzer-Tschinkel, in dem statt Adjektiv »Eigenschaftswort« steht.
Gut und schön. Reicht aber nicht aus.
Dazu eine durch und durch kaputte Familie.
Sie macht einen Film über ihren Vater. Den Großvater läßt sie natürlich außen vor.
Ohne Erfolg.
Es läßt ihr keine Ruhe. Sie fragt nach ihm.
Meine Mutter. Sie, die am meisten hätte erzählen können, verzieh meinem Vater nicht, daß er sie verlassen hatte, und warf ihm unablässig alle möglichen Vergehen gegen sie und ihre Kinder vor, so daß das Bild des Großvaters hinter ihren Anklagen verschwand.
Das liebe, alte Mädchen schüttelte wiederholt den kni-

sternden Lockenkopf und blickte mich mit einem Ausdruck an, als müsse ich verstehen, was sie nicht sagte. Irritierend war, daß sie kaum Bruchteile aus dem geheimnisvollen Dunkel um meinen Großvater zutage förderte. Das fahrige Nicht-erinnern-Können all jener, die sehr mit ihrem Schmerz beschäftigt sind, vergrößerte meine Verwirrung.

Nun begann eine großangelegte Suche. Ich fuhr im Jahr 1987 durch die DDR, um die Reise meines Vaters im Jahr 1955 nachzuvollziehen, die in das Buch *Deutschland, kein Wintermärchen* mündete. Ich fuhr zum ersten Mal nach Polen, um etwas über die Werwölfe, die in seinem Roman über Oberschlesien *O. S.* um Annaberg und Beuthen ihr Unwesen treiben, herauszufinden. Ich hielt mich kurz in Auschwitz auf, dem Geburtsort des Großvaters, mehr wollte ich nicht.

Ich sprach mit jenen, die ihn gekannt hatten, Freunden und Feinden, Franz Kain, Ernst Jünger, Axel Eggebrecht, Hans Bunge, Walter Schmidinger, Rolf Schneider, Wolfgang Kohlhaase, Karl-Heinz Gerstner, mit Renate, der Witwe meines Vaters, meiner Schwester Franziska, mit Hans Mayer.

Dem Großvater widmete ich immerhin ein paar Seiten. Letzter Versuch. Jetzt.

Liegengelassenes hat sie im Kopf, Fragmente, Verworfenes, das sie bedrängt und wieder aufgenommen werden will. Verkanntes, das neu gedacht werden mußte.

Meine wichtigste Zeugin: die Schwester meines Vaters, Ellida. Ich entdeckte meine Aufzeichnungen über unser Gespräch. Ein paar Jahre vor ihrem Tod mit sechsundachtzig Jahren wandte ich mich an meine Tante, und sie war sofort gesprächsbereit.

Wir trafen uns im Café Annast am Münchner Hofgarten.

Sie kam aus Los Angeles, wo sie lebte, und zum ersten Mal hörte ich Näheres von ihrem jüdischen Elternhaus in Auschwitz. Karg sei die Zeit gewesen, ärmlich, und autoritär der Vater, mit dem sie, wie ihr Bruder Arnolt, heftige Konflikte austrug. Rebellisch wie sie war, flog sie aus der Schule, schaffte es aber, die Handelsschule abzuschließen. Ihr erster Chef zögerte lange, sie anzustellen – die rothaarige Ellida war zu attraktiv, und er sah die Arbeitsmoral im Büro gefährdet.

Noch in hohem Alter sah sie beeindruckend gut aus, mit einem schmalen, zarten Körper, sie roch nach einem spritzigen Parfum, trug über ihrer markanten Nase und hohen Stirn einen kleinen, hellen Hut, unter dem weißblondes Haar hervorspitzte, eine cremefarbene Seidenbluse und ein beiges Kostüm über formvollendeten Waden und kleinem Stöckelschuh-Fuß. Sie war dezent geschminkt. Auffallend ranker Hals unter glattem Gesicht mit blitzblauen Augen, pinkfarbenem Mund und Rosenwangen. Warmer austriakischer Tonfall, melodischer Singsang, durchsetzt von Austrian-English.

Sie heiratete 1923 im Alter von dreiundzwanzig Jahren den Juden Michael Adler, 1879 in Zabokreky in der Slowakei, nicht allzuweit von Nitra (Neutra) geboren, der 1944, als Ellida längst von ihm geschieden und ihr 1925 geborener Sohn Friedrich, Friedl genannt, neunzehn Jahre alt war, in einem deutschen Konzentrationslager in Jugoslawien elend zugrunde ging. Adler war Partner von Adler & Bettelheim und Vertreter und Einkäufer für das Warenhaus Gernegroß, das die Nazis ausraubten und zerstörten. Sie wohnte nach der Scheidung 1929 mit ihrem Sohn bei den Eltern in Wien in der Reithlegasse 12, verließ 1935 Österreich und ging als Gesellschaftsdame mit ihrer großen Liebe, einem vermögenden Industriellen aus

England, auf Weltreise, lebte dann mit ihm in Arizona. Nach seinem Selbstmord blieb sie in Amerika, arbeitete in Gaststätten und für große Firmen an den Rechenmaschinen. Sie heiratete abermals, Hans Fenichel, Emigrant, und sie heiratete noch ein drittes Mal, einen Pensionär, den sie beharrlich »Poor Norbert« nannte. Alle drei Männer waren Juden. Wobei sie lachte, daß es sie schüttelte, ein unvergeßliches, wildes Lachen. Dann wechselte sie wieder zu damenhaftem Charme.

Ihr Sohn Friedl, heute nennt er sich Fred, mußte in St. Gallen zur Schule gehen, da er die Wiener Schulen nicht besuchen durfte. Er gelangte 1942 auf abenteuerlichen Wegen nach Amerika. Mittels der Quäker, Freunden seines Großvaters mütterlicherseits und der Reiseagentur Cook besorgte Ellida ihm die Papiere. Von Zürich aus fuhr er quer durch das von den Deutschen besetzte Frankreich, beschützt von seinem slowakischen Paß – die Slowakei war damals ein unabhängiger Staat –, über Spanien nach Lissabon und schiffte sich auf der Cavalho Arujo, dem Roten Pferd, einem alten Dampfer, nach den USA ein. Riesige Schiffe der portugiesischen Flagge begleiteten den Dampfer zu beiden Seiten und tasteten nachts mit ihren Scheinwerfern das Meer nach U-Booten ab. Nach einem Monat erreichte er schließlich New York, sparte, bis er das Geld fürs Studium beisammenhatte und schloß als Diplomingenieur ab.

Fred war es auch, der mir einen ganzen Packen von Zeitungsausschnitten schickte, als er von meinem Vorhaben erfuhr – engagierte Leserbriefe Ellidas an die *Los Angeles Times* über die Diskriminierung der Schwarzen, den Mord an einem Friedensdemonstranten und über soziale Mißstände. Nach ihrer Pensionierung arbeitete sie als freiwillige Helferin in Kinderhospitälern und Rehabilitierungszentren und als Tutorin in Schulen und führte, von einer intellektuellen jüdischen Clique umgeben, ein ausgefülltes Leben.

Nachrichten von Wiener Freunden beeinflußten ihr Deutschland- und Österreich-Bild. Ihr Fazit: nie wieder zurück. Sie machte aus ihrer Enttäuschung darüber, daß die Deutschen sich nicht gegen Hitler erhoben hatten, kein Hehl.

Mit Selbstachtung kannte sie sich aus.

»Tante Ellida« hatte meiner Schwester und mir in der Nachkriegszeit zu Weihnachten und an den Geburtstagen wilde Sachen geschickt, einen knallroten Dreiviertelmantel, Pullover mit Indianermuster oder genietete Hosen, Sachen, die im Linz der fünfziger Jahre einen zweideutigen Eindruck hinterließen. Eine willkommene Abwechslung, da unsere Mutter es liebte, uns einheitlich zu kleiden wie Zwillinge.

Ellida stand zu ihrem Leben. Erinnerungen waren weniger ihre Sache – das war für sie Vergangenheit. Sie handelte lieber.

Alles an ihr strömte eine liebenswürdige Zurückhaltung aus. Nein, die Beziehung zu ihrem Vater sei keineswegs einfach gewesen. Er habe immer eine tiefe Angst vor Gefühlen gehabt, niemals Gefühle gezeigt und wenig von sich erzählt, kein Wort über sein Judentum. Er wollte in der Nazi- und Nachkriegszeit seine Kinder nicht gefährden, sagte sie und zuckte dabei die Achseln. Eine ungewöhnliche Reaktion dieser sonst so offenherzigen Frau. Das rief Zweifel bei mir hervor, ob sie mir sagte, was sie wußte. Aber ich fühlte auch, daß sie mit ihrer Vergangenheit längst abgeschlossen hatte.

In der letzten Viertelstunde im Café übergab sie mir mit rotlackierten, langen Fingernägeln Fotos, Bilder meines

Großvaters. Eine unerwartete Entdeckung, die ich erst jetzt zu schätzen weiß.
Ein frühes Bild, er ist vielleicht fünfundzwanzig. Die gleiche Art, zur Seite zu blicken, wie mein Vater, mit einer gewissen Entschiedenheit, von feinen Lippen noch unterstrichen, die das Lächeln nicht lernten. Eine ausgeprägte, doch nicht zu große Nase, gewölbte Brauen. Ein durchaus hübsches, gefälliges Jungmanngesicht. Der Blick verliert sich in der Ferne.
Das Bild enthüllt nicht, was er sein könnte.
Auf dem späteren Bild, er ist vielleicht fünfzig, erkenne ich noch Züge des früheren Gesichts, aber ich sehe auch, was es geprägt hat, ahne versteckte Krisen und eine ziemliche Beharrlichkeit.
Er trägt einen dunklen Anzug, ein weißes Hemd mit hohem Kragen und Krawatte, eine Weste mit Uhrenkette, die Hand in einer energischen Geste erhoben. Er hält sich aufrecht. Groß war er nicht, um die einszweiundsiebzig, im Unterschied zu seinem hochgewachsenen Sohn Arnolt.
Seine Miene hat etwas Melancholisch-Humorvolles, keineswegs Trauriges. Er hat die Augen meines Vaters. Hinter seinem wachen Blick vermute ich einen scharfen Verstand. Kein Märtyrer jedenfalls, sondern einer, der tüftelt, wie man davonkommt. Der Blick, die feinen Brauen, der sensible Mund, die gelichtete Stirn – ja, es könnte ein Bild meines Vaters sein.
Immerhin weiß sie jetzt, was eines der Geheimnisse um Vaters Herkunft war. Fremde jüdische Clans halten in ihrem Kopf Einzug, tanzen um eine gespenstische Geschichte, beugen sich über einen Abgrund.
In letzter Minute, kurz bevor Ellida den Fuß aufs Trittbrett ihres Zuges setzte, gab sie mir noch ein dickes Ma-

nuskript, das sie in einer pinkfarbenen Plastiktasche mitgeschleppt hatte. Das hätte ich beinahe vergessen, sagte sie, aber ich fühlte, daß das nicht die Wahrheit war. Sie wollte mit mir darüber nicht sprechen.
Die Lebenserinnerungen meines Vaters, sagte sie, eine Kopie. Das Problem ist nur, er ist es nicht. Nur zum Teil.
Sie lachte heftig. Ihr Gesichtsausdruck war listig.
Was heißt das, fragte ich, warum ist er es nicht?
Du wirst schon sehen, sagte sie belustigt.
Die Tür schloß sich seufzend hinter ihr.
Ich schleppte den Wälzer heim. Doch nun, da ich ihn besaß, war er mir seltsamerweise nicht mehr wichtig. Ich las nur an, übersah, was dahinterstand, fühlte mich betrogen, legte ihn beiseite. Später einmal.
Der Vater war mir wichtiger.
Der Vater, immer wieder der Vater, ihr Wunschbild von einem Vater, der ohne Fehl und Tadel sein Leben gemeistert hätte.
Wird sie auf der Suche nach ihrem Großvater erfahren, wie aus ihren Vätern das wurde, was ihnen die einen als schändliches Vergehen, die anderen als schmähliches Anpassungsverhalten vorwarfen?
Schon früher bin ich auf Wiener und Linzer Verwandte gestoßen, doch bislang gab es zwischen diesen beiden Familienzweigen keinerlei Kontakte. Außerdem hörte ich nichts Freundliches. Man habe nicht vor, mit einer Tochter Arnolt Bronnens in Verbindung zu treten.
Ich stelle fest, daß das nur Gerüchte sind, die ich nie überprüfte. Wage einen Vorstoß und nehme Kontakt zu meinem Neffen Günter Bronner auf, Urenkel von Großvaters Bruder gleichen Vornamens, der in gewisser Weise in die Fußstapfen seines Ururgroßvaters, des Waldhegers, getreten ist: Er ist Forstwirt, eingebunden in österreichi-

sche Waldschutzpolitik, in Natur- und Umweltschutz engagiert und berät und leitet die Waldbewirtschaftung der Forstbetriebe der Esterhazy und anderer Abkömmlinge austriakischen Hochadels.
Ich bin überrascht. Günther, ein liebenswürdiger Mann, ehemaliger Jungpfadfinder, nimmt mich mit offenen Armen auf. Es ist, als hätte er nur auf diesen Moment gewartet. Er findet es seltsam, daß sich die beiden Familienzweige über all die Jahre gemieden haben. Ich wiederum finde es nicht verwunderlich: Schließlich hat mein Vater einen Vaterschaftsprozeß gegen die Familie geführt.
Meine Vermutung, daß Günther nichts von einem jüdischen Urgroßvater wußte, bestätigt sich. Man sprach nicht darüber, und als er, spät genug, nachfragte, erhielt er nur ausweichende Antworten. Doch ohne etwas Genaues über die Herkunft seines Urgroßvaters zu wissen, hat Günther vor über zwanzig Jahren seine Tochter Sulamith getauft.
Ich kenne diese sträfliche Trägheit, die dazu verführt, das Schweigen mitzutragen. Mein Cousin Günther ist dreiundfünfzig Jahre alt und denkt heute, daß es für seine Kinder vielleicht nicht unerheblich ist, zu wissen, woher sie kommen.
Er ist beunruhigt, ob mein Treffen mit seinen Eltern ohne heftige Auseinandersetzung verlaufen wird. Ich antworte, daß ich kein Recht habe, zu verurteilen: nirgendwo wurde mir das Verschweigen deutlicher demonstriert als in meinem Elternhaus.
Günthers Vater, Dr. Hans Bronner, Enkel meines Großvaters und Sohn des Bruders meines Vaters namens Günther, ist eine andere Generation. Ich treffe ihn im Linzer Café Glockenspiel, wo er dem »Club der Namenlosen«, einem unpolitischen Akademiker-Verbund, der sich

primär mit Linzer Problematiken beschäftigt, angehört. Ein bescheidener, zurückhaltender Mann, über achtzig Jahre alt, der Landwirtschaft studierte, sich dem Zuckerrübenanbau widmete und aktiv für Natur- und Umweltschutz eintritt. Liebenswürdig und mit altösterreichischem Charme hat er früh eine Entscheidung gefällt: nicht aufzufallen und »gerade bei diesem Thema« vorsichtig zu sein. Er hat seinem Sohn lange nicht gesagt, daß sein Vater jüdischer Herkunft war und nie hätte er es gewagt, bei seinem Schwiegervater um die Hand seiner Frau anzuhalten, hätte jener davon gewußt. Ich könne nicht ahnen, wie groß der Antisemitismus in Österreich immer noch sei, flüstert er und blickt sich vorsichtig im Café um, da ginge es nicht immer gemütlich zu.

Ich weiß das und antworte, so hielte man die alten und neuen Braunen keineswegs in Schach, abgesehen davon gebe es heute keine Gefahr, wenn man sagte, daß man jüdischer Herkunft sei.

Von seinem Großvater weiß Hans nicht viel; vielleicht möchte er aber auch nicht darüber sprechen. Aber er hat Fotos, von seinen Eltern, Großeltern und Ellida, die er später in seinem Haus am Pöstlingberg auf dem Tisch neben meinem Teller mit gerösteten Knödeln und Rührei ausbreitet. Und anhand der Fotos beginnt er doch ein wenig zu erzählen.

Wenn man Ahnen nachstellt, kann man an Witwen nicht vorübergehen. Ich wende mich an die Witwe meines Vaters, Renate, im ehemaligen Intelligenzviertel in Ostberlin. Sie war 1954 mit meinem Vater aus Linz dorthin gezogen. Ein befremdliches Land für sie mit seinen Spruchbändern und Fahnen, und Ideologien konnten sie schon gar nicht begeistern. Es gab Augenblicke, da hätte ich auf die Barrikaden gehen können, lautete einer ihrer Aussprü-

che, aber sie wäre auch sehr schnell wieder heruntergeklettert und hätte sich alles in Ruhe angesehen.
Mit ihrer Naivität hatte Renate meinen brüchigen und sensiblen Vater angezogen, und er wiederum war so klug, ihr nicht alles zu erzählen. Sie war ihm eine große Hilfe in ihrer unverbildeten Fröhlichkeit – als Kumpel ging sie mit ihm in die DDR und verstand es, ihn, soweit möglich, zu integrieren, war Bindeglied zu ein paar Freunden. Mit seiner Welt allerdings blieb er dort allein.
Die Witwe ist von Arnolt Bronnen auf das Tabu seiner Herkunft dermaßen eingeschworen, daß sie meinem Vorhaben nur Verachtung entgegenbringen kann. Denn als ich ankündige, mich dem Leben des Großvaters widmen zu wollen, fällt sie mir kämpferisch mit Schauspieler-Tremolo und aufgerissenen, kastanienbraunen Augen ins Wort: Was willst du denn mit dem! Dieser eifernden Lehrerseele, diesem Schandschreiberling! Gib endlich Ruh' und laß diese alten Geschichten, sonst kriegst du's mit mir zu tun.
Die fast neunzigjährige Tochter eines k. & k. Offiziers wirft mir mit austriakischem Charme und amüsiertem Mißfallen einen quicklebendigen, aber abschätzigen Blick zu und verläßt hüftschwenkend das Wohnzimmer, daß der Boden zittert und die Sektgläser in der Kommode nervös miteinander anstoßen.
Ich weiß, was sie erbittert. Sie hat Angst, mein Vater könnte gelogen haben. Wenn das Konstrukt mit dem selbstgewählten Erzeuger in sich zusammenfiele, gäbe es keine Verwendung mehr für ihre postume Solidarität.
Mit ihrer Hilfe kann ich nicht rechnen, abgesehen davon, daß ihren Kopf die Version meines Vaters besetzt, wonach jener »Professor« niemals sein Vater war.
Ihr Sohn, mein Halbbruder Andreas, entzieht sich dem

Gespräch, will sich auf das Thema gar nicht erst einlassen – vielleicht aus Solidarität mit seiner Mutter? Oder weil er, in der DDR aufgewachsen, die unter dem Deckmantel des Antizionismus den Antisemitismus am Leben erhielt, es lieber nicht genau wissen will?
Eine geballte Ladung an Vorbehalten ist auf mich herabgeprasselt.
Es scheint, als sei der imaginäre Großvater nicht zu fassen.
Ein Großteil der Vorwürfe Renates ließe sich auch anders formulieren: Hätte die Witwe ihres Vaters den Großvater gekannt, sie hätte ihn nicht gemocht, weil er Jude war.
Renate Bronnen hat sie sogar aus dieser seltsamen Patchworkfamilie verbannt, weil sie über den Großvater schreiben will! Ich will nichts mehr mit dir zu tun haben, hatte sie gesagt.
Dann hat Renate jemand gesteckt, diese Haltung sei unmodern, und modern wollte sie immer sein. So hat sie ein paar Wochen später angerufen und ihr gesagt, daß sie das nichts angehe und sie auch nichts mehr davon hören wolle.
Warum verschweigt sie das? Hat sie Angst, den Zugang zu ihrem Vater und Großvater zu verlieren, wenn Renate sie verdammt?
Nun, so versichert sie, soll alles anders werden. Deswegen fahre sie ja nach Auschwitz.
Ich war schon mal in Auschwitz, habe aber nichts herausbekommen. Ich blättere in meinem Adressbuch und suche die Nummer des Professors in Warschau.
Ich muß es wissen, antworte ich auf seine Fragen. Bitte helfen Sie mir.
Kurz darauf ruft er zurück und gibt mir zwei Adressen.
Und was tut sie, setzt sich noch im Abteil hin und fängt

tatsächlich mit einem Buch an, das sie »Meine Väter« *nennt.*
Wie faßt sie die Vergangenheit? Womit fängt sie an?
Erst einmal Sicheres, Verbrieftes, immer wieder schleicht sie um alles herum.
Wenn ich zurückdenke, sieht es so aus: In meiner Kindheit habe ich immer nur einen Großvater gehabt, den Mann, den meine Großmutter mütterlicherseits geheiratet hatte. Von diesem Mann ist alles erhalten, jede Notiz, jedes Gedicht, die Aufzeichnungen und Briefe aus dem Krieg. Meine Großmutter hat alles, was Opas Karriere als Ulanenoberst betrifft, einem Militärarchiv vermacht und die privaten Dinge uns »mit noch warmen Händen« weitergereicht.
Es gab noch seine Trinkbecher aus Silber, das ledergebundene, handgeschriebene Verzeichnis »all der Pferde, die ich geritten«, den Schreibtisch des Urgroßvaters, die Fotos und die Bilder seiner Familie, das Gemälde seiner Mutter, der »Generalin«, die unablässig Zigarren rauchte und starb, »schwarzgeräuchert wie ein Ofenloch und voller Brandlöcher«, so meine Großmutter. Der Familienbesitz der Horns, der Familie meiner Großmutter aus Bamberg, war erhalten, die Wäschelisten ihrer Aussteuer, die Sterbebildchen und Rosenkränze, Babylocken und Kinderzähnchen, Opas Reitgerte, die hinter der Wohnungstür meiner Großmutter hing, um Einbrechern eins überzuziehen, Vasen, Gläser, Silberbesteck, Damastbettwäsche, das schöne Service mit den Rosentassen, die »Bier- und Sektzipfel« aus Opas schlagender Verbindung, echt Silber und graviert, alles da. Dazu ein brokatüberzogener, mit einer siebenzackigen Krone und dem Wappenluchs geschmückter Ordner mit Ahnentafeln und Herkunftsbeweisen. Else von Lossow, die Großmutter mütterlicherseits, blätterte oft darin.

Sie wußte noch genau, wie es an jenem 9. November 1923 an der Feldherrnhalle zugegangen war oder wer beim Trauerzug für Kardinal Faulhaber mitmarschierte, und erzählte ergreifend vom schönen, jungen Mann, der in ihren Armen starb, als sie Krankenschwester im Ersten Weltkrieg war.
Sie steckte voller Familienanekdoten, die bis zu ihrer Urgroßmutter zurückreichten. Geschichten um die »Generalin« bildeten unsere Märchen. Wenn sie nach einer Einladung zum Tee heimkam, diese Suffragette, ließ sie immer etwas aus dem Rock fallen, und wenn ihr Mann fragte: Was ist das?, habe sie geantwortet: Kekse, hab ich eingesteckt. Sehr sparsame Frau. Wenn Winterwetter war, glatt und kalt, wickelte sie sich die Scheuerlappen um die Füße und zog die Stiefel ihrer Söhne an, alle einsneunundneunzig und Schuhgröße sechsundvierzig aufwärts. Zimperlich war sie nicht. Sie rauchte täglich vierzehn Schweizer Zigarren, jede Stunde eine. Achtung, glühende Asche! rief dann meine Großmutter, und sie machte nur »Pfff!«. Pfff! machten dann auch wir, wie die Generalin, wenn sie Asche auf den Boden fallen ließ, denn die Geschichte kannten wir schon.
Meine Großmutter hatte ein reich gefülltes Schleppnetz voller Geschichten, das sie durch ein Jahrhundert zerrte. Aus diesem Netz holte sie etwas heraus oder warf es zurück, je nachdem. Jedenfalls ist uns kaum etwas Wissenswertes aus ihrer Familie verlorengegangen. Es hatte etwas mit ihrer Achtung vor ihrer Familie zu tun. Es war ihre Einsicht, daß das Leben auch darin bestand, zu seinen Angehörigen zu stehen, und sie wußte, daß man manchmal Dinge tun mußte, die nur mit Härte und Disziplin zu erreichen waren.
So war es weitergetragen worden von Generation zu Ge-

neration, und so war sie erzogen worden, weiterzugeben. Klar umrissene Aufgaben, die sie damit verband. Heute hat Tante Emma Geburtstag, bitte schreib! Ria liegt im Krankenhaus, schau bitte vorbei! Onkel Paul hat den Fuß gebrochen, bring ihm sein Bier! Wir lebten mit ihr in einem ständigen Dialog, Austausch von einem zum anderen, das verfestigte unsere Beziehungen und wirkt bis heute in unseren Beziehungen fort.
Sie schlüpft in die Kinderschuhe. In diesem geordneten System hält sie sich gerne auf, unter uralten Gespenstern. Geh in dein Zimmer. Sei still. Du hast zu schweigen, wenn Erwachsene reden.
Das war nicht ohne Härte, aber es waren klare Verhältnisse. Ein abgeschotteter Raum, in dem sie sich sicher fühlte. Er gab Vertrauen und Schutz. Hier schien alles eindeutig, belegbar.
Sie hält das lange Zeit für den besseren Teil ihrer Familie. Vergleicht. Schiebt den Anteil an Geschichte, den der Cousin ihres Großvaters, der Reichswehrbefehlshaber Generalleutnant Otto von Lossow hat, in den Hitlerputsch 1923 verwickelt, beiseite. Wie trübe, meint sie, sähe es dagegen bei ihrem Großvater väterlicherseits aus!
Was soll das jetzt?
Damit kommt sie nicht weiter.
Ich öffne meinen Koffer, betrachte den ungeordneten Papierstapel und ziehe Großvaters Erinnerungen, die ich von meiner Tante Ellida erhielt, heraus.
Bis kurz vor Krakau sitze ich über den Reliquien. Bruchstücke seines Lebens.
Zu besonderer Zuversicht besteht kein Anlaß. Sein Leben liegt in weiter Ferne. Alles, was von Ferdinand Bronner noch übrig ist, ist Papier. Seine Bühnenstücke waren nicht von Dauer. Seine hinterlassenen Erinnerungen enden 1918.

Er starb drei Jahre nach Kriegsende, nur elf Jahre vor seinem Sohn Arnolt Bronnen.
Seine Vergangenheit ist eine immer ferner rückende Anlegestelle.
Mir ist nach Gesellschaft zumute.
Ich sitze auf dem Liegebett, nehme einen zweiten Becher und schenke dem Großvater ein.
Sollst leben, sage ich.
Tut er aber nicht.
Wuselt weiter in meinem Kopf herum.
Alles, was sie hat, sind diese Papiere. Daß der Blick auf den Nachlaß die Person nicht preisgibt, sondern nur eine höchst unzureichende Ansicht von ihr vermittelt, neben der es ein Dutzend andere, ebenso unzuverlässige Blickwinkel gibt – dieser Gedanke hat doch nur Niederschmetterndes, ihr aber scheint er trotzdem zu gefallen.
Schließlich hat sie noch ein Archiv besonderer Art: ihre Kombinationsgabe und Imagination.
Vielleicht bergen diese Lebensschnipsel eine Wahrheit?

* * *

2. Reliquien

Ich würde ja gern daran glauben, daß ich mehr als andere weiß, doch wenn ich ehrlich bin, war mir Großvaters Geschichte langweilig, ohne sie zu kennen.
Mit einemmal bringt mich das in Rage. Ich habe das dichte Schweigen, das sich um den Großvater gebildet hat, akzeptiert und mich nicht mit ihm auseinandergesetzt. Nicht anders als meine Familie, lebte ich vorsichtig und verschlossen. So hat er sich nach und nach verflüchtigt, bleibt ungreifbar und nebelhaft.
Wie achtlos ich mit diesem Menschen umgegangen bin.
Ich will herauskriegen, wie es dazu gekommen ist.
Was war da mit ihr los?
Sie muß zurück in ihre kindlichen Erfahrungen. Muß die Erlebnisse jener Zeit heraufbeschwören.
Das Schweigen des Vaters, das Schweigen der Mutter, das Schweigen des Großvaters selbst, ihr eigenes Schweigen – ihr Versäumnis, das Schweigen rechtzeitig durch Fragen zu brechen.
Wo waren meine Neugierde, mein Verstand? Warum ließ ich mich so lange einwickeln und blieb Komplizin in diesem Gerede der Mutterfamilie um Adel, siebenzackige Kronen und Familienehre? Warum war dieses kleine Mädchen so unaufmerksam gegenüber dem anderen Teil der Familie, so einfältig?
Wie kam es zu dieser verzerrten Wahrnehmung?
Geflüster. Schweigen. Auslassungen. Andeutungen.
Woher sollte ich etwas erfahren? Niemand sagte mir, daß es auch Onkel und Tanten väterlicherseits gab, während es mütterlicherseits von Tanten und Onkeln nur so wim-

melte. So gab es auf der Vaterseite auch keine Verpflichtungen, keine Besuche, und nie fuhren wir zum Geburtstag oder Begräbnis irgendeines väterlichen Verwandten. Alle Fäden abgeschnitten.
Aus dem Schweigen zog sie lange Zeit Gewinn. Sie mußte sich nicht bemühen. Es entsprach der Familienmoral. War Kennzeichen ihrer Generation. Als »Flüchtlingskind« lebte sie isoliert, träge, unsicher, verträumt. Im Nichtfragen war sie geradezu Meister.
Sie fordert von sich Genauigkeit.
Ich war vier Jahre alt, als wir von Berlin nach Goisern im Salzkammergut zogen, wo ich zwei Jahre später, im Sommer barfuß und unter Bombenbeschuß, ein paar Monate die Volksschule besuchte, bis die Tiefflieger kamen und bald Panzerwagen, Tanks, Sanitätswagen, der Troß mehrerer Armeen durch den Lazarett-Ort krochen, sie kamen über den Pötschen-Paß.
Österreich, die »letzte Bastion der deutschen Kultur im Falle einer Weltkrise«, wie mein Vater schrieb.
Nach Goisern kamen damals auch meine Großeltern väterlicherseits, doch das wußte ich nicht. Das war 1944, als in Wien die Bombenangriffe begannen.
Ab und zu besuchte uns meine, wie ich meinte, einzige Großmutter, die Mutter meiner Mutter, und dann tuschelten die beiden Frauen so allerhand, das ich nicht begriff. Ich schnappte nur eines früh auf, daß mein Vater, der »keinen Nagel in die Wand schlagen« konnte, ein berühmter Mann sei, doch davon merkte ich nichts.
Ich fürchtete mich vor etwas, das der Vater verschwieg.
Es ging ihm nicht gut.
Seine kümmerlichen Versuche, zu scherzen, ließen mich geknickt zurück, weil ich spürte, daß anderes dahinterstand. Er kam, verschwand, kam wieder, ging, und meine

Mutter saß allein in der Küche und brach in Tränen aus. Ich fühlte, daß er uns nicht beschützen konnte. Im Gegenteil. Er lieferte uns aus. Ich hatte Angst.
Verwirrendes ging um ihn vor. Ich schnappte Worte auf, die ich nicht verstand. Wehrkraftzersetzung. Sippenhaft. Kassiber. Wehrmachts-Untersuchungsgefängnis. Heeresgericht. Znaim. Gefepo-Patrouillen. Krank und ausgemergelt war er nach dem Krieg zurückgekommen und wurde für zwei Monate Bürgermeister von Goisern, weil er nach seiner NS-Liebäugelei kurz im Widerstand gewesen war und Englisch sprach. Er trug Lederhosen mit Wollstutzen, lüftete den Steirerhut mit Gamsbart, wenn jemand vorüberging, und sagte »Habe die Ehre, Genosse«. Habe die Ehre, Genosse, plapperte ich nach.
Dann saß er im Dachkämmerchen und schrieb an einer Dramatisierung des Märchens vom Däumling für einen befreundeten Trickfilmzeichner. Davon konnte er spannend erzählen und mich, selten genug, zum Lachen bringen. Mit meiner Mutter lachte er nie.
Vielleicht hatte es etwas mit dem Umzug 1947 zu tun. Wir lebten inzwischen in Urfahr bei Linz, in der russisch besetzten Zone, und mein Vater arbeitete seit Ende 1945 als Redakteur bei der KP-Zeitung *Neue Zeit*. Lange trauerte ich Goisern nach. Wenn ich zurückdenke, verbindet sich das mit einem Gefühl des Wachsens. Ich schrieb Tagebuch.
Mit einemmal fragte ich mich, wer ich war.
Geschieht endlich etwas mit ihr? Lichten sich die Nebel?
Wachheit wurde ihr wahrhaftig nicht in die Wiege gelegt.
Eine Zeit der Umstellung. Ich gewann Schulfreundinnen. Urfahr und Linz, das war Stadt. Da konnte man nicht unter Bäumen träumen. Man mußte etwas tun.
Meine Mutter, die irgend etwas mit meiner Großmut-

ter tuschelte und mitten im Satz abbrach, wenn ich ins Zimmer kam. Dieses betretene Schweigen. Diese schroff verweigerte Mitteilsamkeit. Die unterschwellige Herausforderung, die für mich darin lag. Mein mißtrauisches Ohrenspitzen im Dunkeln.
Die abstrusen Signale häuften sich und fingen an, mich zu irritieren. Ohne es mir bewußt zu machen, sammelte ich Beweise für die Existenz des Großvaters in meinem Kopf. Die sichtbare Ablehnung der Großmutter mütterlicherseits gegen meinen Vater. Ihre feindselige Haltung, sobald er auftauchte. Wie sich ihr Blick verschloß. Die Haarnadeln, die sie sich wütend in die Kopfhaut rammte, wenn sie ihm gegenüberstand und ihren Dutt befestigte. Wie sie an ihrem Spitzenjabot zupfte und mit zornzitternden Fingern über ihren grauen Kostümrock strich. Der merkwürdige Gesichtsausdruck meines Vaters, als er einmal Zeuge eines Gesprächs zwischen den beiden Frauen wurde. Es schien, als wollte er etwas dazu sagen, das er sich sogleich verbot.
Es ist ziemlich unvorsichtig, Kindern etwas vorzuenthalten. Ahnt doch selbst das unschuldigste kindliche Gemüt, daß es um etwas Wichtiges geht. Schließlich gibt es nichts Interessanteres und Spannenderes als das, was man nicht wissen soll.
Ich erinnere mich noch gut an den Tag, als meine Mutter und meine Großmutter, beide in schwarzen Kleidern, ganz früh von Linz nach Goisern fuhren und erst am nächsten Tag zurückkamen. Die Großmutter war tags zuvor aus Niederbayern angereist, ein eigenhändig umgebrachtes Huhn und etwas Speck im Koffer. Ich war neun Jahre alt, hatte die erste Klasse Volksschule, die wegen der Bombenangriffe nur sporadisch stattgefunden hatte, wiederholt, ging in die zweite Klasse und kam gerade von der Schule.

Nichts zu merken war unmöglich – ich konnte mich den Dingen nicht mehr entziehen. Die beiden Frauen wirkten niedergedrückt, ich wunderte mich über ihre Kleidung und fragte: Was ist? Deine arme Großmutter ist tot, sagte meine Großmutter hinter ihrem getupften schwarzen Schleier, und sie sagte es voll Hochmut, denn wir waren etwas Besseres, und meine Mutter stieß sie an. Tot? Aber du lebst doch noch, sagte ich. Deine andere Großmutter, sagte meine Großmutter und erklärte mir, daß es jene alte Frau gewesen sei, bei der wir einmal zusammen Haferflockenbrei gegessen hätten, die sähe jetzt die Radieschen von unten. Jetzt erinnerte ich mich an den Besuch, bei dem ich Fremdheit und Scheu empfunden hatte, ein gewisses Schaudern, wegen ihrer Blindheit. Ich fragte nicht weiter, denn auf die Idee, daß der alte Mann neben ihr, der jedes Spelzchen der Haferflocken sorgfältig an den Tellerrand gelegt hatte, mein Großvater gewesen sein konnte, kam ich nicht. Ich dachte nur, daß diese andere Oma irgendeinen Makel gehabt haben muß, eine Art Krankheit, daß sie plötzlich verschwand.
Diese Erinnerung verstört mich. Also habe ich den Großvater damals gesehen. Ist es meinem Vater tatsächlich gelungen, den Großvater in meinem Kopf zu tilgen? Mein Gedächtnis kommt mir verlogen vor. Alles, was ich weiß, ist, daß er diese Spelzchen in gleichmäßigen Abständen wie kleine Soldaten am Tellerrand arrangierte.
Auch was den Tag im Jahr 1948 betrifft, an dem mein Großvater tatsächlich starb, habe ich eine merkwürdige Gedächtnislücke. Was sagte man mir? War ich beim Begräbnis? War mein Vater dort? Meine Mutter?
Nichts zu finden. Tiefste Finsternis. Keine Ahnung, und das ist schon sonderbar. Daß ich so achtlos war.
Später fuhren wir mit unserer Mutter nach Goisern und

gingen zum Friedhof, der neben der Kirche lag. Auf einem granitenen Grabstein las ich: Martha und Dr. Ferdinand Bronner. Das enträtselte deren Existenz. Es hatte sie gegeben, meine anderen Großeltern, zwei grinsende Totenschädel, geheimnisvoll und schaurig.
Endlich sagt ihr der Verstand, daß der Mensch zwei Großväter und zwei Großmütter hat.
Ich wollte nicht mehr beschwiegen werden und fragte meine Mutter. Sie bekam ihre Babyaugen, aus ihrem geschürzten Mund kam Ungefähres, Halbgewußtes, Angedeutetes, Geahntes. Das Irgendwie und Irgendwo klebte wie Kaugummi zwischen ihren Zähnen. Nach einem heftigen Zusammenprall ließ ich es sein.
Sie hat eine Entscheidung gefällt. Die Entscheidung, nicht klar zu sehen. Damit entstand zwischen ihrer Mutter und ihr eine diffuse Komplizenschaft, die sie absurderweise nicht ihr selbst gegenüber, sondern ihrer Mutter gegenüber mit Mißtrauen erfüllte.
Als ich zwölf Jahre alt war und mein Vater sich eine andere Frau nahm, aber immer noch bei uns nächtigte, packte meine Großmutter aus. Sie besuchte meine schluchzende Mutter und fuchtelte wild mit dem Staubwedel in unserer Wohnung herum.
Dieser Schuft! rief sie, dieser Vatermörder und Frauenverzahrer!
Ich hörte es mit Staunen.
Wie es sich traf, war dieser Ausbruch genau das, was ich mir ersehnt hatte: Zum ersten Mal erfuhr ich mehr und hörte von einem Vaterschaftsprozeß, daß sein Vater nicht sein richtiger Vater sei.
Vaterschaftsprozeß? Ich verstand nicht, wovon sie redete.
Eine seltsame Zeit, in der sich nichts zusammenfügte.

Und doch nabelte ich mich ab. Ich wollte heraus aus dieser Verschwommenheit und tastete die Welt nach Konkretem ab. Das war die Zeit, in der mein Vater an der zweiten Hälfte seiner Lebenserinnerungen schrieb, die später unter dem Titel *Arnolt Bronnen gibt zu Protokoll* mit dem Untertitel »Beiträge zur Geschichte des modernen Schriftstellers« erschienen. Ich verbrachte die Abende, an denen er meist verschwand und meine Mutter im Theater arbeitete, damit, in seinem Papierkorb zu wühlen.
Das begonnene Manuskript war als Gerichtsverfahren angelegt. Ein fingiertes Selbstgericht, in dem er den Leser, also mich, zum Richter ernannte. Mir sei es »aufgegeben«, »hinter diese Maske zu blicken«. Ich sollte mich demnach nicht verwirren lassen, sondern den klaren Blick behalten.
Vorbild: die Fragebogen-Aktion der Alliierten nach der deutschen Kapitulation 1945, als man die Bevölkerung zum Ausfüllen von Formularen zwang. Die Fragen waren so konzipiert, daß die Antworten Aufschluß über die Beteiligung am NS-System geben sollten. Da mein Vater nicht emigriert war, sondern sich mit dem System arrangiert hatte, geriet er bei Kriegsende unter wachsenden Druck, Rechenschaft abzulegen. Er wehrte sich lange: »Ich bin 12 Jahre lang verboten gewesen. Ich war 9 Jahre kulturkammerausgeschlossen. Ich bin wegen politischer Unzuverlässigkeit fristlos entlassen worden. Schließlich bin ich wegen Hochverrats verhaftet worden. Und jetzt soll ich noch beweisen, daß ich kein Nazi mehr bin?« In einem Brief an Otto Basil, der um seinen Lebenslauf gebeten hatte, schrieb er: »Biographie? Geboren 1895 in Wien, Ende nie. (...) Meine wichtigste Zeit brachte ich im Mutterleib zu.« Basil, eigentlich Bazil, Schriftsteller und Publizist, erhielt nach dem Anschluß Österreichs an

Deutschland Schreibverbot und arbeitete nach dem Zweiten Weltkrieg als Dramaturg am Wiener Volkstheater. 1966 erschien seine erfolgreiche Satire *Wenn das der Führer wüßte*.
Nach seiner Mitgliedschaft in der kommunistischen Arbeiterbewegung im Salzkammergut in den Jahren 1943 bis 1945 legte mein Vater 1950 der Kommunistischen Partei Österreichs und den SED-Funktionären in Berlin – darunter Johannes R. Becher – ein Typoskript mit dem Titel *Leben im Fegefeuer* vor, dem jedoch, so die Urteilenden, »die Überzeugungskraft völlig« fehlte. In diesem Typoskript, das mir damals in die Hände geriet, verschwieg er seinen Vater, und auch von einem Vaterschaftsprozeß war demnach nicht die Rede. Der Lektor des Wiener Schönbrunn-Verlags H. E. Goldschmidt lehnte das Manuskript ab. Bronnen reichte das überarbeitete *Protokoll* mit einem Brief bei Rowohlt ein. »Es war zu erwarten, daß speziell der Teil unserer jüdischen Freunde die – im Grunde völlig unwichtige – Family-Story in den Haupt-Teil setzen und mich nun mittels tiefenpsychologischer Sprach-Forschung und Ao-Blutgruppen-Forschung als entsprungenen Sohn der jüdischen Familie reklamieren würde. Ich wollte die ganze Geschichte ohnehin nicht hineinsetzen, aber in der ersten, kurzen Fassung klagten die jüdischen Freunde: ›Wie kann der Bronnen seine jüdische Abstammungs-Geschichte übergehen?‹ Gut, habe ich gesagt, ich bring sie hinein, aber ihr werdet keine Freude daran haben. Sie haben keine Freude daran ...«
Mein Fortsetzungsroman, ich las ihn mit verräterischem Prickeln. Eine ziemliche Herausforderung für eine Zwölfjährige.
Ich entdeckte im Manuskript manches, das mich verdutzte. Von Krieg, Krisen, Erfolgen, weltanschaulicher

Unzurechnungsfähigkeit und Vaterlandsgläubigkeit, von Verletzungen und allen Verzweiflungen dieser Zeit. Die Geschichte eines Mannes, der in einem Zustand der Gewalttätigkeit lebte und liebte. Ein Leben wilder erotischer und politischer Verwicklungen im »Dritten Reich«, die mich faszinierten.
Es war wie ein Fluch, der über seinem Leben lag.
Dann ein Volltreffer: In einer tomatenroten Mappe entdeckte ich einige pathetische Kapitel aus dem überarbeiteten *Protokoll*, an dem er noch schrieb. Mich schockierte die Offenheit, doch war es wirklich Offenheit? Das Schwanken zwischen Selbstverteidigung und vernichtendem Urteil. So mitreißend ich den Einfall einer Gerichtsverhandlung fand, so gering war mein Bedürfnis, über meinen Vater Gericht zu halten.
Wahr? Eher ein kunstvolles Geflecht aus akrobatischen Verrenkungen und Tricks.
Sein Leben war so aufregend und umtriebig verlaufen!
Bewundert sie seine Lebensart? Wahrscheinlich nicht, obwohl es vorstellbar wäre.
Schließlich entdeckte ich ein unfertiges Kapitel, das von Vatersuche und Vaterverleugnung handelte, eng beschrieben wie seine Karten aus der Gefangenschaft.
Fühlte sie in einer schrecklichen Vorahnung, daß sie den Schlüssel zu seinem Leben in Händen hielt?
Dann bemerkte ich seine zierliche Druckbuchstabenschrift, mit der er die Rohfassung korrigiert hatte.
Widerrufe. Konträre Gedanken. Gab es mehrere Versionen seiner Ehrlichkeit?
Ich wußte nur eins: Daß dieser Angeklagte keineswegs der Vater war, den ich kannte.
War es nicht so, daß sie begann, eine gewisse Skepsis zu entwickeln und geheime Vorbehalte gegen ihren Vater zu hegen, was seine moralische Substanz betraf?

Sie ist sich ihrer Unsicherheit bewußt.
Als meine Eltern sich scheiden ließen und er zu seiner neuen Frau zog, war ich der Ansicht, meine Mutter habe ihn nicht richtig zu schätzen gewußt.
Der Vater verließ uns tobend, weil er unfähig war, seine Gefühle zu zeigen. Er haute einfach ab. Ich fand, daß er es gewaltsam tat.
Wenn der Vater die Familie verläßt und das Mädchen gerade zwölf ist, bleibt da nicht eine gewisse Verletzung? Das nur nebenbei, sie will es nicht vertiefen.
War mein Vater nun der Sohn jenes Mannes, der ihn aufgezogen hat oder war er es nicht?
Ich versuchte, den Zweifel aus meinem Kopf zu bekommen.
Etwas stimmte da nicht, aber ich wußte nicht, was.
Der Papierkorb blieb leer. Jeder Tag, den er fehlte, entriß mir einige Blätter. Vaters Abwesenheit legte sich über alles. Inzwischen war ich fünfzehn, fühlte mich farblos, las alles, was mein Vater in unserer Bibliothek zurückgelassen hatte, um ein Zipfelchen seiner Identität zu erhaschen, und ich vermißte ihn (nicht zuletzt auch meine spannende Lektüre). Meine Schwester Franziska und ich durften den Vater besuchen. In Ostberlin, wo er ab 1954 mit seiner Frau lebte. Renate, die zupackende, kräftige Österreicherin, die mit rotweißroter Zerstörungslust an den Grundfesten marxistischer Moral zu rütteln wußte und doch ihren Mann darin bestärkte, daß er die richtige Richtung einschlug. Die jeden Einwand mit eiserner Hand verscheuchte und die Tür zu seinen Widersprüchen verriegelte. Ich tat mein Bestes, mich ihrem Optimismus anzupassen, und ließ meinen Zettel mit den Fragen an den Vater im Koffer.
Später einmal, dachte sie.

Das bedauerte sie, als er 1959 starb.
Sie fühlte sich durch seinen Tod betrogen.
Was nun?
Die Zeiten in der DDR waren Zeiten neuer Gedanken. Vieles habe ich nicht gesehen, anderes nicht verstanden, vor manchem drückte ich mich. Ich fühlte mich ohnmächtig in diesem Szenario und hatte keine Argumente, um dem Neuen zu begegnen. Das waren andere Leute. Was sie sagten, klang so, als würden sie andere Räume erfassen. Sie hatten fremde Ziele.
Mein Bild des Kommunisten hat lange Zeit mein Vater geformt, das waren maßregelnde Menschen, die mich immer wieder mit der Nase auf mein erschreckendes politisches Unwissen stießen.
Nach dem Tod meines Vaters fuhr ich lange Zeit nicht mehr hin, doch begleitete mich die Empfindung einer Gespaltenheit und Unvollständigkeit. Erst in der Zeit meiner ersten Ehe mit einem Schriftsteller aus Altenburg stieß ich die Tür zur DDR wieder auf.
Dann kam eine überraschende Phase in ihrem Leben: Lange Jahre dachte sie nicht mehr über ihre Familie nach. Der Großvater war ihr ohnedies egal.
Wenn man nicht weiß, was stimmt und was nicht, dann verliert alles an Bedeutung. Alles verwischt. Der verschwiegene Großvater: vergessen. Alles löst sich auf.
Ich lebte ausgelassen elternlos. Nicht einmal meine Mutter wollte ich sehen, und ich verletzte mit meinem Rückzug die Menschen, die mir nahe waren.
Ich war mit mir beschäftigt, meinem intellektuellen und privaten Weg, glaubte ich zumindest.
Wer war ich, wer würde ich sein? Was würde ich aus mir machen?
Höchste Zeit für solche Gedanken.

Aber im richtigen Leben kommt es selten zu solch tiefen Verwandlungen. Denn was tat ich in Wirklichkeit? Ich studierte ein wenig und trieb mich herum.

* * *

3. Das geheime Dokument

Verschwommene Kopien, brüchige DIN-A4-Bögen.
Die Lebenserinnerungen Ferdinand Bronners, seine Hinterlassenschaft, geschrieben in der Nachkriegszeit, sechzig Jahre nach seiner Taufe und nach Jahrzehnten eskalierenden Antisemitismus, nach dem Zusammenbruch der Monarchie, dem nationalsozialistischen Judenmord. Eine Veröffentlichung strebte er nicht an.
Gespannt greife ich nach dem ersten Blatt und fange an zu lesen.
Auf fünfhundertzweiundvierzig Seiten, geschrieben auf der ersten seriellen Schreibmaschine, einer holprigen Remington, die später aus dem Nachlaß meines Vaters auf mich überging, hat Ferdinand Bronner zwischen 1944 und 1948, dem Jahr seines Todes, seine Biographie niedergeschrieben. Sie beginnt mit der Geburt 1867 und endet nach dem Ersten Weltkrieg. Er füllte die Seiten des dickleibigen Blätterturms mit springenden Buchstaben papiersparend bis zum Rand und ließ auch oben und unten kaum Rand.
Ich stelle mir vor, wie er in der kleinen Eineinhalbzimmerwohnung im Altersheim in Goisern dasitzt, über den einfachen Tisch gebeugt, die Maschine daraufhebt, rechts die Mappe für das Manuskript hinlegt, links das Papier und das Kohlepapier. Wie er zwei Bögen des Papiers einspannt, das Kohlepapier dazwischen, und Buchstabe für Buchstabe mit Durchschlag tippt, sorgsam formulierend, um sich aus seinem öden Privatiersdasein ins Leben hineinzuschreiben.
Ein geheimes Dokument, und als solches war es wohl

auch verfaßt worden. Seine Tagebücher sind verschwunden. Hat einer aus der Familie gründliche Arbeit geleistet und alles vernichtet?
Ferdinand Bronner nannte seine Aufzeichnungen *Nur Wahrheit! Blätter der Erinnerung*: Er hängte die weiße Flagge der Wahrheit aus, um zu verkünden, er lüge nie. Das macht mich mißtrauisch.
Ich halte schon am Ende des Prologs inne, der mit der Zeile beginnt: »Ich wurde am 15. Oktober 1867 in dem Städtchen Auschwitz (Oświęcim) geboren.« Am Ende der knappen Einführung steht der Satz über »traurige Bedingungen«, die der Ort Auschwitz später erfuhr: »Es wurde der Sitz eines der entsetzlichsten deutschen Konzentrationslager, in dem alljährlich Hunderttausende meist unschuldiger Menschenkinder aus den nichtigsten und oft fluchwürdigsten Gründen dem nationalsozialistischen Moloch zum Opfer gebracht wurden. Hier wurde ich also geboren.«
Meist unschuldige Menschenkinder, *oft* fluchwürdigste Gründe? *Menschenkinder* statt Juden?
Nichts als eine riesige, von gewählt schönen Worten gerahmte Lücke? Dr. Bronners gesammeltes Schweigen?
Sie gesteht, sie mag diesen Mann nicht, fühlt sich düpiert. Es dauert eine Weile, bis sie begreift, wie verzweifelt dieser Mann nach seinem Platz in der deutschen Kultur suchte.
Die ersten Blätter lege ich beiseite, ratlos. Jetzt verstehe ich Ellidas spöttische Bemerkung. Es ist, als träfe ich auf einen Mann, der sagt: Schaun'S mich nur an, aber wenn'S meinen, ich sei's: ich bin's nicht.
Das reizt sie. Fordert sie auf zur Detektivarbeit, die das Geheimnis seiner Person entschleiern will.
Also noch mal von vorn.
Jetzt lese ich anders. Durchstoße die glatte Oberfläche der Sprache. Unerwartete Teilnahme entsteht.

Wahr und wahrhaftig, es war möglich, in Oświęcim, dem später verfluchten Auschwitz geboren zu werden: am 15. Oktober 1867, an einem kalten winterlichen Tag um acht Uhr morgens, kam dort mein Großvater zur Welt, dessen genauer Name wie der seines Vaters im Unklaren blieb. Unklar seine Herkunft. Oświęcim gehörte damals zur Donaumonarchie, wenn auch am äußeren Rand gelegen.

Sein Vater, lese ich in seinen Erinnerungen, soll von ungarischen Schwaben aus Dominikovice abstammen, die irgendwann ins westliche Galizien ausgewandert seien, eine mindestens ebenso beliebige und beliebte Herleitung wie das berühmte ›Findelkind‹. »Er hatte schon in der frühen Kindheit seine Eltern verloren«, schreibt Ferdinand Bronner in seinen Erinnerungen, »fremde Leute nahmen sich seiner an und ließen ihm eine gute Schulbildung angedeihen.«

Klingt nach einem leicht kitschig veredelten Märchen: Heimatlos, die Eltern unbekannte Namenlose, der Vater ein Findelkind, seine Adoptiveltern verlorengegangen. Was war er nun, der Nachkomme ungarischer Schwaben oder einer jüdischen Sippe?

Um ein ganzes Leben mit einer vorgegebenen Version seines Lebens zu verbringen, während man anderes weiß, dazu bedarf es einer verblüffenden Intelligenz, Kraft, Konzentration, Disziplin. Man braucht eine ungewöhnliche Selbstbeherrschung, Kohärenz und Chuzpe, muß seine Konflikte konservieren und alles auf sich selbst beziehen. Was für eine verflixte Anstrengung für Intellekt und Gefühle!

Sollte es ihrem Großvater tatsächlich gelingen, diese Rolle durchzuhalten?

Die Technik des Verschleierns schien mein Großvater wie

sein schreibender Sohn zu beherrschen. Aber gerade darum geht es mir: Welche Dinge verbirgt er, welche berichtet er und warum? Ich mache mir eine Liste.
Ich lese, lerne, suche, trage Beweismaterial zusammen, halte durchgestrichene Seiten seiner Erinnerungen gegen das Sonnenlicht, um sie zu entziffern, enträtsle alte Militärkarten. Ich suche den Namen, die Straße, das Haus, in dem er geboren wurde.
Ich habe Blut geleckt.
Er weiß, warum er so gelebt hat. Sie weiß es nicht.
Sie ist fest entschlossen, seine zweite Existenz, das ungeschriebene Leben, zum Leben zu erwecken und ihm zu entlocken, was nicht im Buch steht. Damit wird es um so kniffliger, zu erzählen, was er nicht erzählt hat.
Wie hat er sich sein Leben in einer antisemitischen Umwelt aufgebaut?
Wie wird man zum perfekten Assimilanten, wie hält man das durch und wie hoch ist der Preis, den man dafür zahlt?
Ich empfinde auch Bewunderung. Dieser Mann hat seine Erinnerungen an ein Leben niedergeschrieben, das er sich selbst entworfen hat, um dem Elend der Juden zu entkommen. Bewundernswert das zähe Durchhaltevermögen und die Kraft, mit der er sich auf arisch umpolte.
Mit einemmal freue ich mich darüber, daß ich diese Erinnerungen besitze. Ich fühle Stolz und eine gewisse Entdeckerfreude.
Doch Fragen über Fragen. Was empfand er, als seine Aufzeichnungen entstanden? Einen verstohlenen Gedanken an Nachruhm? War es ein Wettstreit mit seinem Sohn Arnolt, der seine Lebensgeschichte vorbereitete?
Warum endet die Biographie gerade 1918? Warum verschweigt er die restlichen dreißig Jahre seines Lebens? Wo

stand er nach Auschwitz? Was fängt sie an mit der Behauptung, die Juden dort »blieben meist unter sich, was ihnen nur zum Vorteil gedieh«? Und en passant, als wüßte er es nicht genau, fügt er hinzu: »In späteren Jahren soll es allerdings, wie ich hörte, anders geworden sein und der Antisemitismus einen günstigen Nährboden gefunden haben.« Er schreibt, als habe das nichts mit ihm zu tun.
Er war Schriftsteller. Für den das Wirklichkeit ist, was er schreibt.
Um die Memoiren des Juden Ferdinand Bronner jedenfalls geht es nicht. Damit muß sie sich abfinden.

* * *

4. Aufbruch

Hinter mir der Herbst, vor mir der Winter, hinter mir die Alpen, vor mir die Beskiden.
In einer Seitenstraße des Rynek, des Marktplatzes, setzt mich der Taxichauffeur ab. Fußgängerzone mit herrlichen alten Gebäuden und Plätzen. Der Koffer holpert mit seinen vier Rollen lärmend über das Kopfsteinpflaster.
Vor Hitler war Krakau eine pulsierende Metropole. An die sechshundert Jahre lang war Polen eines der großen Zentren jüdischen Lebens auf der ganzen Welt. Die polnische Mentalität war skeptisch und weltgewandt. Das jüdische Bürgertum glich dem Wiens – gebildete Menschen, die großartige Jugendstilhäuser bauten, die Kultur pflegten und großzügige Gesellschaften gaben, bei denen Künstler und Intellektuelle ein und aus gingen. Sie starben in Auschwitz. Die wenigen, die überlebten, sind fast alle emigriert.
Die Stadt hat Charakter. Und Eleganz, den Deutschen abgetrotzt, die alles für die Sprengung vorbereitet hatten. Die Rote Armee rettete die alte Stadt. Krakau trägt den Graufilm auf seinen schönen Palästen mit Nonchalance. Ein wunderbarer Brunnen neben der Marienkirche, ein Knabe, zart und fragend, mit feiner Geste. Die Kirche mit ihren zwei Türmen eine Symphonie von Schönheit und Genauigkeit, sie hat Stil und ist trotz der polnischen Gotik voll Fröhlichkeit.
Ich trete ein und wäre beinahe über ein Menschenbündel auf dem Marmorboden gefallen. Vorsichtig gehe ich auf die nächste Bank zu, nehme Platz und schaue mich um. Fenster, zusammengesetzt aus kleinen bunten Glasgemäl-

den. Ein feines Ornamentgeflecht zieht sich an den Bögen nach oben. Bilder über Bilder an den Wänden. Der größte geschnitzte Hochaltar Europas, ein Veit-Stoß-Altar aus Eiche und Lindenholz, dessen geöffnete Flügel die Geschichte Mariens von der Verkündigung bis zur Himmelfahrt erzählen.

Ein Summen und Murmeln ist in der Luft. Votivgaben neben mir am Seitenaltar, vor dem Menschen in Scharen auf Knien liegen, den Oberkörper auf den Marmorboden hingestreckt, in anbetender Gebärde, dankbar und hingegeben, erleichtert, weil man ihnen wieder erlaubt, öffentlich zu beten. Auch junge Menschen sind darunter.

Die Tradition war durch Faschismus und Kommunismus abgerissen. Doch die Herzen der Polen konnte die Propaganda der Kommunisten nie erreichen, weil sie zu wenig Trost bot. Die Menschen lebten mit der Sehnsucht nach verlorenen Werten und schmückten trotzig ihre Ikonen.

Haben sie vergessen, wie die Kirche mit dem Faschismus paktierte? Viele Katholiken waren Antisemiten.

Ich trete hinaus, vom Koffer gefolgt. Von der Bläserstube im Nordturm intoniert zu jeder Stunde ein Feuerwehrmann das Krakauer Trompetensignal »Hejnał« in alle vier Himmelsrichtungen, dazu läutet er von Hand die Stundenglocke. Jede volle Stunde, Frühling, Sommer, Herbst und Winter, ist er da oben im windigen Turm und blickt in die Weite, über die Stadt bis hin nach Auschwitz, zu den Beskiden und zur Tatra, sieht den Himmel, den Sonnenaufgang und den Sonnenuntergang, die Nebel und die Wolken und hört das Heulen der Winde.

Mitten im Spiel bricht die Trompete ab, abrupte Stille, die an den Tartarensturm erinnern soll, als der Trompeter beim Alarmsignal von einem Pfeil tödlich getroffen wurde.

Der Fanfarenton paßt zu Krakau und gibt die Melancholie dieser Stadt wieder. Das Mittagssignal wird täglich vom Sender Radio Kraków übertragen.
Vor der Kirche kreuzen junge Burschen mit kostümierten Rittern die Klingen. Wenige Touristen. Ein paar Deutsche, die Autos kaufen wollen, weil sie hier um drei Tausender billiger sind. In den geräumigen Cafés flezen Jugendliche in riesigen Clubsesseln, umgeben von Rauchschwaden. Ein bißchen plüschig, ein bißchen antiquiert, aber ich finde es wunderbar. Stehcafés mit windigen Tischchen und winzigen Stühlen, die Melkschemeln gleichen, sind hier noch nicht angekommen. Man hat Platz. Diskussionsrunden, Eßrunden, Linksrunden, Künstlerrunden. Das Café schließt nachts um drei.
Eine alte Frau mit einem aus Korb geflochtenen Kinderwagen für Zwillinge, mit Tüten gefüllt, kreuzt unseren Weg. Eingeklemmt zwischen einer Mülltonne und der Außenwand der zauberhaften Marienkirche steht frierend ein Bettler. Ich weiß nicht, ob er bettelt oder nur so dasteht, und umkreise ihn zweimal, ehe ich eine Münze aus der Tasche ziehe. In der Jugendstil-Bank, wo ich Geld wechsle, verwundert mich die mürrische Laune der Angestellten, die sich auch in der postkommunistischen Zeit hartnäckig hält.
Rund um den Rynek sind die Bauten renoviert, blicke ich jedoch in die Nebengassen, ist vieles renovierungsbedürftig. Dennoch hat Polen mit Hilfe der EU-Länder nie so viel gebaut und renoviert wie in den letzten fünf Jahren: Immerhin konnte das Land trotz Wirtschaftskrise ein kleines Wachstum verzeichnen. Doch der große Aufschwung nach 1989 ist abgebremst, die Staatsverschuldung eine ernste Gefahr für die Wirtschaft. Hinzu kommt die wieder steigende Arbeitslosigkeit.

In der Floriańska liegt meine Unterkunft. Schwärme von Studenten gehen auf die Universität zu. Erleichtert stelle ich fest, daß Baseballkappen hier noch nicht en vogue, Handys und Walkmen noch selten sind. Ich rolle den Koffer zu meiner Unterkunft, dem Gästehaus der Universität, einem schönen Bau mit geräumigen Zimmern und einem hübschen Innenhof.
Später sitze ich in einem Café und betrachte die Leute, die am Café vorbeigehen.
Die Polen sind o. k., sagt Agatha, eine junge Frau, die neben mir raucht, aber die Männer nicht gerade schön.
Sie hat recht. Eine ungekämmte Männergesellschaft nebenan, vor ausgeblichenen Aktenordnern, die Deckel von Feuchtigkeit verbogen. Auf dem Boden zerknitterte Fotokopien, um die die Kellnerin einen Bogen macht.
Eigenwillig, sage ich. Die Frauen sehen besser aus.
Bald darauf kommt ihr Freund mit einem Kollegen, alle sprechen sie deutsch. Die Einladung in eine Disko lehne ich ab, obwohl mir nach Gesellschaft zumute ist.
Ganz oben auf meiner Liste steht Auschwitz, sage ich. Ich muß früh raus.
Keineswegs der verstörte deutsche Blick, mit dem sie mich ansehen. Dann übermorgen, sagt Agatha, um die Zeit sind wir immer hier.
Als sie im Bett liegt, drückt wieder die graue Wolke auf ihr Gemüt. Das dringliche Gefühl, sich etwas mehr bemühen zu müssen.
Fang endlich an!

* * *

5. Paweł

An einem eiskalten Tag, am 28. Februar 2009, fahre ich, begleitet von Paweł, einem jungen Germanisten der Krakauer Jagiellonen-Universität, von Krakau nach Auschwitz.
Paweł, ein Glücksfall. Universaler Geschichtsüberblick. Ein guter Vermitttler. Kann alles einordnen. Subtiles, genaues Deutsch mit herbem, jedoch melodischem Klang, es ist selten, daß sich Sprache und Persönlichkeit so genau entsprechen. Belesenheit, die dem Gespräch nicht übergestülpt wird. Er tritt mir höflich und freundlich, mit einer Mischung aus Wärme, Interesse und Ernsthaftigkeit entgegen, spricht persönlich, direkt, nachdenklich und intensiv, zeigt seinen Stolz und seine Freude über das, was in Polen entstanden ist, und scheut vor Kritik an der Haltung Deutschlands nicht zurück.
Sie ist auf Umwegen zu ihm gekommen. Eine Freundin aus dem Münchner Institut für Zeitgeschichte, die sie um Hilfe bat, gab ihr den polnischen Professor an, sie rief ihn an, der stellte den Kontakt zu einer Kollegin in Krakau her, der Judaistikerin Maria Klańska, sie zu Paweł Zarychta.
Ich wundere mich immer noch darüber, wie bereitwillig Paweł es sofort übernommen hat, mich nach Auschwitz zu begleiten. Ob ein deutscher Dozent das für eine ihm unbekannte Schriftstellerin aus Polen ebenfalls täte?
Ich bin dick eingepackt, mit Pullover und Jacke unter dem Mantel, in seinem kleinen Wagen ist es warm. Meine erste Frage gilt seiner Universität, also fahren wir an der Jagiellonen-Universität vorbei, wie eine Burg liegt sie auf

einem Hügel vor der Stadt, mit Blick auf die Weichsel. Ob noch einer der Krakauer Professoren, die den Deutschen bei der »Sonderaktion Krakau« in die Hände fielen, am Leben ist?
Die zweimalige »Sonderaktion Krakau«, die die Universitäten der Stadt, insbesondere die Jagiellonen-Universität, im November 1939 ereilte. Gleich nach dem Einmarsch der deutschen Besatzer der erste Versuch der Besatzer, die politische, intellektuelle und wirtschaftliche Elite des Landes gleichzuschalten und die polnische Intelligenz zu vernichten. Sämtliche Professoren der Krakauer Universitäten wurden unter dem Vorwand einer Vorlesung ins Collegium Novum eingeladen. Statt dessen die Durchsage, daß alle hundertdreiundachtzig Anwesenden wegen antideutscher Haltung und unerlaubter Lehrtätigkeit verhaftet würden.
Sie wurden nach Sachsenhausen deportiert. Nach Protesten europäischer Akademiker wurden hunderteiin Professoren wieder freigelassen, alle anderen waren infolge von Kälte und Hunger umgekommen. Dann die zweite Aktion: hundertzwanzig Akademiker wurden verhaftet und in der Nähe von Krakau erschossen.
Die letzte Überlebende, sagt Paweł, ist vor einigen Jahren gestorben.
Der 6. November ist heute ein Gedenktag. Mich berührt Pawełs Ernst, seine ergreifende Geradlinigkeit, wenn er sagt, es gehöre zu seinem Selbstverständnis als Mitarbeiter der Universität, großer Vorgänger, die wegen ihres Berufs und nationaler und intellektueller Zugehörigkeit ermordet wurden, zu gedenken.
Wir fahren Richtung Ausfahrtstraße.
Die Deutschen und die Polen, das ist unser Thema während der anderthalbstündigen Fahrt. Unser Umgang mit

dem Konzentrationslager Auschwitz. Wie wir uns herausredeten aus der Verantwortung und wieder hinein. Was die Kriegsgeneration verfälschte und die Nachkriegsgeneration verharmloste.

Was wird nach dem Tod des letzten Überlebenden geschehen? Wie werden zukünftige Generationen damit umgehen?

Paweł erzählt vom Neubeginn der »Fünf-vor-zwölf«-Generation, wie er seine Generation nennt, vom Zusammenhalt eines Volkes. Er ist jung, nicht älter als dreiunddreißig Jahre, hat also kaum mehr unter dem Kommunismus gelitten, dessen Erbe allerdings noch fortwirkt.

Anfangs bin ich vorsichtig, jede Nachlässigkeit könnte Verletzungen bringen. Die Polen kommen wie die Russen aus einer abgeschlossenen Welt. Doch bald spüre ich, daß ich offen reden kann. Paweł spricht mit Abstand und Gelassenheit.

Mit den Juden und Russen gehören die Polen zu den Völkern, die am meisten unter den Deutschen gelitten haben, doch als Folge des Potsdamer Abkommens de facto keine Entschädigung bekamen, sagt Paweł, und eine Aufarbeitung des polnisch-deutschen Verhältnisses fand bislang nicht wirklich statt.

Im Potsdamer Abkommen wurde festgehalten, daß sich die Polen und die Russen ihre Reparationszahlungen über die Sowjetische Besatzungszone holen. Als Entschädigung für die Kriegsschäden sollten dabei die vom Deutschen Reich abgetrennten Gebiete im heutigen Westpolen betrachtet werden. Doch der Eiserne Vorhang und der Kalte Krieg verhinderten, daß darüber weiter diskutiert wurde.

Der »Polnische Korridor«, Frühjahr 1939. Züge mit Deutschen, die die Vormarschstraßen planierten, Flugplätze bauten. Schließlich den Spaten gegen Gewehre tauschten. Im Herbst 1939 die Toten mit Kalk bedeckten, die die Felder übersäten.

Kann man mit der Errichtung von Denkmälern den Ballast der Erinnerung abgewerfen? Denkmäler als Alibi? Das seit den Versailler Friedensverträgen – zwischen Deutschland und den Alliierten zur Beendigung des Ersten Weltkriegs 1919 geschlossen – gestörte Verhältnis zwischen Deutschland und Polen. Der Aufruhr, den Golo Manns in den fünfziger Jahren erhobene Forderung verursachte, die Bundesrepublik solle sich mit den Resultaten des Zweiten Weltkrieges abfinden und, statt ihre Macht zu zeigen, sich lieber einer europäischen, versöhnenden Politik widmen und eine Vermittlerrolle zwischen Ost und West übernehmen. Statt dessen: die Hetze des Kalten Krieges. Golo Manns verstärktes Engagement nach dem Bau der Mauer 1961. Deprimierendes Gerangel um die Polen-Verträge. Schließlich der Kniefall Willy Brandts im Dezember 1970 vor dem Ghetto-Mahnmal in Warschau.

Ende des Kalten Krieges. Demokratie in Polen. Vorübergehende Beruhigung nach der Wiedervereinigung, als Deutschland die Oder-Neiße-Grenze anerkannte und 85 Milliarden Mark Entschädigung an den »Osten« zahlte. Die Auseinandersetzung um den Bund der Vertriebenen hat neue Beunruhigung gebracht.

Es macht ihr etwas aus, in einem Land zu leben, dessen Vertriebenenbund immer noch so tut, als sei uns unsere Vergangenheit zugestoßen.

Die letzten Überlebenden des Krieges in Polen sind alt und sterben. Die emotionale Beschädigung, ein Leben lang unter dem zu leiden, was die Bevölkerung, Eltern und Großeltern erleiden mußten, ist in vielen Fällen mit

materieller Not verbunden, Folgen von traurigen Verlusten und Enteignung. Die kommunistische und postkommunistische Welt war karg, und viele der Älteren leben in Not. Die meisten müssen eigene Wege finden, um zu überleben.
Paweł erzählt, daß die deutsche Gedenkstätte Auschwitz, die dringend renoviert werden müßte, jährlich 24 Millionen Złoty verschlingt – der Złoty steht zum Euro etwa vier zu eins. Elf Millionen zahle die polnische Regierung, eine Million würde durch Parkplätze und Bücher erwirtschaftet, eine Million käme aus verschiedenen Ländern. Bis 1990 haben die restlichen Kosten in Höhe von 13 Millionen allein die Polen getragen. Erst seit 1991 beteilige sich Deutschland. Die anstehenden Renovierungsarbeiten, zunächst mit 200 Millionen Złoty, rund 50 Millionen Euro, angesetzt, haben sich durch das Hochwasser eminent vergrößert. Die Bundesrepublik habe sich nach längeren Verhandlungen 2009 bereit erklärt, sechzig Millionen Euro für die Gedenkstätte zu entrichten.
Es ist unser »Kultur«-Erbe, sage ich.
Paweł verzieht das Gesicht. Daß Polen die Hauptlast der Kosten trägt, ist Jahrzehnte später mit der Verleihung des Karlspreises an Tusk beglichen worden; seine Miene ist spöttisch. Gäbe es kein Israel, wären Auschwitz und die Judenfrage längst vergessen, so aber wird das Erinnern an die Schuld, die kostenpflichtig wäre, von Redenschreibern und den vortragenden Politikern zur Tapezierung des Gewissens verwendet.
Wir haben Krakau verlassen, fahren vorbei an der auf dem Hügel liegenden Villa des NS-Generalgouverneurs Hans Frank und ein paar unharmonisch gruppierten noblen Vorstadtvillen, die die polnische Welt besser aussehen lassen, als sie ist.

Je weiter wir ins Land fahren, desto bedrohter fühle ich mich. Bedroht von der Leere.
Sogleich frage ich mich, wo im deutschen Kopf der Osten beginnt und wie weit er reicht. »Osten« ist längst ein politischer Begriff, ist weitergeschleppte Propaganda und steht für politische Muffigkeit und Unbehaustheit. Solche Vorurteile abzulegen fällt immer noch schwer. Steht Deutschland etwa für Freundlichkeit und Behaustheit? Versteppte Schneefelder, durchsichtige Waldfetzen, wirtschaftlich ausgebeutetes Land, das verarmte und resignierte Bauern zu einem Teil der Verödung überlassen. Früher, zur Zeit meines Großvaters, muß diese Landschaft eine karge Schönheit besessen haben. Heute ist es eine menschenleere Gegend, flach, ohne etwas, das meinen Blick fängt. Ermunternd ist das nicht. Oder liegt es daran, daß ich dem Boden näher komme, auf dem Juden gefoltert und ermordet wurden?

* * *

6. Die Stadt der Geister

Wir sind da. Die Stadt Oświęcim in der heutigen Woiwodenschaft Kleinpolen, Geburtsort meines möglichen Großvaters. Oświęcim, so hieß es, bis es die Deutschen nach dem Überfall auf Polen Auschwitz nannten, vormals Hauptort des ehemaligen schlesischen Herzogtums Auschwitz und Zator im Kreis Krakau, Nahtstelle zwischen Slawen und Deutschen, zwischen Juden und Katholiken. Das »Oświęcimer Jerusalem« hat man es genannt. So berühmt war es für seine Wunderrabbis, seinen jüdischen Witz und seine jüdischen Intellektuellen gewesen, daß unter den Juden der Stadt der Spruch umgegangen war: »In einer großen Stadt zu leben ist recht, aber sterben muß der Jude in Oświęcim.«
Heute lebt in Oświęcim kein einziger Jude mehr.
Mein warmer Mantel bietet zu wenig Schutz gegen den kalten Wind, während ich durch kniehohen Schnee stapfe.
Das Vorzeige-Schwimmbad, das modernste Polens.
Schneeregen rieselt traurig auf die Buna-Werke, die Fernwärme für die Stadt liefern, Ableger der Vergangenheit. Das riesige Areal der Chemiewerke, die ursprünglich von den IG Farben durch KZ-Häftlinge aufgebauten Sklavenbetriebe, in denen die NS-Opfer sich zu Tode gearbeitet hatten. Die Buna-Werke wurden vom polnischen Staat übernommen und sind heute der einzige große Arbeitgeber der Stadt, die fünfzigtausend Einwohner hat.
Der zweitgrößte Arbeitgeber ist die Gedenkstätte im ehemaligen Vernichtungslager, sagt Paweł.
Beunruhigender Gedanke: Arbeitsbeschaffung durch das KZ. Andererseits: Die Gedenkstätte ist auch eine riesige

Industrie- und Forschungsstätte. Viele Menschen aus vielen Ländern haben geforscht und Millionen von Büchern zur Judenverfolgung geschrieben. Eine wichtige Aufarbeitung. Es macht Sinn.
Leere Straßen. Hinter einem halb zugezogenen Vorhang in der ebenerdigen Wohnung sitzt eine Frau und legt Patience. Ihr Mann im blauen Trainingsanzug sortiert Lottoscheine. Der große Marktplatz, der Rynek, ist um die Mittagszeit verwaist; in der Mitte prangt, die Sicht nach allen Seiten verstellend, ein bunkerartiger verwahrloster Betonklotz. Ein realsozialistisches Bauwerk. Paweł meint, es solle nicht gefallen. Die Leute sollten sich nicht wohl fühlen und immer daran erinnert werden, daß »Red Brother« über sie wacht.
Darunter der Nazi-Bunker, der nicht gesprengt werden konnte. Ich stehe vor dem Klotz und blicke um mich.
Was will sie hier, in diesem unheilvollen Nest?
Spuren suchen?
Sie wird keine finden. Die Zeit ist nicht stehengeblieben.
Audioshops, ein Sex-Shop, ein bißchen Kunstgewerbe. In den Schaufenstern des kleinen Geschäfts am Markt – es soll wohl ein Souvenirshop sein – geblümtes Porzellan, verstaubte Tücher, Aktenmappen, Hefte, billige Ketten. Wenn sie mehr nutzlose Dinge wollen, müssen die Menschen nach Krakau fahren. Ein groß aufgezogenes Bild vom Auschwitzer Eishockey-Team, mehrfacher polnischer Meister und Stolz der Stadt. Ich finde eine klebrige Ansichtskarte vom Rynek um neunzehnhundert mit Herren mit Zylinderhüten, und eine aus der NS-Zeit mit deutschen Soldaten. Nur eine knappe Woche nach der Eroberung von Auschwitz durch die Deutschen am 4. September 1939 hieß der Rynek schon »Adolf-Hitler-Platz«.
Schneeregen fällt, löchert die schmutzigen Schneehaufen

an der Straßenseite, ein Saxophon erklingt aus dem Jazzklub Jean Miró.
Auf dem Rynek pulsiert kein Leben, kein Tourist stapft über den Platz. Ich komme mir vor wie gestrandet. Über zwanzig Prozent der Einwohner haben Oświęcim nach der Wende verlassen. Die drei Menschen, die vorübergehen, betrachte ich, als suche ich nach Ähnlichkeit. Ein Vietnamese. Einer von den achtzehn Ausländern, die in Oświęcim wohnen. Darunter auch ein deutscher Priester, der über Rudolf Höß promoviert hat.
Schrundig gestockte Trauer in den Mauern. Verlorene Erinnerung. Immer noch Spuren der Zerstörung, Zersiedelung, Lücken, aneinandergepappte Bauten. Rostige Häuser, die nicht mehr zusammenrücken. Spürbare Zerfallenheit. Die ursprüngliche Intimität zerstört.
Die Auflösung einer Nazi-Goldgräberstadt. Ich weiß nicht, ob Oświęcim früher schön war, aber es war wohl stimmig, einfach, lebensnah. Es ist nicht der Verlust des Schönen, der zu betrauern ist, es ist die verlorene Vergangenheit, die in den Bauten nicht haftengeblieben ist. Der Tod einer Stadt. Hat man sie auch irgendwie aufgebaut, ihre Seele ist dahin. Sie kennt keine Tradition und weckt nur traurige Gefühle.
Der letzte Jude in Auschwitz, Szymon Kluger, 1925 geboren, ein ehemaliger Fabrikarbeiter, ist im Jahr 2000 gestorben. Er soll nach seiner Befreiung den Rest seines Lebens geschwiegen haben. Er werkelte ein wenig, rauchte, aß und schlief, doch sein Geheimnis hielt er verborgen. Jeder hier weiß um Szymon Kluger. Die Geschichten über ihn sind zum Mythos geworden. Das Gegenbild eines Aufständischen, eine Legende von Ohnmacht und Verzweiflung.
Polen leidet unter dem Verlust der Juden, sagt Paweł

und erzählt vom Künstler Rafael Betlejewski, der das als »Phantomschmerz« begreift. Betlejewski schreibt auf Warschauer Mauern immer wieder den Satz: Ich sehne mich nach dir, Jude.

Ein paar trostlose Zementwürfel aus sozialistischen Zeiten zwischen den meist niedrigen Häusern, überragt von der wiederaufgebauten riesigen Kirche, die Autorität ausstrahlt, eine Autorität, die noch die alte Welt erfaßte und heute wirkungslos geworden ist. War sie nicht schon immer zu groß gewesen für diese kleine Gemeinde? Ich spüre für einen Augenblick, wie es gewesen sein muß, in einem geordneten, abgeschotteten und religiongelenkten Universum zu leben, in dem ein strenger Gott einem ständig über die Schulter schaut.

Der Platz, wo einst die große Synagoge für die rund zweitausend jüdischen Bewohner stand, ist in eine Art Grünanlage umgewandelt.

Hier begann, erzählt Paweł, im Jahr 1999 ein junger Israeli nach dem Schatz der Juden zu graben: Ehemalige Bewohner der Stadt hatten erzählt, daß die Juden die heiligen Bücher und andere wertvolle Gegenstände in zwei eisernen Kisten dort vergraben hätten, ehe die Deutschen die Synagoge verbrannten. 2004 führte eine Gruppe von Archäologen auf dem Gelände der großen Synagoge die Arbeiten fort. Man fand Gedenktafeln in hebräischer Sprache, einen liturgischen Messingleuchter, Chanukkaleuchter, Kronleuchter und ein ewiges Licht.

Nur ein paar Meter weiter steht die hübsche Chevra Lomdei Mishnayot Synagoge, die sich im Besitz der gleichnamigen Gesellschaft befand und die vielleicht mein Großvater besuchte. Im Krieg vor der Zerstörung bewahrt, da die SS sie als Waffen- und Munitionslager benutzte, wurde sie restauriert und im Jahr 2000 wieder eröffnet.

Das Gemeindehaus, die ehemalige Gestapo-Zentrale. Die Juden, die in Oświęcim und in den umliegenden Dörfern lebten, bildeten trotz sozialer und konfessioneller Unterschiede eine enge Gemeinde, fast eine Art Großfamilie. Talmudjuden, Chassiden und Orthodoxe, die in weißen Strümpfen, abgewetztem Rock, mit schwarzem Bart, Hut und liebevoll gekräuselten Schläfenlocken über den Marktplatz gingen, prägten die Stadt. Die Orthodoxen hatten im Gemeinderat den größten Einfluß und besuchten dreimal täglich den Gottesdienst.
Hinein in das kleine Museum, in dem eine Ausstellung über Oświęcim vor Hitler zu sehen ist, von einem einsamen österreichischen Zivildienstleistenden bewacht, der uns erfreut begrüßt und glücklich ist, uns herumzuführen.
Meist sitze ich einsam hier herum, sagt er, im einsamsten Museum der Welt.
Der KZ-Tourismus sei sehr zurückgegangen. Er macht das Licht an, ein sparsames Licht.
Gepflegte Holzdielen, Gestühl aus Holz, halbrunde Fenster, leichtes Ocker an den Wänden. Das Museum strahlt Wärme aus, Bescheidenheit.
Bilder aus Großvaters Zeiten. Familienbilder, Liebes- und Ehepaare. Frauen und Kinder an einem Brunnen. Trotzige, starke Gesichter, aufmerksamer Blick. Bilder von weisen oder verrückten, humorvollen oder ängstlichen Menschen, Friedhofsbilder voll Melancholie. Mütter mit kleinen Kindern. Was mußten sie alle später sehen? Was haben die Kleinen erlebt? Wuchsen sie kräftig genug heran, um fürs Schuften angestellt zu werden, hatten sie eine kleine Lebensfrist oder wurden sie gleich ins Gas getrieben?
Rabbiner mit Rauschebärten unter breiten Hüten oder

wildem Backenbart und kleinen Kappen. Rabbiner Shlomo Posner mit seiner Familie, er ist ausgewandert. Fotos von Pferdewagen, Karren, alten Straßen. Kutschen sind nicht zu sehen, die Leute waren zu arm. Krüge, Vasen, Pistolen, Chanukkaleuchter, alte Gewänder hinter Glas. Briefe, Dokumente, der Stich der Schnapsfabrik: Old Polish Whisky von Jakob Haberfeld, Cuba Rum von Hennenberg. Bauernfuhren, Markt, die Brücke über die Soła. Bildnisse des Vereins der Auswanderer. Man hat alles zusammengetragen, was man fand.
Sie öffnet den Rucksack und holt das Bild ihres Großvaters heraus.
Unter diesen Menschen hat er gelebt. Hat sie überlebt.
Natürlich schaut er weg. Damit sie nicht sieht, was er denkt. Die Melancholie des assimilierten Juden, der Gedanken nachhängt, die er nicht verrät.
Einer, der nicht zu den Verfolgten gehören wollte. Der sich das Leiden verboten hat. Jedoch einer, der den Zweifel kannte.
Das Bild ihres Großvaters findet hier keinen Platz. Dennoch fühlt sie sich ihm näher, weil sie seine Umgebung kennt, die Gestalten seiner Zeit.
Wann endlich kann sie diese Denk-Bilder mit neuem Leben füllen?
Ein anspruchsloses Museum, das von einem ruhigen, einfachen Leben berichtet. Wir fragen nach. Wollen mehr über die Oświęcimer Juden wissen, weil sie zur Stadt gehörten, und ob man sie vermißt.
Ja, meint der Zivildienstleistende, sie waren für die Stadt ein wesentliches Element. Durch sie entdecke ich ein anderes Polentum, das heute verloren ist. Ein den Juden zugeneigtes. Juden beteiligten sich am politischen Leben, traten den Parteien bei und waren Mitglieder des Stadtrats.

Die Stille, die diese Bilder umgibt. Sie erinnern sie an die Bilder ihrer Großmutter mütterlicherseits von der »guten alten Zeit«.
Hier war noch alles in Ordnung.
Dennoch: diese Stille kann sie nicht beschwichtigen. Unentwegt das Gefühl, nicht genug zu wissen. Sie ist ungeduldig mit sich selbst.
Ich gehe hinaus.
Neue Fragen bedrängen mich.
Ich frage nach der Assimilation.
Bis ins sechzehnte Jahrhundert, sagt Paweł, ging es den Juden darum, ihr Eigenes unverändert und unversehrt zu erhalten. Ihre Religion hieß sie, ihren Vorvätern treu zu bleiben und die Tradition zu pflegen. Sie hatten nicht vor, sich den anderen anzupassen. Dieser hartnäckige Wille wurde durch die Jahrhunderte der Verbannung und Wanderung noch verschärft. Polen gewährte ihnen lange ein gewisses Maß an geistiger und sozialer Autonomie. Spielraum. Niemand zwang sie zur Assimilation.
Doch zur Zeit meines Großvaters war die Situation eine andere, sage ich.
Das war die Folge einer Reihe von Katastrophen, die Polen im Lauf der Geschichte erschüttert hatten, sagt Paweł. Die dramatische Geschichte des Städtchens Oświęcim am Zusammenfluß von Weichsel und Soła, das wiederholt seine Zugehörigkeit wechseln mußte. Mit den ersten Pogromwellen zur Zeit des Ersten Kreuzzugs, die nicht mehr abrissen, fing es an. Über Jahrhunderte war Oświęcim nicht nur ein Sammelbecken der Verfolgten, es wurde auch verschachert nach Gutdünken, bis weit ins 19. Jahrhundert. Erst verkaufte man Oświęcim für 50 000 Silbermark an Polen, dann ging Oświęcim vorübergehend an Österreich, danach zum Deutschen Bund,

administrativ zum Experimentierfeld Galizien – und immer neue Gängelungen, neue Plagen, Krieg, Rechtlosigkeit und Gewalt. Auschwitz wurde überfallen, eingenommen, ausgebeutet, enteignet.
Bei jedem neuen Kind, das zu Hause in der Wiege lag, mußten mehr Steuern bezahlt werden. Der Habsburger Kaiser, der stolz den Titel »Herzog von Auschwitz« trug, malträtierte die Juden nicht nur mit hohen Einkommens-, Tolerierungs- und Kopfsteuern, sondern erließ Steuern selbst für die Säuglinge, für koscheres Fleisch und Kerzen und führte eine Heiratstaxe ein. Man nahm die Juden bis auf den letzten Heller aus.
Die ersten hundert Jahre der österreichischen Herrschaft waren für die Juden eine Katastrophe. Politisch verloren sie ihre Autonomie und wurden Opfer eines brutalen Antisemitismus.
Mit der März-Revolution 1848 bekamen sie volle Bürgerrechte zurück. Und 1867, im Jahr von Großvaters Geburt, war aus dem österreichischen Kaiserreich die Monarchie Österreich-Ungarn entstanden. Galizien wurde Selbstverwaltung und Eigenständigkeit zugestanden, doch damit war es nicht weit her. Galizien blieb ein Armenhaus, und die Juden waren stets unterwegs, auf der Suche nach Arbeit.
Auschwitz, Ospencin, Osvencin, Hospencin, Oschpitzin, Osswetem, Uspencin, Oswentim, Wswencim, Auswintzen, Oświęcim, Oswencin, Auswieczin, Awswiczin, Uswiczin – verschiedenste Schreibweisen aus polnischen, russischen, deutschsprachigen, böhmischen, ungarischen und lateinischen Kanzleien – eine Fülle wechselnder Epochen, Kaiser und Könige, Ausbeuter und Tyrannen.
Pawełs Sicht des Judentums ist sachlich, von Idealisierung ungetrübt, und sein Volk sieht er kritisch.

Eine enge Vertrautheit zwischen Polen und Juden gab es nicht, sagt er. Die Polen betrachteten die Juden als Ausländer, die nach eigenen Gesetzen leben durften. Nicht als Fremde, sondern als eine separate Kaste, die man duldete.

So erklären sich die Vorbehalte des Großvaters gegen die Polen. Nicht nur machte dem Schüler nach dem Wechsel vom Chejder zur öffentlichen Volksschule das Erlernen der polnischen Sprache Schwierigkeiten, er fühlte sich auch von den polnischen Mitschülern nicht anerkannt.

Ich blicke über das Land. Parzellierte Felder, zum Teil mit Roggen bepflanzt. Anfang 1940 hatte Himmler das Gelände um Auschwitz entdeckt und zum »Interessengebiet« erklärt. Trotz aller Mängel – das Areal mitten in einem von Malaria befallenen Hochwassergebiet, das Grundwasser verseucht – waren die Vorzüge nicht zu übersehen: der Eisenbahnknotenpunkt, die Kasernen des sechsten polnischen Reiterbataillons. Das Landstück von Weichsel und Soła und kleinen Nebenärmen durchzogen und leicht abzuschotten.

Sie denkt an das, was Hitler vernichten wollte: Unabhängigkeit, Freiheitsbedürfnis, politischen Mut.

* * *

7. Der Friedhof

Auch der alte Friedhof an der Dąbrowski-Straße scheint der einsamste der Welt. Es ist ein jüdischer Friedhof aus der ersten Hälfte des 19. Jahrhunderts, 1980 wurden die Stelen teilweise behutsam restauriert. Eingravierte hebräische Lettern. Ein Geviert, umrahmt von bemoosten Mauern. Ursprünglich vorschriftsmäßig in zwei Teile gegliedert, den Beerdigungs- und den Wirtschaftsteil. Männer und Frauen getrennt, Kinder im separaten Teil begraben.
Paweł zieht eine Mütze aus der Jackentasche und setzt sie auf.
Bäume umringen die sich langsam senkenden Grabsteine, die Macewa; hebräisch, jiddisch oder polnisch beschriftet, nur wenige deutsch. Sie sind von hohen Schneehauben gekrönt. Viele sind beschädigt, die Inschriften der Verstorbenen herausgeschlagen. Ich stoße auf das Grabmal der reichen Industriellen Rudolf und Erna Haberfeld. Henoch Hennenberg, dessen Macewa 1979 von seinem Enkel Jacob aufgefunden wurde. Die Inschrift berührt. Sie berichtet von einem »wichtigen und geschätzten, guten Menschen aus angesehener Familie«: »Er sicherte reiches Fortkommen seiner Familie, half den Armen und Benötigenden. Er war ein Ehrenmann und sehr weise. Seine Enkel und seine Söhne werden über seinen Tod weinen. Er war sehr gläubig und lebte nach den Geboten der Religion. Möge seine Seele das ewige Leben genießen.«
Pawełs Augen sind traurig. Ich denke an Golo Manns Worte, die ergreifendsten, die ich je im Zusammenhang mit dem Judenmord vernommen habe: »Aber ich weiß,

daß das Maß an Lebensfreude, das ich je besaß, durch die Erfahrungen der dreißiger und vierziger Jahre, vor allem eben durch den Judenmord, sehr stark reduziert wurde und immer reduziert bleiben wird. Diese Hypothek auf mein Leben werde ich nicht mehr los.«
Während des Krieges wurde der Friedhof von den Nazis geschändet und in ein Bunkergelände umgewandelt. Mit Luftschutzraum. Ein Teil der Grabsteine wurde in die Soła geschmissen oder am Ufer abgelegt.
Sie hinterließen eine Spur der Zerstörung, selbst die Totenruhe war ihnen nicht heilig. Das Mauerwerk wurde abgetragen. Der Friedhof verwüstet. Die Besatzer fuhren mit ihren Pferdewagen über die Grabsteine zur Tränke. Im Straßenpflaster wurden Grabsteine gefunden, auf der Straße zu den Buna-Werken, viele am Platz der zerstörten großen Synagoge, zum Abtransport bereitgestellt. Nach dem Krieg erhielten die Angehörigen die Steine zurück und stellten sie wieder auf.
In den sechziger Jahren, als man mit dem Bau eines neuen Stadtviertels begonnen hatte, war der Friedhof erneut bedroht. Die Stadtväter wollten den Friedhof auflassen und dort ein Wohnviertel errichten, stießen jedoch auf heftige Proteste.
Die Verarmung des Todes im Kommunismus. Man behauptete, in besseren Zeiten zu leben, Erinnerung war unerwünscht. Pflege von Herkunft und Tradition wurden vernachlässigt: Man ließ die alten Gräber verkommen. Die Friedhöfe seelenlos, die Kapellen ruinös. Nach dem Zusammenbruch des kommunistischen Regimes wurde der gesamte jüdische Friedhof im Jahr 2004 restauriert.
Hier ruhen die Toten vor Auschwitz, Menschen, die noch eines natürlichen Todes sterben durften und die von den

Leiden ihrer Kinder und Kindeskinder, die nie begraben wurden, nichts wissen konnten.
Plötzlich singen die Vögel, Schnee fällt von den Bäumen und meine Großmutter Else von Lossow taucht auf, sie ist in der Welt der Toten zu Hause. Summend flattert sie über den Gräbern. Ich bin viel auf Friedhöfen mit ihr gewesen und habe mich immer über ihre Heiterkeit gewundert. Als sei sie froh gewesen, bald ihren Geist los zu sein.
Unvergeßliche Besuche bei schweigenden Menschen. Sie nahm Brotzeit mit, immer bestand sie auf ihrer Regensburger und Bier. Krähenschreie, Engelsfittiche, Wachs- und Biergeruch.
Was hast du hier verloren? Was suchst du?
Ein Leben, sage ich. Seinen Ursprung. Seinen Weg.
Auf dem Friedhof bist du richtig, wenn du Leben suchst.
Oświęcim – eine Stadt der Geister, deren Straßen und Häuser die Toten mit sich führen. Ich habe sie nicht gerufen, aber sie kommen.
Strenge Gräber ohne Pflanzenschmuck. Unsere Gräber betonen die Fortdauer des Lebendigen: kleine Gärten, die etwas Heimeliges haben. Jüdische Gräber bewegen sich hin zur Erde.
Ich gehe von Grab zu Grab und enträtsele mit Paweł's Hilfe die Symbole. Krone: Symbol des guten Namens. Traube: Sinnbild des fruchtbaren Israel. Segnende Hände: das Grab eines Rabbis. Der Schmetterling: die Flüchtigkeit des Lebens. Für Kinder steht eine gebrochene Blume. Die zwei Sabbatleuchter: die fromme Hausfrau. Schnäbelnde Tauben: inniges Familienleben. Außerdem jede Menge Berufssymbole.
Ich phantasiere mit den Namen, die ihre Klangfarben und Bedeutungen nicht verloren haben. Safranfarbene, veil-

chenfarbene, rosenfarbene Namen, die von Mandeln, Feldern, Blumen, Wein, Bergen, Rosen, Tieren und Steinen handeln. Paweł übersetzt mir die Namen aus der hebräischen Schrift. Mandelbaum, Buksbaum, Eichenbaum, Granatenstein, Silberbaum, Hirschsprung, Zimetbaum, Goldwasser, Faigenbaum. Mehrere Tote mit Namen Bronner. Sala Sara Bronner, Salomon Bronner. Ich entdecke den Namen Schmelz, der Mann lebte zu Großvaters Zeit. Aha, denke ich, deshalb sein erstes Bühnenstück *Schmelz, der Nibelunge*.
Das polnische Land ist voll unentdeckter Gräber, hat mir der Berliner Eckehart Ruthenberg erzählt. Ein einziger Friedhof. Er durchmißt mit dem Spaten das Land, gräbt die Stelen aus und reinigt sie. Das Wort Sühne will er nicht hören.
Auf einem jüdischen Friedhof wäre meine Großmutter nicht willkommen gewesen. Hier darf man nicht essen, nicht trinken. Das im Gras versunkene Grab darf nicht mehr geöffnet werden.
Auf Ewigkeit angelegt. Das Grab für alle Zeiten Eigentum des Toten. Kleine Steine auf den Grabsteinen, auf manchen verwelkte Blumen. Der Wind weht eine mürbgefrorene Rose herab, die auf dem Harsch zerfällt.
Ich verlasse den Friedhof durch das kleine Tor.
Mir ist kalt. Wir gehen ins Café in der riesigen Piastenburg, Sitz der polnischen Fürstenfamilie, der Piasten. Unter mittelalterlichen Rüstungen und Gewändern wärmen wir uns auf. Der Kellner bringt einen Cappuccino mit einem Glas Wasser.
Am Tisch daneben eine junge Frau mit ihrem Freund, sie kaut wie wir an einem trockenen Stück Streußelkuchen. Sie sieht nicht anders aus als die jungen Mädchen in Berlin. Alles in Schwarz, schwarze Hose, schwarzer Pullover, sehr schwarzes Haar, schwarzer Rucksack.

Ich denke an meinen Vater auf dem Dorotheenstädtischen Friedhof.
Was weiß er schon von ihr?
Sie geht ihren eigenen Weg.
Nie habe ich meinen Vater von Oświęcim, dem Ort seines Vaters, erzählen hören, nie suchte er seine Geburtsstadt auf. Seine Lebenserinnerungen beginnen in Wolgast, dem Geburtsort seiner Mutter.
Familienleben als Ursprung der Spannungen und Dramen für Vater und Sohn. Ich blicke die junge Frau, dann Paweł an und denke: eine neue Generation. Vielleicht muß sie nicht mehr wie meine Generation die Last des Zuhauses tragen. Vielleicht ist das vorbei. Sie leben anders.

* * *

8. Das Schtetl

Wir zahlen und verlassen das Café. Von hier aus können wir bis zur östlichen Vorstadt Zasole blicken, wo sich das Gelände des KZ befindet. Wir gehen durch die schmale Judengasse im jüdischen Viertel, dem »Schtetl«, das so gut wie vernichtet worden ist.
Es gab damals kaum befestigte Straßen und keine funktionierende Kanalisation. Aber es war nicht jenes in der Literatur vorkommende Schtetl, das von Schmutz starrte und in dem man über Pfützen springen mußte, ein Ort der Armut und der Rückständigkeit. Durch Zuwanderung hatte sich die Zahl der Juden vermehrt, die auf der Suche nach Arbeit nach Auschwitz kamen. Lebhaft ging es hier zu, mit Bewohnern, die in einer vertrauten Welt lebten, mit ihren Synagogen und kleinen Geschäften. Hier wurde jüdisch gesprochen und die jüdische Kultur gepflegt, man hielt zusammen, verbunden durch religiöse und traditionelle Rituale.
Klein, eng verflochten, vertraut. Hier lebte die Familie meines Großvaters, unter jüdischen Musikanten, Pferdehändlern, Kaufleuten, Handwerkern und Orthodoxen. Nirgendwo entfachte sich die Zerstörungswut der Deutschen heftiger als im Schtetl. Von fünfhundert jüdischen Gebäuden in Auschwitz sind nur neun erhalten, darunter die Schule, der Feuerwehrposten und das Gemeindehaus. Hier lag der Chejder, in dem keine weltlichen Fächer gelehrt wurden. Das einfache Gebäude der öffentlichen Schule, die mein Großvater nach der jüdischen Elementarschule besuchte, steht noch. Ein Gymnasium gab es damals noch nicht.

Der Chejder begann mit dem vierten Lebensjahr. Schon so früh mußten die jüdischen Kinder lesen lernen und viele Stunden unter den strengen Augen des Chejder-Lehrers mit Buchstabieren und dem Übersetzen hebräischer Texte verbringen. Dazu Verbote und Gebote, die es einzuhalten galt.
Zu Großvaters Zeiten dauerte der Unterricht in der Grundschule bis ein Uhr, dann folgte eine Mittagspause, und anschließend ging es in den Chejder bis abends sieben oder acht Uhr.
Die religiöse Erziehung dominierte. Jüdische Bildung war Religion. Das Studium des Talmud. Mein Großvater muß viel von diesen frühen Chejder-Jahren profitiert haben. Er lernte von den »Schriftgelehrten«, den Rabbinern, die nie vergaßen, den Alltag miteinzubeziehen.
Sie zieht erneut das Foto des Großvaters hervor und stellt ihn sich als Kind vor.
Nach zwei Jahren hat er den Chejder verlassen, wahrscheinlich war es ihm doch zuviel Religion.
Das berührt sie sympathisch: Er machte sich schon früh nichts vor und muß sich bei seinem Vater durchgesetzt haben.
Es gab sogar seit dem 16. Jahrhundert eine Art jüdisches Parlament, lange vor der Entstehung Israels, sagt Paweł. So etwas wie der polnische Reichstag, »waad arba aratsot« genannt.
Immer wieder erfahre ich Dinge, die ich nicht weiß.
Wir sind auf dem Weg zu dem Haus, in dem mein Großvater gewohnt hat. Das Hinterhaus eines dieser alten, bescheidenen Häuser muß es sein. Doch ich finde das Haus nicht. Frage eine Nachbarin, zeige die Hausnummer mit den Fingern.
Bitte Paweł, zu übersetzen. Die Frau nickt, weist auf die leere Stelle.

Nur ein Mauerrest zeugt davon, daß hier einst ein Haus stand. Es wurde von den Nazis zerstört.
Die gespannte Erwartung verfliegt. Dies ist der Ort, an dem er gelebt hat, ich lege meine Hand auf die Mauer, um ein Verhältnis zu ihr herzustellen. Ich empfinde nichts. Mir wird bewußt, wie groß der Abstand geworden ist.
Lange steht sie da und versucht, sich von ihren Erwartungen zu befreien. Das Haus hätte wenigstens die Illusion einer Begegnung geschaffen. Sie meint, sie hätte seine Anwesenheit gespürt, hätte hineingehen können wie in eine andere Zeit, hätte die Zimmer sehen, die Atmosphäre erspüren können, hätte körperlich die Enge gefühlt, wie sie alle auf dem Boden auf ihren sechs Strohmatratzen lagen. Sie lernt nichts aus diesem Fehlschlag, sondern setzt all ihre Hoffnung auf das Haus in Birkenau.
Wir nehmen die Straße bergab. Hier ist er entlanggegangen, den Beutel mit den Schulsachen über der Schulter. Hier begann sein Heimweg von der Schule in Auschwitz nach Birkenau, als die Familie nach Birkenau gezogen war, weil die Wohnung dort billiger war.
Der Erste Weltkrieg. Ja, davon will ich was wissen. Was ist hier passiert?
Wir haben kaum Quellen, was hier im Ersten Weltkrieg geschah, sagt Paweł. Soviel steht fest: Die Menschen in Auschwitz waren weder politisch darauf vorbereitet, noch besaßen sie Waffen. Wie der Zweite, so hat auch der Erste Weltkrieg die Juden in Auschwitz überrascht. Am Ende des Krieges gab es die österreichische Regierung nicht mehr, die Macht wurde von den Polen übernommen. Eine in jeder Hinsicht vollkommen neue Situation, die die Juden wirtschaftlich wie kulturell beflügelte. Für rund zwanzig Jahre.
Umkämpfte Flüsse: Weichsel und Soła. Hinunter also zur

Brücke über die Soła, am 3. September 1939 von der polnischen Abwehr so heftig umkämpft, daß Himmler am Vorabend die Einsatzgruppe z. b. V. (zur besonderen Verwendung), eine mörderische Truppe, die polnische Intellektuelle ausrottete und Juden erschlug, telegraphisch ins oberschlesische Industrierevier anforderte. Doch es gelang dem polnischen Regiment, die Brücke über die Soła zu sprengen. So mußten die Deutschen erst eine hölzerne, provisorische Brücke bauen, ehe sie die Stadt einnehmen konnten.
Unweit der Brücke steht ein kleines, altes Haus, vielleicht ist es noch das Haus von Großvaters Onkel Bernhard, wo er in seiner wenigen Freizeit einen »armseligen Teil« seiner Kinderjahre, in dem er einmal nicht schuften mußte, »träumend und spielend und immer lernend« zugebracht hatte. Auf der kleinen Insel im Fluß war Großvaters Badeplatz, hier traf er sich mit seinen Geschwistern. Später verbot die SS den Juden, in der Soła und der Weichsel zu baden. Nur eine von den kleinen, alltäglichen Diskriminierungen, Verboten und Erlässen, die schließlich in Auschwitz mündeten. Ich erzähle Paweł vom bestechend simplen, aber wirkungsvollen Denkmal in Berlin-Schöneberg, von Straßenschildern, auf einer Seite mit einfachen, heiteren Bildern bedruckt, die Gemüse, eine Katze, eine Kanne Milch zeigen, auf der anderen Seite die Nazi-Befehle: Juden ist verboten, Gemüse anzubauen, Juden ist verboten, Haustiere zu halten, Juden ist verboten, Milch zu kaufen, etcetera, mit genauem Datum des Erlasses. Eine quälende Litanei, die uns durch die Straßen führt und deren Direktheit mich trifft.
Im August 1939, als die Deutschen in Auschwitz Schützengräben aushoben, sagt Paweł, beteiligten sich noch viele Juden. Kooperation mit ihren Mördern. Obwohl man vor-

bereitet war, kam der Angriff der Deutschen überraschend, und als am 1. September im Morgengrauen die ersten Flugzeuge auftauchten, hielt man es noch für Übungen des Luftschutzes. Bis die ersten Bomben fielen, und der Horror begann.
Ein Pferdewagen mit Kohlen fährt auf der Landstraße, ein seltener Anblick. Das Pferd hat einen wuchtigen Hintern mit grauem Schweif und lahmt. Auf Pferdewagen und zu Fuß flüchteten die Juden am ersten Tag des Zweiten Weltkriegs vor dem Beschuß der Luftwaffe, erzählt Paweł, sie zogen nach Krakau, weiter nach Lemberg und zur rumänischen oder polnisch-sowjetischen Grenze. Die in Krakau geblieben waren und merkten, daß der Terror sie auch dort erreichte, nahmen entkräftet den Weg wieder zurück, als die Wehrmacht einmarschierte. Noch waren sie voll Hoffnung, zu Hause sei es besser – sie liefen ins Verderben.
Im Oktober 1939 wurde Oświęcim – Auschwitz, wie es von nun an hieß – ins Reich eingegliedert, und die Wehrmacht übergab die Stadt der deutschen Zivilverwaltung. Man raubte die Juden aus und schaffte alles weg, was auf die bereitgestellten Wagen ging, löste das Vermögen der Juden auf. Dann setzte der Terror der antijüdischen Gesetzgebung ein. Schlußphase der »Endlösung« im deutsch besetzten Polen: die »Judenjagd«. Man suchte in den entleerten Ghettos, in den Wäldern, veranstaltete regelrechte Treibjagden.
Die Soła, grüngrau fließt sie dahin. Wunderbar still und leicht trägt sie ihr Wasser durch die Wiesen, an kargen Häusern vorbei, ab und zu von verkrüppelten Bäumen durchschnitten.
Damals trug sie den Tod.

* * *

9. Der Schulweg

Wir gehen von Auschwitz nach Birkenau, vorbei an Baracken, Wachtürmen, dem Aschesee. Widerstrebend folge ich dem Schulweg. Da ist er gegangen, jeden Tag. Und ausgerechnet diesen Weg mußten die KZ-Häftlinge nehmen, vom Stammlager Auschwitz zum Lager in Birkenau mit seinen Verbrennungsöfen.
Sechs Kilometer hat der Großvater täglich zurückgelegt, drei hin und drei zurück, bis zum Ende der Volksschule. Ein seltsames Gefühl. Meine Füße berühren den Boden, den er berührte. Und die Todgeweihten.
Später hat mein Großvater den Boden nie mehr betreten. Mir ist, als müßte ich mich durch die Vergangenheit graben, durch den rhetorischen Matsch, der alles überdeckt.
Damals, als der Großvater den Weg nahm, gab es hier Wald, jetzt wachsen nur noch spärlich Bäume. Kaum ein Laut ist zu hören, und die Oberfläche der Soła scheint wie aus Glas geblasen. Schneematsch, kniehoch. Ich springe über das Brett, das man über ein Rinnsal gelegt hat, ein junger Mann in einer Schaffelljacke mit krausem Haar kreuzt meinen Weg. Der muffige Geruch des feuchten Fells begleitet uns ein paar Schritte.
Die Selbstverständlichkeit, mit der Paweł meine Wege mit mir geht, berührt mich, und ich sage ihm, wie schön es ist, daß er mich begleitet.
Ein Eichhörnchen huscht den Stamm einer Kiefer hoch. In der Ferne weint ein Kind. Eine Rauchschwade über Birkenau schwebt durch die fahle Sonne.
Die Verbrechen, die geschahen, ändern nichts daran, daß die Gegend um Auschwitz ein friedliches Paradies sein kann.

Wir gehen über die Gleise am Bahnhof vorbei, eine Art Glas-Plattenbau mit rechts und links angepfropften Betonteilen, davor eine Hähnchenbraterei. Der altösterreichische Bahnhof, von dem aus der Großvater nach Wien und Berlin gefahren ist und über den die Juden ins Lager weitergeleitet worden sind, ist zerstört.

Der große Torbogen, durch den die Transporte der Todgeweihten fuhren. Gleise, Wachtürme, am Ende Schrottlager, die OMAG-Werke und Laubenkolonien. Ein Teil des alten Brzezinka, Birkenau, neu bebaut. Ein paar einfache Villen hier und da, über der Asche der Toten errichtet. Kubische Hausbauten ohne sichtbare Dächer. Zimmer mit Aussicht: mit Blick auf das Vernichtungslager, das man bis hin zum Bahnhof überblicken kann. Günstiges Bauland, klar. Hier zu wohnen geht nur mit verharmlosendem Blick. Mit Neubauten werden Abgründe zugedeckt.

Backsteinhäuser. Ich schiebe den Gedanken rasch beiseite, ob der Backstein vielleicht aus eingestürzten KZ-Lagerbauten stammt.

Häuser, nach 1945 erbaut. Ich halte Ausschau nach einem alten Haus, in dem mein Großvater gewohnt haben könnte. Nichts.

Ein Hund bellt. Vom Garten eines Hauses steigt Rauch auf.

Wir gehen ein Stück zurück und nehmen den Eingang am Turm vorbei zum Lager Auschwitz-Birkenau, Ort der Vernichtungsmaschinerie. Tatsächlich ein paar Birken im Nieselnebel. Mooriger Schneematsch, das Dreckwasser quietscht in den Stiefeln. Kalter Wind. Eine unheimliche Stille. Nur eine kleine Gruppe von drei Menschen stapft durch den Schnee.

Weg, nichts wie weg.

Schweigen.
Mich beschäftigt der Gedanke, ob es sich Deutschland mit der Errichtung von Denkmälern nicht allzu bequem macht. Antisemitische Ausschreitungen werden damit nicht verhindert.
Und das trotz der Gegenwärtigkeit der Lager.
Macht es denn Sinn, der Vergangenheit zu gedenken, ohne den Bezug zur Gegenwart herzustellen?
Paweł fragt einen alten bärtigen Mann, der das KZ aus eigener bitterer Erfahrung kennt und eine kleine Gruppe zu den Verbrennungsöfen führt, wo noch Reste des alten Birkenau zu finden seien.
Der Mann weist auf das KZ-Terrain, die Erde, die Eisenbahnrampe, die Wachtürme, die Nebengleise, die zum Hauptlager Auschwitz führen, die Krematorien II und III mit den Gaskammern im Keller darunter. Neunzig Prozent der Häuser wurden im Jahr 1941 eingeebnet, ganz Birkenau, sagt er, und darüber das Nebenlager gebaut. Auch die umliegenden Dörfer wurden zu vierzig Prozent abgerissen, das sogenannte Interessengebiet: Pławy, Harmęże, Babice, Broszkowice, Bar und Rajsko. Das Baumaterial für die Errichtung der Baracken in Birkenau verwendet.
Eingeebnet. Wie gehabt.
Die Welt, die Ferdinand verlassen hat, blutbrauner Schutt.
Der Leiter der Gruppe, dem Paweł von mir erzählt hat, spricht mich an. Mein Problem des Dazwischen-Seins. Meine Beklommenheit, wenn ich auf Juden treffe, die ein Vernichtungslager überlebt haben. Meine Ehrfurcht, die mich hindert, »normal« mit ihnen zu sprechen. Unwillkürlich werden sie für mich zu moralischen Richtern, und ich spüre, wie ich in den Sog meiner Väter gerissen werde.

Liegt hier ihr eigentliches Motiv, sich an die Geschichte des Großvaters zu wagen?

Was niedergemacht wird, denke ich trotzig, kann sich auch wieder erheben: In Gedanken baue ich das Haus wieder auf. Ein ärmliches, graues Haus, nicht anders als die Häuser in Auschwitz, so, wie er es in seinem ersten Bühnenstück *Familie Wawroch* beschrieben hat. Ein Hinterhaus im Hof, mit einer Außentreppe zur Dachwohnung, kleinen Fenstern, kleinen, niedrigen Zimmern, einem Kabinett.

Es wird dämmrig, wir beschleunigen unseren Schritt. Nur nicht zurückbleiben, denke ich.

Unten am Fluß treffe ich wieder das junge Paar aus dem Café, wir kommen ins Gespräch. Als ich frage, wie das ist, heute in Auschwitz zu leben, sagt die junge Frau entschlossen:

Ich wohne in Oświęcim. Auschwitz, das ist das deutsche Lager.

* * *

10. Auschwitz

Ich bin still. In mich gekehrt. Von meinen Gedanken an den Großvater völlig in Besitz genommen.
Nur zwei Schulbusse warten auf dem Parkplatz und etwa zwanzig Autos, nicht gerade viel. Wir stehen in der Buchhandlung am KZ-Gelände und breiten auf einem Seitentisch die gerade erworbene riesige Karte des Geländes aus. Erst jetzt kann ich sehen, daß das Gelände nicht nur von den beiden Flüssen, sondern auch von Seen eingerahmt ist, die eine Flucht erschwert hatten. Paweł fährt mit dem Zeigefinger die Route entlang, die wir vor uns haben.
Er sagt, wir müssen es schaffen, ehe es dunkel wird. Und dann ins Archiv, bevor sie schließen.
Wir gehen über matschige Wege durch das Lager.
Paweł erzählt nüchtern, im Stenogrammstil: Wie Auschwitz entstand.
Graue Herren in Zivil: Ortsbesichtigung. Verhandlungen mit der Wehrmacht. Übergabe der Kasernengebäude an die SS-Vermessungstrupps. Eine Kommission prüft das für ein Konzentrationslager vorgeschlagene Objekt. Ergebnis: die Kasernen von Auschwitz sind ungeeignet. Der Reichsführer der SS Himmler ordnet neue Inspektion verschiedener Objekte an. Erneute Kommission unter Rudolf Höß. Beschluß, in Auschwitz ein Quarantänedurchgangslager für polnische Häftlinge einzurichten. Höß wird zum Kommandanten des Lagers ernannt. Er erhält von der Gemeinde Auschwitz dreihundert Juden für Aufräumungs- und Organisationsarbeiten.
Planierarbeiten. Drainage. Häftlinge als Bauarbeiter, Mau-

rer, Zimmerleute, Betonpfostensetzer, Stacheldrahtzieher.
Arbeit unter Druck. An Dauerhaftigkeit war man nicht interessiert.
Gleisanschlüsse. Richtfest.
Schuldlos wie die Opfer und ihre Nachkommen zu sein: das wäre ihr Wunsch. Zwar steht sie auf der Seite der Ermordeten, aber sie bleibt an ihre Väter und ihre Geschichte gebunden.
Unermüdlich stapft Paweł neben mir durch Schnee und Matsch.
Brüchige Steine. Schimmelnde Baracken.
Ein Gang auf den Friedhof mag eine Lektion in Weisheit sein, was aber ist ein Gang durch Auschwitz? Der Sturz in ein metaphysisches Vakuum? Eine Lektion in Menschenkunde? Oder in Sprachlosigkeit? Der Verlust des unschuldigen Blicks ein für allemal?
Sie weiß es nicht. Sie weiß nur, daß ihr ständig durch den Kopf geht: Was wäre mit ihrem Großvater geschehen, wenn.
Resultat: Ein Leben, das hier geendet hätte, hat er nicht geführt.
Das KZ Auschwitz hat mit ihrem Großvater nichts zu tun.
Das Archiv der Stadt Auschwitz, eine Filiale des Staatsarchivs, liegt auf dem Gelände des Konzentrationslagers. Die Dokumente landeten dort, als es in der Nachkriegszeit an entsprechenden Räumen mangelte und man sich sicher war, daß Auschwitz für ewige Zeiten ein Museum und Dokumentationszentrum bleiben würde. Früher waren diese Dokumente auf verschiedene Orte – Auschwitz, Bielitz, Kattowitz – verteilt.
Die Entscheidung für das Museum ist akzeptabel, sagt Paweł, da die seitlichen Blocks, wo die beiden Archive

sich jetzt befinden, zum Teil von der Lagerverwaltung genutzt wurden und damit nicht die eigentlichen Orte des Martyriums waren.

Immer noch kommen Menschen wie ich hierher, die etwas über ihre Verwandten wissen wollen.

Die wenigen Quellen, die ich mir erschlossen habe, offenbaren ein Durcheinander. Ich möchte wissen, wie Ferdinand Bronner bei seiner Geburt hieß. Ohne Namen ist der Zugang versperrt. Der ursprüngliche Name gibt mir eine Vorstellung von seiner Person, davon bin ich überzeugt.

Der freundliche Archivdirektor, der mit seinem schwarzen, adrett gestutzten Bärtchen aussieht wie ein kakanischer Offizier, öffnet uns, obwohl das Archiv an diesem Tag geschlossen ist. Dunkle, freundliche Augen blitzen unter glattem, pechschwarzem, wohlgeschnittenem Haar. Schlanke, lange Finger, die elegant eine Zigarette halten. Paweł wechselt mit ihm ein paar freundliche Worte, der Direktor bittet uns hinein. Er holt einen Fragebogen und füllt ihn nach unseren Angaben aus. Ich gebe Ferdinand Bronner und sein Geburtsdatum an.

Der Direktor verschwindet im Nebenraum und kehrt mit bedauernder Geste zurück. Einen Ferdinand Bronner gibt es nicht.

Also müssen wir nach dem Geburtsdatum vorgehen. Er bringt uns eine Vielzahl riesiger, vergilbter Akten des Katasteramtes von Auschwitz, in steiler deutscher Schrift mit hohen Ober- und Unterlängen verfaßt. Kataster miejski. Der Stadtkataster. Ich danke lächelnd, und wir schlagen die Bände auf. Der Geruch alten brüchigen Papiers. Die bräunliche Tintenschrift: schmale, hochgezogene Buchstaben. Ich blättere Seite für Seite um.

Paweł übersetzt. Vergessene Berufe. Kleine Etappen auf

der gesellschaftlichen Stufenleiter. Menschen, die mein Großvater vielleicht kannte, vielleicht auch nicht. Seine Zeitgenossen.
Geburt, Eltern, Ehegatten, Kinder, Religion, Steuerklasse, Tod. Die Säulen der alten Welt.
Eine verlorene Welt.
Die Geschichte der Stadt Auschwitz ab 1800. Die Geschichte von Not und Kriegen. Die Ordnung einer Stadt, die hundertvierzig Jahre später vor der Auflösung stand.
Namen. Das ist alles, was vom Auschwitz meines Großvaters übrigblieb. Der Name Bronner taucht wiederholt auf, einige auf dem Friedhof begraben, andere ermordet. Netti Bronner, in Auschwitz ermordet. Wir finden den Großvater und Urgroßvater von Gerhard und Oscar Bronner, offenbar Verwandte, den 1849 geborenen Kaufmann Leib Bronner und den 1885 geborenen Jakob Hirsch Bronner. Unauffindbar Osias oder Oskar Bronner, wie mein Großvater seinen Vater nennt. Kein Ferdinand weit und breit. Sofort drängt sich mir der Gedanke auf, daß das Versteckspiel bereits mit der Geburt beginnt.
Der Archivar murmelt etwas Unverständliches, schultert einen Teil der Akten und stößt die Tür mit dem Fuß auf. Kommt zurück, zuckt mit den Schultern und breitet bedauernd die Arme aus. Ich schüttele trotzig den Kopf und beharre auf seiner Existenz. Er hat gelebt und zwar hier!
Es wurde auch der Name Froim Fischel oder Feivel in einem Artikel erwähnt. Der Archivar sucht und kehrt abermals bedauernd zurück.
Paweł wirft einen Blick hinaus auf die Lagerbauten und die im Sonnenlicht funkelnden, eisüberzogenen Pappeln. Nachdenklich tritt er ans Fenster und klopft gedankenverloren auf den Rahmen, schlägt sich plötzlich mit den

Fingerknöcheln an die Stirn. Ruft etwas auf polnisch. Der Archivar nickt dreimal, verläßt hastig den Raum und kehrt mit neuen Akten zurück.
Die Akten der Wehrpflichtigen. Lista popisowych.
Die Einberufungsbefehle.
Das Militär vergißt niemanden, sagt Paweł.
Er blättert in dem sperrigen Konvolut. Gespannt blicke ich ihm über die Schulter. Nach zehn Minuten hält er inne, grinst und schlägt mir anerkennend auf die Schulter. Er hat eine Benachrichtigung des k. & k. Kreisamtes von Biała vom 21. Mai 1887 gefunden. Aktennummer 1252, gezeichnet in Schlemin (Ślemień). Mein Großvater wird nach Żywiec vorgeladen zur Musterung.
Er heißt Eliezer. Eliezer Feivel Bronner, geboren am 15. Oktober 1867, mosaischer Religion wie seine Eltern Etiel und Hinde Ester. Der Name Hosea, Oscar, den Ferdinand später für seinen Vater nennt, taucht hier nicht auf. Eliezers Mutter Hinde, eine geborene Pilzer, Bäuerin und Analphabetin, hatte vier Kinder und einen Bruder, der verheiratet war mit einer, laut Katasteramt, »unehelichen Ehefrau«.
Wir lächeln uns an.
Durch das geöffnete Fenster blicke ich hinaus auf die erschöpften Pappeln, deren Kristallblätter im Wind leise klirren. Ich lese den Namen immer wieder. Im Archiv von Auschwitz zu sein, neben Paweł zu sitzen und den wirklichen Namen schwarz auf weiß zu lesen, das ist eine Genugtuung, und ich danke Paweł und dem freundlichen Archivar. Er reicht mir eine eiskalte Hand, kehrt wieder an seinen Schreibtisch zurück und läßt uns mit der Akte allein.
Stille. Der Name dringt in mich ein und beschäftigt mich.

Ehe wir gehen, bitte ich den Archivar, mir eine Kopie der Schriftzüge zu geben.
Paweł geht mir voraus, um einen Kaffee zu trinken. Dann verabschiedet er sich unter vielen Entschuldigungen: Er muß noch Seminararbeiten korrigieren.
Ich bleibe hier und werde mit dem Zug zurückfahren.
Dann nehme ich die vereiste Treppe und finde mich unter den Pappeln wieder. In der Hand die Kopie mit dem Namen in hochgezogener schmaler deutscher Schrift.
Ich lehne an der Pappel und sage seinen Namen. Eliezer, zusammengesetzt aus Eli, Gott, und Ezer, Helfer. Gott ist dein Helfer. Ein Hilferuf an Gott.
Also gut. Nennen wir ihn hinfort Eliezer, bis wir eines anderen belehrt werden.
Und? Was hat sie damit erreicht?
Den Namen irgendeines Juden?
Sie läßt die Ströme der Häftlinge an sich vorüberziehen.
In ihrem Schatten hat er überlebt.
Nur wenigen Assimilanten ist das gelungen. Die meisten hat das Unheil eingeholt.
Sie wurden Soldaten, kämpften fürs Reich, fielen. Andere gingen ins Exil. Oder kamen gleich ins KZ.
Die Frage ist doch: Wie hat er das geschafft, zu überleben?

* * *

11. Der Sohn

Die wenigen Seiten, auf denen mein Großvater seine Kindheit erwähnt, wurden wohl mehrfach bearbeitet. Oświęcim, der Ort seiner Kindheit, erscheint vernebelt und äußerst knapp. Aus kindlicher Perspektive erzählt er nie. Hat er je Spielzeug besessen, Bären und bunte Klötzchen, träumte er vom Zirkus und von Märchenfiguren? Eher nein. Er schreibt von Heften und Schulprämien, Leistungen, Windelnwaschen. Hier berichtet einer, der früh in die Rolle des Erwachsenen schlüpfen mußte.
Ein romantischer Ort war Auschwitz sicher nicht, trotz Viehmarkt und Synagogen. Sondern ein Ort, dessen Bewohner um ihre Existenz kämpften. Dabei war er vielleicht auch ein träumerisches Kind. Denkbar, daß sich das Kind am ehesten im Wald finden läßt, wenn ihn sein Vater mitnahm.
Der schwarze Wald von Auschwitz, den sein Vater hegte: »Seine Herkunft ist in Dunkel gehüllt.«
Ich stelle mir vor, daß dieses Dunkel Eliezer früh beschäftigte. Der Junge, der hinter seinem Vater herstapft, vielleicht an einem Wintertag im Jahr 1876 frühmorgens, mag Eliezer sein, mein geheimnisvoller Großvater, wenn er es denn war. Vielleicht trägt er eine braune gehäkelte Schafwolljacke, und darunter ein Flanellhemd. Ein hübscher Junge mit aschblondem Haar, das eine Wollmütze verdeckt.
Wald, Dunkelheit, die Bäume, der Boden schwer von Schnee und Feuchtigkeit, kaum etwas zu sehen. Wenn er den Vater auf seinen Waldgängen begleitete, hatte er ihn für sich alleine, suchte er Wärme, Markierungen, Geschichten? Sag Vater, wer? Wer war mein Großvater?

Und vor ihm mein Urgroßvater, Etiel. Trotz Nachfragens und Recherchierens: Er bleibt rätselhaft. Sein Vater stammte, schreibt Ferdinand, von ungarischen Schwaben ab, die »zu irgendeiner Zeit« nach dem westlichen Galizien ausgewandert waren. Er hatte schon früh seine Eltern verloren, »fremde Leute nahmen sich seiner an«. Kurz hatte er die Schule besucht, war aber durchaus nicht ungebildet und »führte eine schöne Hand«.

Etiel war Waldmanipulant oder Waldheger, ein Posten unter dem des Försters für die untergeordneten Dinge, und verdingte sich bei verschiedenen Herrschaften, mit langen Phasen der Arbeitslosigkeit. Bis in Eliezers Zeiten lebte Galizien von der Land- und Forstwirtschaft, und das Land war zu einem Drittel im Besitz großer Herrschaftsfamilien. Seit Oświęcim durch seine günstige Lage in die neuen Industriegebiete eingebunden war, gab es jedoch für ihn immer weniger Posten. So wanderte Etiel von einem Forstherrn zum anderen, was mit ziemlichen Fußmärschen durch halb Galizien verbunden war, ahndete Forstfrevel, registrierte Waldbeschädigungen und Holzraub, versah die zu fällenden Bäume mit Zeichen und ging gegen Wild- und Insektenschäden vor. Er zog angeschossene Rehe aus dem Lehm, kümmerte sich um ihre Wunden und trug sie in seine Holzhütte.

Er wird also kein Stadtmensch gewesen sein, mit seinem groben Schuhwerk, mit ausgeprägtem Geruchssinn und scharfem Blick, und in den Knien geknicktem Waldläufergang, als gehe er tagaus, tagein auf die Pirsch. Vielleicht schlief er manchmal unter den Büschen und schoß, wenn er einen Holzdieb zu sehen meinte. Die vom Grundherrn angestellten Waldhüter sollen oft mit ziemlicher Brutalität gegen beeren- oder holzsammelnde Bauern vorgegangen sein. Etiel kam häufig schwankend nach Hause –

offenbar hatte es ihm der Schnaps aus der Auschwitzer »Dampffabrik feiner Liköre« angetan.

Mit vierunddreißig Jahren war er »ein streng rechtlicher Charakter«, seinen Kindern gegenüber »mehr zur Strenge als zur Zärtlichkeit geneigt«. Er verstand es, zu erzählen, wenn er in Laune war. Dann gelang es Etiel wohl mühelos, das Geheimnis um seinen Vater so auszuschmücken, daß auch Hinde, Eliezers Mutter, am Ende nicht mehr wußte, ob das inzwischen ausgewachsene Findelkind auf einem rauchenden Holzstoß, im Vogelnest hoch oben im Baum oder in der Abstellkammer einer düsteren Kaschemme gefunden wurde.

Er erzählte gern und »liebte eine gehobene, fast pathetische Ausdrucksweise«. Er hatte wenig Sinn für Humor, und Eliezer erinnerte sich nicht, ihn je lachen gesehen zu haben. »Er war mit einem Worte: durch und durch Pflichtmensch.«

Ein Pflichtmensch, der seinem Sohn vorschrieb, auch einer zu werden. Der den Sohn einem Leistungsdruck unterwarf, den er selbst floh. So arbeiten Großvaters Erinnerungen beharrlich am Bild des perfekten Sohnes, der unentbehrlich ist. Vom Judentum erzählen sie nicht.

Gedächtnislücken? Bewußtes Verschweigen? Auch das sind Informationen.

Argwohn ist angesagt. Zum Beispiel, wenn er in den paar Sätzen über seinen Vater schreibt, daß er ein Orthodoxer gewesen sei, die Orthodoxen aber aus tiefster Seele haßte. Daß seine Kippa zu Hause moderte und er nur an hohen Festtagen zur Synagoge ging.

Anekdotische Zuspitzung? Was wieder im Widerspruch dazu steht, daß er »ein streng rechtlicher Charakter« gewesen sei.

Dieser Pflichtmensch wiederum war äußerst trinkfest,

ja, wohl ein Alkoholiker, den sein Sohn wiederholt von der Branntweinschänke nach Hause schleifen mußte. Zu allem Übel verschwand er hin und wieder von heute auf morgen hinter den Wäldern, von Hinde, Ferdinands Mutter beweint, und überließ den Unterhalt seiner Familie dem Sohn.
Familienlegenden. Eliezer konnte nie wissen, ob stimmte, was der Vater erzählte. Daß der Vater seiner Mutter ein großer jüdischer Rabbi gewesen sei, glaubte er erst, als die Mutter es bestätigte. Die Vorväter waren eine unerschöpfliche Quelle immer neuer Erzählungen, als sollten sie für fehlende Familiengeschichten entschädigen.
Unwahrscheinlich, daß die Version stimmt, wonach Etiels Eltern von ungarischen Schwaben abstammen, denn diese Herkunft wurde allzu häufig bemüht, um jüdische Abstammung zu kaschieren. Nicht umsonst war »Schwabe« in Galizien ein Schimpfwort.
All diese Ausflüchte, diese Unsicherheiten und Ungenauigkeiten! Bedeutet dies auch, daß die Geschichte mit dem Findelkind wenig verläßlich ist?
Keine richtige Arbeit. Kein Selbstvertrauen. Was sicher damit zu tun hatte, daß ein uneheliches Kind oder ein Findelkind wie Etiel in der jüdischen Gesellschaft ein Geächteter war. Die intensive Kontrolle, die der mächtige Ältestenrat der Juden ausübte, erfaßte nicht nur das religiöse, sondern auch das private Leben.
Bei verschiedenen Herrschaften tätig, vergeudete Etiel das bißchen Geld, das er mit Gelegenheitsarbeiten verdiente, und wurde wiederholt »durch Intrigen von seinen Posten verdrängt«.
Gab es Vorbildliches am Vater? Nicht ungebildet, schrieb eine schöne Hand: das heißt vielleicht, daß der Sohn es so sehen wollte.

Die Mutter war »eine Frau von tiefer Herzensbildung, konnte weder lesen noch schreiben, eine richtige Bäuerin«, einer jüdischen Familie aus dem russischen Polen entstammend. Sie sang und lachte gern und hatte ein energisches Temperament – anders hätte sie den Haushalt unter kümmerlichsten Umständen mit den vielen Kostkindern auch nicht bewältigen können.
Singen und Lachen – eine einfache Frohnatur? Muß sein Herz irgendwo eine Heimat haben?
Eines Tages verschwand der Vater, und die Familie hatte zwei Jahre lang keinerlei Nachricht von ihm. »Die Verzweiflung über die Erfolglosigkeit all seiner Bemühungen«, so Ferdinand, »die Demütigung, daß er zum Unterhalt der Familie nichts beitragen konnte, hatten ihn von zu Hause fortgetrieben.«
Die Mutter hielt sich und ihre vier Kinder mit der Versorgung von fünf, manchmal sechs Kostkindern am Leben. Eliezer, der Musterknabe, gab bereits mit acht Jahren Nachhilfeunterricht: »In dieser bitteren Zeit war ich also die einzige Stütze, in gewissem Sinn der Ernährer der Familie.«
Diese Zeit hat sein Leben geprägt: Er wurde »reif und selbständig«, für Scherz und Spiel war keine Zeit, er lernte früh »die Bitternis des Lebenskampfes« kennen. »Davor, durch solche Schicksalsfügung verbittert zu werden, bewahrte mich doch glücklicherweise mein angeborenes, von der Mutter ererbtes heiteres Temperament.«
In der öffentlichen Schule, die er auf eigenen Wunsch hin ein Jahr früher, als es gesetzlich verordnet war, besuchte, war ein Großteil seiner Mitschüler Christen: Polen, Österreicher, drei Schwaben, die Deutschen, die sich etwas Besseres dünkten. Sein Wissensdurst trieb ihn an. Nur wenn er viel wußte, würden ihn die anderen akzep-

tieren. Seine Lehrer liebten ihn – sie hatten seine Gewissenhaftigkeit wohl erkannt.
Mit der veränderten politischen Landeszugehörigkeit der kleinen Stadt ging jeweils auch ein Wechsel der Amtssprache einher, von Polnisch zu Deutsch zu Tschechisch und wieder zu Deutsch. Und als das cisleithanische – so benannt nach einem schmalen Grenzflüßchen – Kronland Galizien 1866 den Autonomiestatus erhielt, zog die polnische Sprache wieder in die Verwaltung, die Schulen und Universitäten ein.
Da zu Hause Jiddisch vermengt mit dem örtlichen Dialekt und Deutsch gesprochen wurde, hatte Eliezer in der Schule anfangs Schwierigkeiten, Polnisch zu sprechen, schon deshalb fühlte er sich den Polen wenig zugewandt. Doch schon bald sprach er fließend Polnisch und Deutsch, das in seiner Schule nur noch ein weiterer Schüler beherrschte, auch Hebräisch, das er im Chejder gelernt hatte. Seine Stimme war klar und kräftig (auch im Alter noch, das erzählte sein Enkel), hatte einen melancholischen Singsang, und er rollte das R.
Es war für einen Jungen aus Oświęcim bedrückend, an die Zukunft zu denken. Vielleicht hätte er in einer Fisch- oder Konservenfabrik schuften oder Schrauben einordnen müssen. Es war so gut wie aussichtslos, eine besser bezahlte Arbeit in den Chemiewerken zu finden. Nur wenige Juden arbeiteten in Banken und Fabriken. Ins Bürgertum schaffte es ohnedies kaum einer.
Ärmliche Kleinhändler, die mit Vieh, Getreide, Pelzwerk, Wolle, Federn, Seiden und Sensen handelten und den Marktplatz belebten. Ratenhändler, Greißler, Hausierer, die von Geschäft zu Geschäft gingen. Männer mit Hut und Frauen in langen Röcken, deren Saum im Lehm streifte, Kinder an der Hand, schlenderten an den Ständen vorbei und betrachteten die Tiere und Waren.

Es brauchte Wagemut und Erfindungsreichtum, um das Leben zu meistern. Eliezer aß an ergatterten Freitischen, arbeitete im Haushalt und half den Kostknaben bei den Schularbeiten, damit ihnen die Behörden sie nicht entzogen, wenn sie schlechte Zeugnisse bekämen. Seine eigenen schriftlichen Aufgaben machte er in der Nacht. Wenn die Kostknaben schliefen, kehrte endlich Ruhe ein. Es sei denn, Vater und Mutter stritten über das vertrunkene Geld.
Täglich kam er am Hotel am Rynek vorbei, wo unzählige Flüchtlinge Unterkunft gefunden hatten. Der Inhaber wurde, zusammen mit dem Polizeichef und dem Chef des österreichischen Zolls sowie einigen Bahnbediensteten, des Menschen- und Warenschmuggels verdächtigt. Seit der vollendeten Einigung Deutschlands im Jahr 1871 gab es in Auschwitz eine Auswanderungsagentur der Hamburg-Amerika-Linie. So wurde der Ort zu einem Anziehungspunkt für Schmuggler und Flüchtlinge. Es herrschte nicht nur Leichtgläubigkeit und Unwissenheit – lebhafter Mädchen –, überhaupt Menschenhandel erlebte eine Blütezeit.
Es gab auch Einwanderungsschübe, die vor allem russische Juden nach Oświęcim brachten, Saisonarbeiter, die man »Sachsengeher« nannte, was in etwa »arbeiten gehen« bedeutete, und man begann, »Sachsenlager« zu bauen, einfache Häuser mit Walmdach und Holzbaracken. Dort entstanden die späteren Konzentrationslager.
Auschwitz nahe der Grenze zwischen Österreichisch- und Preußisch-Schlesien schien der geeignete Ort zu sein, um über die Grenze zu kommen. Für die Zurückgebliebenen bedeutete Auswanderung der Verlust von Familienmitgliedern, für die Mutigen Unsicherheit und bei weitem nicht immer Neuanfang. Bei Nacht und Nebel zogen

sie los, ließen Eltern und Kinder zurück und wurden vielleicht an der Grenze gefangen, erschossen oder hingerichtet. Wenn sie im Winter nachts verstohlen ihre Heimat verließen, legten sie Decken über den Schnee, um ihre Fußspuren zu verdecken.
Das Schmugglertum blühte und beförderte den industriellen Aufschwung Oświęcims. Verkehrstechnisch lag Auschwitz günstig: Seit die Stadt zwischen dem Kohlenrevier um Kattowitz-Dombrowa und dem Industrierevier Bielsko Eisenbahnknotenpunkt geworden war, ging es mit der wirtschaftlichen Entwicklung aufwärts. Drei Linien der Kaiser-Ferdinand-Nordbahn führten nach Krakau, Kattowitz und Wien, und über Kattowitz erhielt man Anschluß zur Fernstrecke Breslau – Berlin – Hamburg.
Vielleicht stand Eliezer auf dem Nachhauseweg manchmal am Bahnhof und blickte sehnsüchtig dem Mittagszug nach, voll Hoffnung, eines Tages nach Berlin oder Wien zu fahren, dort zu studieren und dem Vater zu entrinnen. Die Universität würde ihn weise machen, sein Wissen stark, er würde ein angesehener Bürger werden, ein Lehrer gar.
Er hat sich wohl isoliert und verachtet gefühlt. Vielleicht wurde er wegen seiner Armut, seiner ausgebesserten und gewendeten Jacke gehänselt, wegen seines groben Haarschnitts, der plumpen Schuhe des Vaters, die er auftragen mußte und die ihm viel zu groß waren, meist schmutzig vom rotbraunen Morast.
Es würde ins Bild passen, daß ihn die Mitschüler als Juden verspotteten. Dabei sah er keineswegs so aus, wie man sich einen Juden vorstellte. Die jüdische Tracht trug er nicht mehr, seit er vom Chejder zur öffentlichen Volksschule gewechselt hatte. Er schrieb nicht von rechts nach links und trug weder Kappe noch Hut noch Schläfen-

locken. Nur Schweinefleisch aß er nicht, da die Mutter koscher kochte. Von der Mutter, Jüdin aus dem russischen Polen, hatte er eine gut geformte, nicht allzu große und gerade Nase geerbt, die schönen, großen, graublauen Augen, die ruhigen Gesten, den beinahe zarten Körper, die stille und bescheidene Art.
Sich bei den Angriffen der Mitschüler nur nichts anmerken lassen. Kein Wort dazu.
Er begann, sich zu kontrollieren.
Sich im Verschweigen üben. Distanz.
Sein Alltag. Das Kabinett, vom kleinen Wohnraum durch eine Glastür getrennt, die Kinder im Wohnzimmer: »In diesem Zimmer schliefen wir Kinder und die Kostknaben. Wir waren drei Geschwister, ich, der Älteste, die eineinhalb Jahre jüngere Schwester Amalie und als Jüngster der Bruder Josef. Die Einrichtung war die denkbar einfachste, ja dürftig zu nennen. Es war eine richtige Armeleutewohnung.« So steht es in seinen Erinnerungen.
Die einprägsamsten Dinge seiner Kindheit sind seinem ersten Bühnenstück *Familie Wawroch* zu entnehmen. Hier spürt man für Augenblicke, wie Eliezers Kindheit gewesen sein muß.
Enge. Kleinbürgermief. Unterdrückung. Armut. Zwang.
Ich stelle mir vor, wie er müden Schritts die hölzerne Außentreppe zur Wohnung im Hinterhaus nimmt, die neben dem Zugang zum Dachboden liegt. Der Schulweg von Auschwitz nach Birkenau war lang.
Täglicher Gang über den matschigen Hof, schon an der Tür ein großer Schritt über eine der sechs Matratzen, die den ohnedies spärlichen Wohnraum einschränken. Erschreckend das abgemagerte Gesicht seiner Mutter, die zusammengesunken am gescheuerten Küchentisch sitzt, ihre müde Haltung. Auf dem Tisch leere Marmeladen-

gläser, aus denen die Kinder Tee getrunken hatten, daneben ein Brotkanten.
Nach einem Blick auf die Uhr die tägliche Routine. Wortlos zieht er die fünf Kostkinder der Reihe nach aus, weicht die Windeln in einem Topf ein, wäscht die Wäsche in der Zinkwanne, die er mit lauwarmem Wasser aus dem schwarzen Eisenofen gefüllt hat, stülpt ihnen ihre Schlafkittel über und füttert sie mit Brei. Das Zimmer stinkt, deshalb trägt er den Topf mit den Mullwindeln vor die Tür und weicht sie im Zuber ein. Dann schüttelt er den Rupfen aus, der anstelle eines Teppichs auf dem Boden liegt. Nun legt er die fünf schmächtigen Gestalten auf die drei nebeneinanderliegenden Matratzen, daneben seine Geschwister Amalie und Josef, läßt ein wenig Platz für sich selbst, betet rasch und streicht ihnen über den Kopf, glattrasiert wegen der Läuse.
Dann holt er seinen Beutel hervor, setzt sich an den Tisch und verschanzt sich hinter seinen Schulheften.
So könnte sein Alltag gewesen sein, jahrelang. Die einzige Möglichkeit, aus dem Elend herauszukommen, war, das Elternhaus zu verlassen. Weg von dieser Stadt, bis er sich eines Tages kaum mehr daran erinnern kann, daß er einmal in der Soła badete und auf der kleinen Insel im Fluß Grashalme kaute, im Wald Sauerklee mampfte und Bucheckern sammelte. Woanders Kieselsteine im Flußbett sammeln und über das Wasser gleiten lassen, woanders mit den Mauserfedern der Trapphähne spielen und über die grünen Wiesen hüpfen, die Felder mit ihren Furchen, und die Wolken zählen, die über das Flachland ziehen. Irgendwann einmal, damit tröstete er sich, würde er kaum mehr die Spur seiner Herkunft erkennen, wenn er sich umwendete.
Durchatmen, weg von dieser Ordnung, weg von seinem Platz als Sohn.

Denn hier war er Sohn, würde es für immer bleiben.
Nichts wie weg, sobald es ging. Eines Tages, wenn er Auschwitz endlich verlassen konnte, würde er sein Geheimnis mitnehmen. Niemand sollte wissen, daß er Jude war. Möglicherweise hat es einen bestimmten Moment gegeben, an dem sein Geheimnis begann. Sie weiß es nicht. Aber eines weiß sie inzwischen mit Sicherheit: Hätte es so ein Erlebnis gegeben, sie hätte es nie erfahren. Hätte es nicht die »arische« Hinstilisierung in seinen Erinnerungen empfindlich gestört?
Kurz vor Eliezers zehntem Geburtstag 1877 zogen sie nach Bielsko, weil es dort ein Gymnasium gab. Sein täglicher Fußmarsch von sechs Kilometern zwischen Auschwitz und Birkenau war gerade noch zu schaffen gewesen. Doch Bielsko war von Auschwitz nur mit dem Zug zu erreichen.
Sie kamen ohne Habe, denn es lohnte sich nicht, die löchrigen Matten und den kaputten Tisch mitzunehmen. Eliezer hatte sieben Strohsäcke ins neue Heim geschleppt, die tagsüber wie ein gewaltiges Gebirge in der Ecke des Zimmers lagen, einen einfachen Tisch und zwei Bänke. Das am Rahmen mit Zeitungspapier abgedichtete Fenster ging auf einen dunklen Hinterhof, und schon am Nachmittag mußte er die Petroleumlampe anzünden, wenn er seine Aufgaben machen wollte.
Mutter und er sprachen nie über Etiel, der sich davongemacht hatte. Er wußte, daß Hinde ihren Mann vermißte, er fehlte ihr nachts, er fehlte ihr tags, beim Essen und beim Kochen. Nachts, wenn er im Bett lag, überkam Eliezer trotz seiner Wut vielleicht die Sehnsucht nach dem Vater. Doch darüber schweigt er in seinen Erinnerungen.
Verraten, ausgenutzt, seiner Kindheit beraubt, verwaist. Von der Mutter gehätscheltes Arbeitstier. Vom Vater ver-

lassen. Nun sollte er ihn ersetzen, die Geschwister und Kostkinder erziehen und die Familie unterhalten.

Bald sah es so aus, als würden sie ihr Leben in Bielsko mit seinen spärlichen Einnahmen nicht schaffen, sie hatten die Wahl »zwischen Umzug und Pfändung«. Da erfuhr Eliezer, daß er als Vorzugsschüler ein Stipendium von hundert Gulden erhalten würde.

Wenn er Geld nach Hause brachte oder im Haushalt schuftete, bekam er ein wenig Anerkennung. Er durfte an diesem Tag seine Matratze ins Kabinett ziehen, in dem die Mutter schlief, zwischen Kleider- und Wäschekästen, und am Boden die alten Jutefetzen.

In jene Zeit fällt auch seine erste Begegnung mit Schillers *Räubern*, die er in Bielsko sah. Bielsko hatte kein eigenes Theater. Die Vorstellung wurde im Zunfthaussaal gegeben, der im Winter meist mit Operetten lockte.

Das junge Genie, das seinesgleichen entdeckt. Nieder mit dem Vatertyrannen! Nieder mit dem Vatermördersohn!

»Hier schwör ich, das Licht des Tages nicht mehr zu grüßen, bis des Vatermörders Blut gegen die Sonne dampft.«

Steckte nicht hinter der Fassade des gezähmten Schülers und Sohnes tiefer zurückgehaltener Zorn? Kam sie der Wahrheit näher, wenn sie sich Franz Moor zitierte: ›Warum gerade mir die Lappländernase? Gerade mir dieses Mohrenmaul? Diese Hottentottenaugen?‹

Dafür hatte der Jude Eliezer sicher ein Ohr.

Doch die Liebäugelei mit dem Räubertum legte sich schnell. Das war nichts für ihn. Weder wollte er am Rand der Gesellschaft noch in ihrem Untergrund leben, sondern in ihrer Mitte. Er besann sich auf seine Ziele. Mit Rebellentum kam man nicht weit. Schon gar nicht als Jude.

* * *

12. Die Reise

In der Schule mit ihren Ritualen fühlte er sich wohl: das Eintreten des Lehrers, das Aufstehen der Schüler und ihr gebrüllter Gruß, das Aufrufen der Namen, die Prüfungen und Zensuren – es war die ihm gemäße Lebensform. Gymnasiums- und Studienzeit des Wissensdurstigen sind voll Zuneigung geschildert. Anfangs war der schmächtige Junge mit der ungedämpft lauten Stimme noch erstaunlich verträumt, doch ein wenig Ermunterung, ein bißchen Lob genügten, daß er in Kürze zum Klassenbesten wurde, zur Verwunderung aller.
Die Schule wurde ab 1877 zum Wichtigsten in seinem Leben, war ihm heilig, dem »Lehrkörper« galt seine Verehrung. Er schien zu wissen, welch ungeheures Privileg es war, in einer Zeit lernen zu dürfen, in der Bildung Luxus war. Außerdem war die Schule Flucht vor der Enge und Armut zu Hause, und er konnte mit seinem Wissen brillieren. Nicht zuletzt: die Räume waren geheizt!
Bald konnte er mittelhochdeutsche Verse zitieren, den *Faust* – sein ironisches Lieblingszitat: Das Leere lernen, Leeres lehren –, und *Die Räuber* beherrschte er ohnedies auswendig. Es kam ihm zugute, daß sein Deutsch vortrefflich war.
Sie hat das Gefühl, nicht weiterzukommen.
Wann endlich zeigte sich eine Antwort auf ihre Fragen?
Die Tatsache, daß sein Vater die Familie sitzengelassen hatte, hatte sich sicher längst in der Klasse herumgesprochen – wieder wurde er zum Außenseiter. Um dies zu kaschieren, gab er sich vielleicht überangepaßt, lachte prompt, wenn der Lehrer einen Witz machte, und spaßte viel. Er schielte nach Normalität.

Das sich selbst auferlegte Schweigegebot über seine Herkunft verlieh ihm etwas Ungeselliges. Dabei redete er so gern. Deshalb übte er sich in Maximen, Kalauern, Sprichwörtern und Zitaten, mit denen er beeindrucken konnte, ohne etwas von sich preiszugeben. Bald wurde daraus eine Manie, er zitierte ausgefallene Gedanken von Philosophen, aus Biographien gefallener Generäle und aus Gedichten. Er lernte Fabeln und Sinnsprüche auswendig und durchwirkte seine Sätze mit Goethes Maximen und Reflexionen.

Seine Gebildetheit kam an. Bald nannten ihn die Lehrer »unseren Goethe«. Er nutzte das System Schule für seine Zwecke.

Der Schulbetrieb, berichtet er, nahm einen »gemächlich-epischen, in gewissem Sinne sogar idyllischen Verlauf«. Schon machte er sich Gedanken über seine künftige Berufung: *Paedagogus nascitur!* Der Lehrerberuf würde sein Bewußtsein für die Gesellschaft schärfen, war heroische Pflicht. Hunderte von Schülern würde er im Sinne des Deutschtums und der Vaterlandsliebe unterweisen.

»Es war ein Band innigster Zusammengehörigkeit, das uns alle umschlang, Schüler und Lehrer, Schule und Elternhaus, Große und Kleine, Arme und Reiche, Protestanten und Katholiken, und auch die Juden, soweit sie es selber wollten, waren nicht ausgenommen«, schreibt er. Hat hier die Selbstzensur versagt? Aber nein. Schließlich gehörte er nicht zu den Juden.

Die Hauptsache war die Gemeinschaft, das Band. Schon beruhigte es ihn, daß Hunderttausende nicht anders dachten, und die überkommenen Werte waren für ihn ohnedies nicht zu erschüttern. Sein Ziel: einmal zum ›sitzenden Heer‹ zu gehören – ein ›staatlich besoldeter Akademiker zu werden‹. Eine Professur an der Universität

würde er ohnedies nicht erreichen, das war für Juden so gut wie unmöglich.
Ihm blieb der Gymnasialprofessor, der Studienrat.
Dafür hatte er bereits klare Vorstellungen: Er plädierte für strenge Auslese unter denen, die sich fürs Lehramt meldeten und praktische Erprobung schon während der Ausbildungszeit – damals keineswegs an der Tagesordnung. Er hatte seinen Pestalozzi gelesen und begann, über die Ausbildung der Kinder nachzudenken.
Bereits 1883 fällt er erste politische Entscheidungen. Schon mit sechzehn Jahren, als er endlich die kurzen Hosen ablegen durfte und in die von ihm selbst finanzierte Tanzstunde ging, fand er sich im Gymnasium zwischen verschiedenen Gruppen: den deutschnationalen, den katholischen und den jüdischen. Doch »schwammen die meisten, sofern sie überhaupt politisches Interesse zeigten, im deutsch-liberalen Fahrwasser«, auch die jüdischen Mitschüler. Schüchtern begannen sich bereits antiliberale Strömungen bemerkbar zu machen. Da gab es eine geheime Verbindung, »weitaus schärfer nationalbetont als die unsrige«, und zwischen den beiden Gruppierungen bauten sich heftige Spannungen auf. »Ich fühlte mich sehr geehrt, wenn sie mich in ihren Kreis zogen, an ihren politischen Debatten teilnehmen ließen und so allmählich auch für ihren nationaleren, antiliberalen Kurs gewannen.«
Mit seinem deutschnationalen Bekenntnis schloß er sich keineswegs der Mehrheit an und schreckte bald vor antisemitischen Äußerungen nicht zurück: klares Zeichen seiner pragmatischen Wandlung. Es war sicherer, auf der Gegenseite zu sein, und je heftiger man die Juden angriff, um so sicherer: Je massiver die Angriffe wurden, desto mehr verschob sich seine Position nach rechts. Kam es

zum Disput, verlor er nie die Beherrschung, sondern bekundete ein freundliches Interesse für antisemitische Dinge.
Anpassung bis zur Selbstverleugnung?
Sie muß annehmen, daß er antisemitische Äußerungen nicht scheute, sie lagen in der Luft. Zu seiner Zeit mußte man sich deshalb nicht auf die Zunge beißen. Früh darauf trainiert, Erwartungen zu erfüllen, hat er diese Haltung im Lauf der Jahre perfektioniert.
Seine Verkleidung mußte glaubwürdig sein. Mußte mit seiner Haut verschmelzen. Er war zufrieden, weil der Jude immer weniger kenntlich war. Gab ihm das ein Gefühl von Sicherheit?
Er hatte früh seine Nische gefunden.
Er gehörte dazu.
Ein Beispiel die folgende Geschichte, die er mit einem gewissen Stolz auf seine Wandlungsfähigkeit erzählt.
Wortmächtig wie er war, avancierte er bald zum Anführer der Deutschnationalen, und als ihn der Direktor wegen der Aktivitäten seiner Gruppe zur Rede stellte, baute er in aller Eile ein glaubhaftes Lügengebäude auf. Vor dem Direktor stehend, den Blick auf dessen weißen Hemdkragen geheftet, behauptete er: »Die Gruppe, Herr Direktor, ist aufgelöst.«
Doch kaum eine Stunde später stand er schon wieder vor seiner deutschnationalen Gruppe und verkündete triumphierend, daß er den Direktor, »Handlanger einer slawenfreundlichen Regierung«, überlistet habe, und wetterte gegen die aufkommende Sozialdemokratie.
Die Leichtigkeit, mit der er sich freispricht, verblüfft. Warum hält er das für mitteilenswert? Es muß etwas Besonderes für ihn gehabt haben, wie weit seine Anpassung bereits fortgeschritten war und wie ironisch er mit ihr umzugehen verstand.

Kaum hatte er mit Erfolg die Matura bestanden, träumte er auf seiner Strohmatratze von Wiens weißen Palästen und luxuriösen Hotels, von goldgeschmückten Theatersälen und sonnenüberfluteten Prachtstraßen. Er war sich sicher, in Wien mit einer alten Hose anzukommen und dort bald zu leben als Herr über drei Anzüge. Doch die letzten Tage zu Hause schlief er wenig. Von Bielsko nach Wien – das war zumindest teuer. Neue Erfindungskraft war notwendig, um das Studium in Wien zu finanzieren.

Daß er ein guter Erzähler sein kann, mit Gespür für die einfachen Leute, zeigt der Bericht seines demütigenden Bittgangs, einer von vielen, die ihm noch bevorstehen würden. Er schob es bis zuletzt hinaus, und es war bereits dunkel, als er am Abend vor der Abreise nach Wien endlich mit klopfendem Herzen vor dem Getreidehändler stand, dessen Söhne er unterrichtet hatte. Die Abende waren kalt, aus der Küche drang der Geruch von Gebratenem, der Getreidehändler saß vor dem Kamin und nahm gerade ein Fußbad. Verlegen stammelnd, dann mit Verve und dringlicher Überzeugungskraft brachte Eliezer sein Anliegen vor.

Der Getreidehändler hörte ihn freundlich an, trocknete seine rotgesottenen Füße, erhob sich ächzend und verschwand. Das Haus war still, die Tür geschlossen. Ein grüner Kachelofen, ein weinrotes Samtsofa, ein großer Tisch und ein Sessel. Das Warten machte Eliezer unruhig. Nach einer Viertelstunde stand er auf, setzte sich aber gleich wieder, da er dachte, das Herumgehen könnte ihm falsch ausgelegt werden.

Das glückliche Ende kam unvermutet, als der Getreidehändler nach einer halben Stunde mit einem Kuvert zurückkehrte, das in seinen »Fingern brannte. Aber ich wag-

te es nicht zu öffnen«. Erst im Stiegenhaus riß er es auf: Es waren zwanzig Gulden, ein ungeheurer Betrag. Aber auch das ganze Vermögen, mit dem er seine Reise in eine ungewisse Zukunft antrat.
Um des Wissens, der Kunst, des Schreibens und der Assimilation willen macht er sich auf nach Wien. Und dann steht der Achtzehnjährige im Oktober 1885, den Koffer in der Hand, auf dem Bahnhof Auschwitz vor seiner Mutter, die ihn von Bielsko bis hierher begleitet hat, und spürt den Regen nicht, der ihm in den Kragen rinnt. Er blickt in Hindes verhärmtes Gesicht und hat Mitleid mit ihr. Noch könnte er seinen Entschluß umstoßen. Zugleich aber wußte er, daß er das nicht tun würde. Wer an sich selbst zweifelt, kommt nicht weiter. Von ihm hing es ab, ob er der unterjochte Junge von einst blieb oder endlich ein neuer, selbständiger Mann wurde. Ohne sichtbare Regung ließ er seine jüdische Kindheit hinter sich, die Mutter und die Familie.
Ich schreibe dir bald, sagte er.
Am Bahnhof öffnete sich kurz die Tür zum Entlausungsraum, als Sanitäter fünf russische Juden hineintrieben, die nach Deutschland auswandern wollten. Ein enger Raum, in der Mitte ein Ofen, auf dem ein großer Kessel brodelte. Die Menschen wurden unter die dampfende Dusche geschoben und eingeseift.
Was er hier beschreibt, erschreckt sie. Die spätere Katastrophe bereitet sich vor. Diskriminierungen als alltägliche Tatsachen, denen sich niemand widersetzt. Auch bei diesen ›sozialhygienischen Maßnahmen‹ reicht eine kontinuierliche Linie vom Kaiserreich zum NS-Reich.
Er umarmt die Mutter hastig, fast grausam sein knappes Abschiedswort, er schwingt sich erleichtert hoch in den Zug.

Still steht die Mutter da, in der Hand das Taschentuch. Daß er sich so brüsk losgerissen hatte, war etwas, das sie, denke ich mir, nicht verstand. Sie muß ihren Sohn immer wieder anschauen, und als der Zug anfährt, läuft sie ein paar Schritte mit, dann läßt sie die Hand mit dem Taschentuch sinken.

Eliezer atmet auf. Niemand mehr würde künftig wissen, daß er Jude ist.

Inzwischen war Eliezer vor dem Abteil der vierten Klasse stehengeblieben. Keine Sitzbänke, die Reisenden kauerten auf ihren Koffern, Säcken und Kisten, am besten hatten es noch die kleinen Kinder in ihren Kinderwägen. Ein Hund vor ihm mit aufgerichtetem Schwanz, Kindergebrüll, Gewühl und Gestank, dagegen war es bei ihm zu Hause mit den fünf Kostkindern friedlich gewesen. Landleute, Arbeiter, Tagelöhner, Soldaten, Männer in Kaftanen mit Bärten. Es roch nach Schweiß, Urin und Kot. Eine Ziege, mit einem Strick ans Bein eines schlafenden Bauern gebunden, meckerte, ein Alter hustete, Hühner gackerten hysterisch zwischen seinen Beinen, eine Frau weinte, eine Alte wimmert – der Aufruhr jener, die schwer am Abschied vom Gewohnten trugen und in der Fremde Sicherheit und Auskommen suchten. Kaum Licht und trotz der Dumpfheit kalt.

Erst stand er steif da, dann setzte er sich doch vorsichtig auf seinen Koffer, an Schlaf war ohnedies nicht zu denken. Er empfand eine Beschämung, zusammengepfercht wie Vieh die Nacht zu verbringen, eine Demütigung und etwas Armseliges, das Elend des Ostens. Eine Nacht, die er nie vergessen sollte und aus der er mit einer gewissen Härte hervorging, mit gestärktem Willen, sein Leben selbst in die Hand zu nehmen.

Je mehr er sich Wien näherte, desto unruhiger wurde er,

er stand auf, tastete nach seiner Tasche mit dem Reifezeugnis, schüttete ein wenig Wasser aus der Flasche auf seine Hand und rieb sich damit die Augen, trank einen Schluck, benäßte den Kamm, zog den Scheitel und kämmte das Haar.
Endlich hieß es Wien Westbahnhof.
Schwach vor Hunger und Bauchschmerzen und ohne einen Stadtplan zu besitzen, machte er sich mit seinem Koffer auf den Weg. Er lief und lief, bis es dämmerte, lief sich Ängste und Zweifel ab, im Herzen einen Triumph, weil er Verantwortung für sein Leben übernahm.

* * *

13. Hauslehrer in Wien

Kurz bevor ich mich nach Wien aufmache, ruft die Witwe meines Vaters, Renate Bronnen, an. Gott zum Gruße! tönt ihre geschulte Altstimme im melodischen Singsang an mein Ohr, ihre feindselige Abwehr ist geschwunden.
Bin gerade beim Kofferpacken, es geht nach Österreich.
Wenn du willst, mach ich in München Station.
Du kannst mich gern abholen, sage ich, ich fahre nach Wien.
Da komm ich mit, wollte ohnedies ein paar Tage hin, sagt sie. Sie war nie eine Freundin besonderer Umschweife, das kommt mir zupaß.
Am nächsten Tag steht sie nach achtstündiger Reise von Berlin nach München vor meiner Tür, auf geht's, sagt sie ungeduldig, bist du bereit? Sie scharrt mit dem Stöckelschuh.
Erst auf der Fahrt weihe ich sie ein, daß ich vorhabe, in Wien dem Großvater nachzujagen. Doch der Zwist scheint beigelegt, der gemeinsame Stadtbummel ein unumstößliches Faktum, nachtragend ist sie nie gewesen, und neugierig ist sie schließlich auch. Außerdem ist sie mit ihren achtundachtzig Jahren vergeßlich geworden.
Kaum ist sie an meiner Seite, ist der Frühlingstag heiterer, sie schmettert Ernst Buschs Sozialschnulze von der »Sehnsucht nach der Heimat«, der »Heimat des roten Sterns«, zum Fenster hinaus und reibt sich die Hände, als sei sie bereit für meine Taten. Ernst Busch, Ersatzvater für meinen Halbbruder Andreas in der Zeit nach dem Tod meines Vaters. Wien wirkt leicht und fröhlich, als wir unter Renates Gesang »Ami go home« einfahren, platt

vertont von Hanns Eisler, dem Schöpfer der DDR-Hymne und jüdischen Freund Arnolt Bronnens seit seiner Wiener Schulzeit, die Freundschaft mit ihm wurde in Ostberlin erneuert. Bis zu deren Tod machte Renate mit Steffi Eisler die Berliner Theaterpremieren unsicher.
Sie staunt über die vielen Fremden aller Nationen.
»Das verleiht der Stadt einen Hauch k. & k.«, meint Renate, geborene Bertalotti mit lombardischen Vorfahren und Tochter eines ungemein feschen k. & k. Offiziers.
Wir gehen durch die herausgeputzte Innenstadt, und ich verstehe den Großvater gut, der sich verloren vorkam, »wie der Bauernbursch in der Stadt«, in der er die nächsten vier Jahre verbringen würde. Von Auschwitz nach Wien – vom mittelalterlichen Schtetl in eine Stadt des 20. Jahrhunderts. Eine Stadt mit damals über einer Million Einwohnern, in der es von jungen Menschen aller Nationen wimmelte und man alles Fremde aufzunehmen schien: Türken, Araber, Juden, Tschechen, Slowaken, Kroaten, Polen, Russen.
Heute ist das nicht anders.
Insofern war Ferdinand bereits im unwirtlichen Bahnhofsgebiet angenehm überrascht, denn die Vielfalt der Menschen schien ein Versprechen zu sein, daß auch für ihn hier Platz sein würde.
Ich versuche, Renate in die Geschichte Ferdinands mit einzubeziehen. Es muß eine Befreiung gewesen sein, sage ich, die Brücken zu Auschwitz abgebrochen zu haben, wo er verspottet wurde.
Dieses gräßliche Kaff, Renate stimmt zu, obwohl sie nie dort gewesen ist. Das erinnert mich an Mauthausen, wo ich aufgewachsen bin, damals ein harmloser kleiner Ort, heute einer, um den man einen Bogen macht. Sie lacht.

Ein langer Tag dehnte sich vor ihm aus – ich erzähle weiter. Frei von Verpflichtungen, schlenderte er durch Vorstädte, fror auf Bänken in großen Parks und landete endlich am Stephansdom, über dessen im Licht erstrahlender Spitze sich goldene Wolken türmten. Wie hell die Stadt abends war. Eine Lichterstadt. Es kam ihm vor, als käme er aus dem Dunkel.
Hineingefallen in eine neue, freie Welt.
Wien. Ich fahre der Sprache wegen gern hin, jetzt bin ich von einer Könnerin österreichischer Modulationen begleitet. Ich liebe die Stadt jener Wörter wegen, die in Deutschland niemand kennt und die man nie vergißt. Wegen der Kellner, die so servil bedienen, daß man, aus Deutschland kommend, fast peinlich berührt errötet. Verrückt. Wie der Ober mit zeremoniellen Gesten flambiert. Die in brave Kostüme gekleideten Frauen in Alpenrosenrosa und Enzianblau. Die jungen Frauen mit ihren schrägen Frisuren.
Wir setzen uns in ein Café dem Dom gegenüber.
Vielleicht saß er wie wir in einem Kaffeehaus vor einem kleinen Braunen mit dem dritten Glas Wasser und studierte die Zeitung mit ihrem riesigen Veranstaltungskalender, die er dem Lesezirkel entnommen hatte. Er erschloß sich die Stadt mit ihrer Kulturbesessenheit, ihrer Theatromanie und einem reichen Theater- und Opernrepertoire, ihrer Literatur und einer Fülle erlesenster Konzerte. Die Kunststadt par excellence, deren aufgeschlossene Atmosphäre er sofort spürte. Doch auch noch immer eine Stadt der Aristokratie, des Bagatelladels und der privilegierten Kreise, in die er nicht vordringen würde.
Es war für ihn befreiend, daß er in Wien mit Ausnahme von zwei Studienkollegen mit keinem Menschen in engerer Beziehung stand. Er war bereit für neue Freundschaf-

ten und randvoll mit Vorsätzen, ein neues Leben zu beginnen.
Es wunderte ihn, wie wenig er seine Familie vermißte. Er war neugierig auf sich selbst und beinahe festlich gestimmt.
Stolz trat er auf den Burgplatz mit der geschwungenen Hofburg und ihren erleuchteten Höfen und atmete Größe und Kaisertum. Er begegnete Menschen, die sich anscheinend leichter mit dem Leben taten als die Polen, und wollte nichts anderes, als die österreichische Kultur mitprägen. Vorleben, wie gut man in der Gesellschaft vorankommen kann, wenn man sich am Ideal bürgerlicher Kultur orientierte. Mit Haut und Haar Österreicher sein.
Renate lacht abfällig. Der und Kultur. Der Kerl war doch eine Null. Weder ein guter Dramatiker noch ein interessanter Mann.
Ich ärgere mich und will ihn verteidigen.
Woher weißt du das? Hat dir das mein Vater eingebläut?
Sie hebt die Handflächen und runzelt die Stirn. Schongutschongut, sagt sie, er war ein genialer Bursche.
Ich wehre Renates Einladung, mit ihr eine Freundin zu besuchen, ab, ziehe mich in das kleine Hotel nahe dem Stephansdom zurück und lese, wie es Großvater weiter erging. Erst lief er tagelang durch die große Stadt, um Familien aufzusuchen, für die er Empfehlungen erhalten hatte, doch ohne Erfolg.
Was hält sie von ihm als Hauslehrer?
Aufblitzende Bilder: als würdiger Mann, der mit Zylinder die Herrenhäuser betritt, damit er größer und respektvoller wirkt. Der stets den Zeigefinger hebt, unverbesserlicher Besserwisser und bourgoiser Philosoph.
Wie ging er mit diesen begüterten lernfaulen Halbwüch-

sigen mit gesellschaftlichen Ambitionen um? Schaffte er es, sich durchzusetzen und behauptete seine Autorität? Der Aufgabe, andere zu unterweisen, widmete er schließlich mehr als sein halbes Leben und kämpfte verbissen gegen das Schnipselwissen.
Nun fällt ihr ein, daß auch ihr Vater etwas Belehrendes hatte und sein reiches Wissen gern weitergab, und die Geste, die sie erinnert, ist ebenfalls sein erhobener Zeigefinger.
Der Großvater glaubte an den Stil, die Schönheit der Sprache, mehr als irgend jemand. Früh verehrte er unsere germanischen Vorfahren, kannte die Etymologie des Wortes »deutsch« und pries das »Annolied«, das von »diutischi liuti, diutschi man, diutschi lant« kündet, für ihn die Geburtsurkunde seiner Sprache. Er suchte das korrekte Wort, rang um Wohlklang und Genauigkeit. Ganz sicher war sein Ehrgeiz, die jungen Leute mit Wissen vollzupacken, übertrieben – doch will ich seine Ernsthaftigkeit nicht belächeln. Er beherrschte nicht nur die technischen Mittel, seinen Schülern die Richtung zu weisen, ihm mangelte es auch nicht an einer gewissen Ausstrahlung, die aus Widerspenstigen gehorsame Schüler machte. Solange sie gemeinsam an einem Strang zogen, entstand eine Art von Freundschaft. Und doch kann dieses ständige Unterweisen, ob in der Schule oder als Hauslehrer, auf die Dauer etwas Bemüßigtes und Ermüdendes bekommen – mußte er sich nicht ständig wiederholen? Die Lehrer damals waren lehrerhaft bis zur Pein.
Der künftige Student und arbeitslose Hauslehrer quartierte sich zunächst in der Josefstadt ein, wo die beiden Freunde aus Bielsko wohnten, schrieb sich an der Universität ein, suchte um Kollegiengeldbefreiung an und holte sich beim Philosophen-Unterstützungsverein unentgeltliche Speisemarken, um an Freitischen zu essen.

Dennoch, sein Geld schrumpfte. Nicht ohne Ironie schildert er seine zahlreichen Begegnungen mit potentiellen Brötchengebern, nicht ohne Witz beschreibt er seine Gutgläubigkeit. Da fiel ihm eine Familie ein, die von Bielsko nach Wien gezogen war, und er ergatterte den Auftrag, dem Sohn des Hauses, einem verkrachten Gymnasiasten, der aus mehreren Anstalten hinausgeflogen war, Privatunterricht zu erteilen. Er sollte täglich abends zwei Stunden kommen und statt Geld ein Abendessen erhalten.
Er zwang sich, das Angebot mit einem Lächeln anzunehmen, schließlich mußte er sich irgendwie ernähren. Über diese Familie erhielt er einen Posten bei der gutsituierten Familie Silbiger im vornehmen Döbling, wo er die Töchter in Kalligraphie unterrichten sollte. So wanderte Ferdinand täglich zu Fuß von der Josefstadt nach Margarethen und von Margarethen zur Universität und von der Universität nach Döbling zur Familie Silbiger, deren Umgangssprache Italienisch war.
Andertags frühmorgens, als Renate noch schläft, unternehme ich diese Wanderung, keineswegs ein kleiner Spaziergang. Obwohl ich es liebe, durch Städte zu laufen, um sie mir zu erschließen – mir reicht schon die eine Strecke, und das Ganze machte er täglich zweimal! Besiegt fahre ich von Döbling mit dem Taxi zurück.
In kurzer Zeit beherrschte er die italienische Sprache, las Dante im Original und übertrug die *Göttliche Komödie* in Terzinen. Und da es nun mal seine Pflicht war, Bildung zu erwerben, nahm er auch das vergleichende Studium der provenzalischen, spanischen, portugiesischen Sprachen auf, entschlossen, sich mit der Welt des Südens enger zu verbinden.
Er war auf soziale Anerkennung aus, um das Gefühl der Minderwertigkeit zu sublimieren. Kein entwurzelter Ha-

benichts, sondern ein Erwählter in Sachen Wissensaneignung wollte er sein, der sich an Goethe maß. Doch das Ganze hätte keinen Sinn gehabt, hätte er nicht das Talent dazu besessen.
Prägende Erfahrungen vermittelten ihm wohl seine neuen wohlhabenden und kunstsinnigen Arbeitgeber, das stachelte seinen Ehrgeiz an. Im Haus Silbiger gab es für Eliezer Gratisvorstellungen wie im Theater. Der Portier trug Goldlitzen um seine blaue Mütze. Die Hausmädchen mit weißen Hauben wedelten mit weißen Tüchern über Büsten und Palmen. Der Diener trug die silbernen Schüsseln mit Glacéhandschuhen auf und rief den Hausherrn zum Telefon. Es gab fließend Wasser, heiß und kalt, aus silbernen und goldenen Hähnen. Ein mächtiger Glanz ging von allem aus, prachtvolles Geschirr und ziselierte Gläser leuchteten in den Schränken, vornehme Gäste thronten in den behaglichen Zimmern. Es gab ein Musikzimmer, ein Herrenzimmer, einen Spieltisch und eine erlesene Bibliothek mit dunklen Eichenschränken und geschliffener Glasfront. Die Hausgewänder der Dame des Hauses, Alexandra, waren ägyptischer Herkunft wie ihre schöne Trägerin, und der bescheidene Hauslehrer lernte Schauspieler, Musiker und Dichter kennen, mit denen er sonst nie in Berührung gekommen wäre.
Beim Frühstück malen Renate und ich uns aus, wie das Leben Ferdinands aussah. Das Hauslehrertum bei begüterten Familien wie den Silbigers, dem aufwendigen Haus des Ophtalmologen Ludwig Mauthner oder die Großzügigkeit bei den van der Leedens brachte ihn mit einer gebildeten Schicht des Großbürgertums zusammen, die ihm half, sich der deutsch-österreichischen Kultur anzunähern. Sie hatten Villen und besaßen Pferde, sorgten für eine gute Ausbildung ihrer Kinder, und abends wur-

den die Kerzen zu beiden Seiten des Klaviers angezündet. Sie fuhren im Zweispänner, gingen auf Feste und gaben Einladungen, besuchten Theaterpremieren und Konzerte, und wenn sie im Abteil Erster Klasse in die Sommerfrische nach Bad Ischl, Altaussee oder Gmunden fuhren, nahmen sie Eliezer mit. Hier kam kein Gedanke an Judentum auf, hier gab es nur eine gemeinsame Kultur.
Mit Wohlgefallen saß er in geräumigen Eßzimmern, betrachtete die alten Stiche und Gemälde an den Wänden und hielt sich kerzengerade auf dem Louis-Seize-Stuhl am mit einer weißen Damastdecke bedeckten langen Mahagonitisch mit den geschwungenen Beinen. Er aß von Porzellan, trank aus hochstieligen Gläsern Spätburgunder, lernte reiten, verbrachte Abende in der Bibliothek. Ihn ärgerten die adrett gekleideten Jungen und Mädchen, die am Essen herummäkelten, wenn er an das Elend zu Hause dachte und was es für ihn bedeutete, sich die Schuhe neu besohlen zu lassen, aber er zeigte es nicht. Ein Oppositioneller war er nicht.
Eliezer, könnten Sie so freundlich sein, auf den Kleinen aufzupassen?
Eliezer, sind Sie so liebenswürdig, mir meine Schuhe beim Schuster abzuholen? Irma hat heute Ausgang.
Liebster Eliezer, seien Sie so gütig und holen Sie mir in der Apotheke meine Arznei, mir ist nicht wohl.
Wenn man ihn um solche Gefälligkeiten bat, fühlte er sich mißbraucht. Großer Gott, dachte er wohl, jetzt haben sie so viele Dienstboten und mich stellen sie auch noch an!
Er reagierte überrascht, wenn man ihn fragte, wie es ihm ginge. Nos numerus sumus et fruges consumere nati, antwortete er, seinen Lieblingsdichter Horaz zitierend. Er wurde rot, wenn man ihn nach seiner Meinung zu einem

Theaterstück fragte, und war beschämt, als er ein Buch mit Gedichten geschenkt bekam. Es war ihm fast peinlich, beschenkt zu werden.

Dennoch nahm er mit, was er sich aneignen konnte. Er lernte, wie man Spargel oder Fisch aß und Damen mit Handküssen und Blumen entzückte. Er versuchte, sich elegant zu kleiden, und sparte sich das Geld dafür von seinem schmalen Hauslehrersalär ab. So durchlief er, was Habitus, Lebensweise, aufklärerische Bildung und Kultur betraf, einen erfolgreichen Erziehungsprozeß. Die Reste seiner Provinzialität und kleinbürgerlichen Herkunft schwanden, er trug eine neue Selbstsicherheit zur Schau. Er wollte gefallen und wirkte auf andere mitunter arrogant, die Überheblichkeit des Emporkömmlings.

Eliezer, mögen Sie eine Zigarre?

Eliezer, kann ich Ihnen mit dem Rock meines Mannes eine Freude machen?

Ihn düpierte ein Überhang an Intimität. Stand es ihm nicht zu, Distanz zu wahren? Aus der Lage des Abhängigen, mit Brosamen Bedachten kam er nur heraus, wenn er seine Würde behielt.

Er sägte doch nicht am eigenen Ast – er wollte hinauf zum Wipfel!

Eliezer, wir haben noch ein Opernbillet. Wenn Sie uns die Freude machen wollen ...

Ich danke sehr. Ich will Sie nicht kränken, aber heute geht es leider nicht.

Also ich hätte die Karte mit Handkuß genommen, sagt Renate trocken.

Als ich Renate von Ferdinands Monarchiebegeisterung erzähle, finde ich Resonanz und entdecke, daß hinter der lange Jahre zur Schau getragenen Sozialistin auch eine Monarchistin steckt. Sie erzählt mir vom Begräbnis à la

pompes funèbres ihres Vaters, da lag er im Sarg in seiner glänzenden Uniform, in weißen Satin eingebettet wie eine Devotionalie, neben dem Sarg schritten die Offiziere im Stechschritt des österreichischen Militärs, die Kapelle spielte »Ich hatte einen Kameraden«. Renate ist in seltsam aufgeputschter Stimmung, ihre dunkelbraunen Augen sind weit geöffnet, ihr haselnußbrauner Pferdeschwanz, mit einem Schnippgummi zusammengehalten, der der Achtundachtzigjährigen etwas Kesses gibt, wippt: Ich sehe ihr an, daß sie immer noch stolz auf ihre kakanische Herkunft ist.
Aber das ist erledigt, sagt sie energisch und schickt der ganzen k. & k. Monarchie ein sozialistisches »Pff« nach, es lebe der Kommunismus! Ich halte mich an die Gegenwart! (was nicht mehr ganz stimmte).
Jetzt geht mir auf, was meinem Vater an ihr gefiel. Sie hatte ihre Gewißheiten und ließ sich ihrer nie berauben, lebte intensiv im Hier und Heute. Ihr grandioses Vermögen, Erfahrungen zu machen und kurz und bündig mitzuteilen; Fraglosigkeiten, über die sie verfügte, für die sie mein zwiespältiger Vater bewunderte.
Erzähl weiter, sagt sie.
Der Umgang mit den wohlhabenden Familien stärkte sein Gefühl, ein Deutsch-Österreicher, ein »Deutsch«, ein Habsburger zu sein, und es beglückte ihn ebenso, den Kaiser wie Bismarck zu sehen. Am liebsten beide Hand in Hand, und er geriet ins Jubeln, wenn er bei einem Schützenfest die preußische, die deutsche und die österreichische Flagge einträchtig nebeneinander flattern sah. Er war begeistert, als er auf einer kurzen Reise mit der Familie Reichstein, deren Kindern er Nachhilfeunterricht gab, in Bad Ischl Kaiser Franz Joseph entdeckte. Ihn faszinierte die bürgerliche Schlichtheit, mit der sich

der hohe Herr präsentierte, der am Bahnhof seinen Sohn, den Kronprinzen Rudolf, abholte: in »der einfachen Interimsuniform des Obersten, ohne Säbel, nur einen leichten Spazierstock in der Hand«, wartete er.

Die verrottete Monarchie in Gestalt des Kaisers wird angehimmelt. Ein Oppositioneller hätte weniger gejubelt. Doch der Staat und sein Repräsentant entsprachen seinen Vorstellungen – der Zeitgeist gab ihm Halt und befriedigte seine Sehnsucht nach Heimat.

Er war konservativ, weil er ehrgeizig war; Demokratie hat ihn nie interessiert. War es nicht seltsam, wie wenig er auf die Sozialdemokratie gab, die sich die Völkerversöhnung, also auch mit den Juden, auf ihre Fahnen geschrieben hatte?

Heimat, Kaiserreich, Vaterland, die Frage der Zugehörigkeit, das waren die Dinge, die ihn beschäftigten. Werte wie Ordnung und Treue waren ihm lieb und teuer, doch was von diesen übrigbleiben würde, kümmerte ihn nicht.

Wir gehen über den Heldenplatz, und Renate, auf hohen Absätzen, in ihrem engen Kostüm, zu dem sie einen zartgrauen Shawl um den Kopf geschlungen hat, betrachtet den Reiter auf seinem Pferd abschätzig wie einen Domestiken.

Ich fühle mich in ihrer Gegenwart wohl und betrogen zugleich, als hätte sie mir etwas genommen. Hat sie ja auch.

Wie ging's weiter, fragt sie mit ausgreifender Geste. Sie liebt große Gesten.

Als das Engagement bei den Silbigers zu Ende ging, lief Eliezer sich erneut die Sohlen auf der Suche nach einem Hauslehrerposten ab. Vermutlich wieder nichts, dachte er, als ihm die Empfehlung der Frau des Getreidehändlers einfiel und er ein Bewerbungsschreiben verfaßte. Es überraschte ihn, daß er nach wenigen Tagen eine Aufforderung erhielt, sich vorzustellen.

Es war ein bescheidenes Institut am Rand der Stadt, in dem Mittelschülern aus Polen, Ungarn und Tschechei Privatunterricht und Nachhilfestunden erteilt wurden. Mit Stolz erfüllt, da er unter achtzig Bewerbern ausgewählt worden war, übersah er den mitleidigen Blick des Schulleiters, eines schäbig gekleideten, unrasierten Lehrers, der in einer öffentlichen Schule nicht Fuß gefaßt hatte. Er sollte an dieser Privatschule täglich, auch sonntags, zwölf Jungen sechs Stunden Nachhilfeunterricht erteilen für lumpige fünfzig Gulden. Er rechnete nach, wieviel er für eine Stunde bekam, und war bestürzt. Knochenarbeit, aber was sollte er tun? Er war Realist. So blieb ihm nur wenig Zeit für die Vormittagsvorlesungen.

Schon die erste Begegnung mit seinen Schülern war ihm unangenehm, und in jeder Unterrichtsstunde flackerte die Abneigung in ihm wieder auf. Erneut mit Not und Elend seiner Heimat konfrontiert, nahm er mit einer gewissen Anmaßung den Kampf mit dem, was er »den Balkan« nannte, auf. Der Schritt vom Verachteten zum Verächter hatte etwas Befriedigendes, und als »Wiener« hatte er, was Arroganz betraf, längst den Bogen raus. Der Mangel an Talent, das Undisziplinierte und Unkultivierte dieser Gesellschaft, die er als »Zigeunerbande« titulierte, erbitterten ihn – und gingen ihm wider Willen zu Herzen. Es war ihm gelungen, sich aus dem Judenviertel in Auschwitz bis zur Döblinger Villa vorzukämpfen – und nun das.

Er hatte Angst, aus der Bürgerwelt, die er durch das Hintertürchen des Hauslehrers beinahe betreten hatte, wieder ausgestoßen zu werden. Plötzlich mit seiner Vergangenheit, mit Unwissen, Armut und Not konfrontiert zu sein, zeigte ihm, daß er immer noch unsicher war. Noch war seine neue Identität keinesfalls stabil.

Ich hätte die Arbeit hingeschmissen, sagt Renate.
Hat er auch, sage ich. Über diesen unkultivierten Schülern vergaß er sogar sein Reformstreben im Schulwesen, das vor allem ärmere Kinder einbinden sollte. Zudem war die Abneigung wohl gegenseitig: Die Schüler weigerten sich, seine Autorität anzuerkennen. Nicht respektiert zu werden brachte ihn in einen Zustand ohnmächtiger Raserei, und sofort witterte er eine Verschwörung. Tut mir leid, Herr Direktor, aber angesichts des Verhaltens der Schüler ist selbst der schwächste Funke von Wohlwollen in mir erloschen: Krank vor Ärger, kündigte er nach drei Monaten die Stellung. Er studierte die Zeitungen, bot sich für Schreibarbeiten an und lief quer durch die Stadt, als ihm das Geld für Briefmarken ausgegangen war.
Er war am Ende und spürte seine Einsamkeit.
Es war eine Verlassenheit, die niemand teilen konnte, da niemand wußte, was er alles in sich ausgelöscht hatte, und das zu wissen, vergrößerte abermals seine Einsamkeit.
Sie löst ihre Vorstellungskraft von seiner Befindlichkeit.
Die Frage, wie er überlebte, darauf kommt es an.
Nach einer Mittagspause im Hotel flanieren wir durch die Wiener Innenstadt und geraten per Zufall auf den Judenplatz, den einstigen Mittelpunkt der Judenstadt. Hier war die Judenschule, eine der besten Schulen Europas. Renate dahin zu führen, hatte ich nicht vorgehabt, es könnte eine Horrorstunde werden.
Das Mahnmal am Judenplatz für die jüdischen Opfer der Shoah in Österreich verarbeitet Gedanken zur Bücherverbrennung. Ein Kubus aus versteinerten Büchern, die Buchrücken weisen alle nach innen, und unweigerlich muß ich an das Schweigen meiner schreibenden Väter denken.

Ich blicke Renate an, suche in ihrem Gesicht nach Anzeichen von Abwehr.
Schuld, sagt sie, als hätte sie verstanden, mit Schuld kann ich gar nix … ich hab's nicht mit der Schuld, damit muß jeder selbst zurechtkommen. Immer will einem jeder Schuldgefühle aufzwingen, da mach ich nicht mit. Ich kann nicht sehen, was das soll.
Du versuchst, deiner Verwirrung zu entgehen, sage ich, indem du den Schuldbegriff in Frage stellst.
Schuldgefühle ohne Schuld, das ist Quatsch, sagt sie. Außerdem: ich hab die Schuld, die ich nicht hab, längst durch die Kriegszeiten abgearbeitet. Sie blickt mich herausfordernd an.
Aber was hast du mit der NS-Geschichte gemacht? Wie gehst du damit um?
Sie zuckt die Achseln, fühlt sich nicht herausgefordert.
Wie gesagt, mit der Schuld hab ich's nicht, wiederholt sie.
Und mit den Juden hast du's auch nicht.
Ich denke, gleich geschieht etwas. Das ehemalige BDM-Mädel hat man früh gegen Schuld und Sühne immunisiert, die DDR tat das ihre.
Nicht unbedingt, sagt Renate. Bis auf ein paar. Es gibt nun mal Dinge, die will ich wissen, und Dinge, die brauche ich nicht. Weißt was? Ich verhalte mich nie therapeutisch. Mit Juden müßte man das tun.
Müßte man nicht, sage ich, aber wir tun es.
Ich glaube, sage ich nach einer Weile, was das Judentum betrifft, hat dich dein Bedürfnis, Arnolt zu schützen, immer blockiert.
Sicher mußte ich ihn schützen, sagt sie, er war so wehrlos. Und so euphorisch, als man ihn nach dem Krieg als Chefdramaturg an das kommunistische »Neue Theater in der Scala« in Wien holte. Er hoffte auf einen Neubeginn –

und dann dieses infame Komplott der jüdischen Remigranten, die ihn auch später in der DDR mit Feuer und Schwert verfolgten. Sie lehnten ihn wegen seines Vaterschaftsprozesses ab und blockierten seine Arbeit. Bald fand er sich quasi in der Rolle des Statisten.
Ist doch verständlich, daß sie ihn anprangerten, sage ich.
Es folgt eine Tirade, die vom Vater jener Zeit stammen könnte; sie spricht von »jüdischen Nebelmotiven«, »westdeutschen Revanchisten und Militaristen«.
Es kommt zu einem rhetorischen Schlagabtausch, voll innerer Erregung, in dessen Verlauf mir klar wird, daß Renate es nicht länger mit mir aushält. Doch ich bin nicht gewillt, mein Urteilsvermögen aus Rücksicht zu suspendieren, nur weil sie älter ist und in einer Welt gelebt hat, die ich nicht kenne.
Ich sage: Willst du ewig das BDM-Mädel bleiben und in einem moralischen Vakuum weiterleben?
Ein aggressiver Blick. Aber keine Antwort. Wieder lenkt sie ab.
Mir war es immer gleichgültig, sagt sie, wer sein Vater war – ich nehme die Menschen nun mal so, wie sie sind. Für mich war entscheidend, wie er zu mir stand.
Eine praktische Einstellung, sage ich, bequem. Für beide.
Nein, sagt sie, das ist meine Art von Treue. Wenn ich jemanden liebe, stehe ich zu ihm.
Und fragst lieber nicht, sage ich. Hast du jemals mit ihm über sein Verhältnis zu Goebbels und Konsorten gesprochen? Zur Zeit eures frischen Verhältnisses arbeitete er noch für das Auswärtige Amt.
Über Vergangenes reden, das mochte er nicht.
Aha.
Ich denke: Mein Vater behielt seine Arbeitsmethode bei.

Renate nahm an seinen Gedanken und Werken ebenso wenig teil wie meine Mutter. Probleme wurden ausgespart.

Im liberalen Westen gab es für ihn keine Chance mehr, blieb nur die Hoffnung auf die DDR. Er war gebrochen. Hans Mayer nannte ihn auf meine Frage einen erloschenen, leisen, diskreten Mann, der den Unauffälligen spielte, auf dem Altenteil saß, sein Gnadenbrot aß und den man nur widerwillig Kritiken, hauptsächlich aus Westberlin, schreiben ließ – »ein Mann, der sich verkauft hatte«.

Das heißt auch, überlege ich laut, wenn du Arnolt liebst und er seinen jüdischen Vater haßt, gehört dieser Vater automatisch zu jenen, die du nicht magst.

Erfaßt. Sie gab mir ein mitleidiges Lächeln und hielt meinen Blick aus.

Eine ungute Minute.

Nun, sage ich, wie ist das heute?

Sie warf mir einen unerbittlichen Blick zu.

Andere können von mir aus Juden mögen, sagt sie, ich muß das nicht tun.

Sie schlägt die Zeitung auf.

Renate bleibt im Café, um zu lesen. Sie verabschiedet sich wortreich: Am Nachmittag will sie Richtung Linz zurück, um im Mühlviertel die »Sommerfrische« zu verbringen.

Zum Abschluß erzählt sie einen jüdischen Witz. Ich lache nicht.

* * *

14. Ein Deutsch

Der Großvater bewegte sich nun lange genug in Wien, um den österreichischen Antisemitismus und seine Rituale der Ausgrenzung zu kennen und zu ahnen, daß daraus nichts Gutes erwuchs. Die Wiener Universität war ein antisemitisches Wespennest, eine Brutstätte der Hatz.
Wenn auch die Juden das kulturelle Wien ganz in ihren Händen hielten – sie trugen das Musik- und Theaterleben, saßen im Reichsrat und waren Offiziere –, hatte er wohl einen lähmenden Druck gespürt, den er loswerden wollte, den Druck des mosaischen Glaubens, der widerstandsfähiger war, als er gedacht hatte.
Er war leicht als Jude zu identifizieren. Ein Teil seiner Freunde in Wien stammte aus Bielitz, seine Herkunft war also kein Geheimnis. Dennoch versuchte er, das Wissen auf einen kleinen Kreis zu beschränken. Kaum hatte er einigermaßen in Wien Fuß gefaßt, veröffentlichte Theodor Herzl, Gründer des Zionismus, sein Buch *Der Judenstaat* und wollte dem versessenen Österreicher beibringen, daß er nie Österreicher sein werde, sondern für immer einer gesonderten Nation angehöre. Der beliebte Wiener Bürgermeister Karl Lueger entfachte, unterstützt von der katholischen Kirche, in der österreichischen Hauptstadt die erste antisemitische Massenbewegung.
Ferdinand besaß inzwischen einen sicheren Sinn dafür, daß es galt, an all dem vorbeizuziehen. Aber wie?
Eine neue Richtung einschlagen. Erst wenn er die mosaischen Gesetze aufkündigte und sich dem christlichen Glauben anschloß, würde er ganz dazugehören. Noch

keine zwanzig, träumte er davon, im Deutschtum aufzugehen.
Damit war er keineswegs alleine, sondern lag voll im Trend.
Das Ganze sollte ohne größere Emotionen und zügig vonstatten gehen. Doch den Universitätsmatrikeln ist zu entnehmen, daß er zwei Semester lang nicht eingeschrieben war. Er quälte sich ein halbes Jahr mit der Entscheidung. Hungerte, da er die für die Studiengeldbefreiung notwendigen Kolloquien nicht absolviert hatte, und wohnte im Studentenheim des Asylvereins der Universität in der Porzellangasse. »Dieses Studentenheim war eine segensreiche Einrichtung und hat so manchem armen Teufel aus der Provinz erst das Studium ermöglicht.« Es stand unter der »Patronanz« des Leibarztes des Kardinal-Fürsterzbischofs von Wien und hatte »demgemäß eine stark konfessionelle Note«. Drei Studenten teilten sich jeweils ein Zimmer; man besuchte sich gegenseitig und pflegte gesellige Zusammenkünfte. Beileibe kein Armenhaus, bemüht er sich deutlich zu machen, sondern »für mich eine gute Schule, die Psychologie der Massen zu studieren«. Material also für seine Bühnenstücke?
Er wohnte mit einem Studenten aus dem Böhmerwald und einem Siebenbürger Sachsen zusammen, der einen Selbstmordversuch unternahm, indem er von Zündhölzern den Phosphor abkratzte und die Lösung trank.
Täglich, Punkt zwölf Uhr, fand sich Eliezer an der Freistätte zum Mittagstisch ein und aß die Suppe der Armen. Er saß am gescheuerten, langen Tisch zwischen kranken, obdachlosen, verwaisten und mittellosen Studenten und fühlte sich deplaziert.
Religiöse Krise, mosaische Melancholie? Assimilationsschmerz? Angst vor dem Verlust seines Lebenszusammenhangs? Wer war er, wenn er seine Vergangenheit löschte?

Vielleicht hat dies mit seinem Vater zu tun, denke ich mir, seiner Rebellion gegen die Vaterreligion und die Autorität der jüdischen Patriarchen. Würde es denn nicht ins Bild passen, daß ihn der Geist des Vaters, eingefangen im Bild drohender Gesetzestafeln, bis in seine Träume verfolgte?

1885 und im Sommersemester 1886 noch als Student mosaischen Glaubens verzeichnet, trat er Ende 1886 zum protestantischen Glauben über. Die Universität verzeichnete jetzt offiziell Ferdinand Bronner, ev. AB (Augsburger Bekenntnis).

Enttäuschend die Zeremonie. War die Taufe eines Juden Jahrzehnte zuvor noch ein großes Ereignis, so war es nun eine schmucklose, sachliche Aktion, vom Vikar der protestantischen Kirche um die Ecke.

Warum eine christliche Religion? Warum gerade das Luthertum? Seit Luther, der von Anbeginn die »Bekehrung« der Juden zum Christentum forderte und sie später massiv diskriminierte, pflegte es einen nicht minder heftigen Judenhaß als die katholische Kirche. Aber es gab auch die Haskala, die jüdische Aufklärung gegen die jüdische Orthodoxie, und es gab Lessing, Schiller und Mendelssohn, die im deutschen Protestantismus eine große Rolle spielten.

Eine neue Identität. An die Stelle der alten jüdischen Werte, die er zwar verinnerlicht hatte, aber nie pflegte, nun dieser symbolische Sprung in eine neue Welt. Auch eine neue physische, eine nichtbeschnittene Welt. Endlich war er diese levitische Reinheit los. Etwas beruhigte an der neuen Gewöhnlichkeit.

Ein Deutsch. Er hatte es geschafft. Der Weg für seinen Aufstieg war bereitet. Endlich würde er sich einen Platz in der Kultur erobern, den man ihm nicht mehr streitig machen konnte.

Weg mit allem, was ›undeutsch‹ war! Weg mit Eliezer, Feivel abgehängt!
Ferdinand Bronner. Ein deutscher Name.
Umlernen: also tauft sie ihn Ferdinand.
So persönlich seine Entscheidung auch gewesen sein mag, sie spiegelt doch die antisemitische Tendenz jener Zeit, die immer mehr an Einfluß gewann. Er war nicht der einzige Jude, der konvertierte. Die Universität war keine Zuflucht vor dem Antisemitismus, und jüdische Studenten wurden von nationalistischen Verbindungen attackiert, oft in Duelle verwickelt. Er konnte nicht einmal fechten.
Sie gibt ihre Hoffnungen ungern auf: Könnte dieser Austritt aus dem Judentum nicht ein Resümee seiner Erfahrungen sein, fünfundfünfzig Jahre vor Auschwitz? Die Vorausschau, daß es noch schlimmer werden könnte? Folge des seit 1885 von Schönerer etablierten Linzer Programms? Resultat der Judenhetze Luegers?
Sicher überinterpretiert. Er will vorankommen, so sieht es aus. Malt sich die Welt in neuem Gewand.
Er hat sich eine neue Verfassung gegeben. Über das Judentum muß er in seiner Biographie kein Wort verlieren. Endlich ist er im österreichischen Zustand.

* * *

15. Deutsche Dichter

Realistische Selbsteinschätzung war nicht seine Stärke, und so bekannte er sich, kaum hatte er ein paar Gedichte verfaßt und den Juden abgestreift, mit Stolz zum Dichterkreis. Schließlich begann er 1886 mit der Arbeit an einem Bühnenstück *Der Antisemit*, einer Vorstufe zu *Schmelz, der Nibelunge*.

Ich sehe ihn, wie er ohne Hast an den Adelspalästen vorbei zum Literatencafé Griensteidl gegenüber der Hofburg geht, um seine Kollegen aufzusuchen, eine Gruppe mitteilungsbedürftiger Männer um den Dichter Fercher von Steinwand geschart.

Fercher, ein imposanter, Ferdinand »an Schiller erinnernder Typ« mit mächtigem, von gelocktem, schwarzem Haar umwallten Kopf, gewölbter Stirn, scharfer Adlernase, tiefliegenden, feurigen Augen. Ein nationalistischer Dichter, dem, wie den meisten der Runde, der große Erfolg versagt blieb. Aber eine lokale Größe. Er engagierte sich für die Förderung und Pflege der Sprache.

Viele Abende des Trinkens und Redens verbrachte Ferdinand mit diesen rituellen Zusammenkünften, mühte sich in der Konversation mit ausgefeilten Epigrammen und bewunderte die Eleganz sprachlichen Ausdrucks, wie sie Fercher von Steinwand beherrschte. Endlich gab es einen Ort, an dem eine »höhere Sprache« gesprochen wurde, und Menschen, die dies »mit Geistesmitteln« verteidigten. Der Ort einer aufklärerischen Bildungsidee.

Ferdinands Zitate aus der althochdeutschen und mittelhochdeutschen Literatur, deren Werke er streckenweise auswendig konnte, sein Fundus aus der griechischen und

deutschen Klassik hatten neue Liebhaber gefunden. Wahre Worte sind lebendige Wesen, verkündete er, ein Byron-Zitat. Er begeisterte sich für Sprichwörter der Akan und liebte Haikus.
Jeder seiner Sätze ein Lesezeichen.
Es ging bei diesen Treffen nicht unbedingt um literarische Diskussionen, wichtig waren die Gespräche, das Dazugehören, das geistige Zuhause. Ferdinand erlebte durch Fercher eine väterliche Welt, wie er sie noch nicht gekannt hatte.
Ich stelle mir vor, wie sich Ferdinand in seinem neuen, grauen Anzug mit grauweiß gemusterter Weste, durch den Unterricht bei den Töchtern des Bankiers Silbiger erstanden, kerzengerade hält, im Bewußtsein, ernsthaft und doch künstlerisch zu wirken. Man sollte sehen, daß er ein aufstrebender Literat war, deshalb schmückte ihn sein Zylinder, der ihn bei jedem Ausgang begleitete. Sobald er das berühmte Café betritt, nimmt er den Hut ab, und der Pianist unter seiner grünbeschirmten Lampe hebt leicht das Gesäß, neigt den Kopf und läßt zur Begrüßung ein Wagner-Motiv erklingen.
Ferdinand wirft einen prüfenden Blick in den großen Wandspiegel neben der Garderobe. Ein gutaussehender, getaufter, schlanker Germane mit blaugrauen Augen, bartlosen Zügen und seitlich gescheiteltem blonden Haar geht, den Zylinder in der Hand, gemessenen Schritts auf den Stammtisch zu. Weginszeniert jede Spur von Judentum.
Er grüßt ehrerbietig Georg von Schönerer, den Führer der Alldeutschen Vereinigung, der Hof hält, und wechselt mit ihm ein paar Worte. Schönerer hatte zu den Gründungsmitgliedern des Deutschen Schulvereins gehört, der die deutsche Bevölkerung in den Gebieten Österreichs mit dem Bau von Schulen unterstützte. Gerade war er aus

Protest ausgetreten, da der Schulverein auch Juden aufnahm.
Möglich, daß es zu einem kleinen, flapsigen Dialog kommt.
Jovial schlägt Schönerer Ferdinand auf die Schulter.
Ferdinand ist auf der Hut. Schönerer ist ein Judenhasser.
Ferdinands Gelassenheit im Umgang mit Judenhassern gehört zu den Rätseln, die sie zu lösen hat. Sie nimmt an, daß er ein guter Selbstdarsteller war. Zwischen dem früheren Eliezer und diesem selbstsicheren Mann sollte kein Zusammenhang mehr bestehen.
Mit einer Verbeugung verabschiedet er sich bald und weist auf seinen Dichterkreis. Aha, Jung Wien! Sie sind entlassen, lieber Bronner.
Ein widersprüchlicher Geist. Schönerer verfügte über ein Vermögen und stellte auf seinem Gutshof sechzig Leute, vorwiegend Ehepaare ein, für die er ein Spital – ein Altersheim – unterhielt, setzte sich im Reichsrat für Kranken- und Altersversicherung für seine Schützlinge ein und kümmerte sich darum, die langen Schulwege der Kinder auf dem Land besser zu organisieren. Sogar eine Suppenanstalt hatte er im armen, überwiegend von Ungarn, Tschechen, Polen und Serbokroaten bewohnten Waldviertel gestiftet, damit die Kinder im Winter etwas Warmes zu essen bekamen und einen Aufenthaltsraum hatten.
Wenn Ferdinand die Hand hob und kleine Verbeugungen andeutete, um seine Runde zu begrüßen, schien er tatsächlich ein anderer. Seine Haltung war souverän.
Einen Meister der Verstellung, nennt sie ihn, einen Voyeur seines Selbst. Immer sah er sich beim Leben zu, als stünde er außerhalb seiner selbst.

Fercher von Steinwand erhob sich und schloß ihn in seine Arme. Er nahm zwischen Hermann Bahr, vorübergehend in Berliner Dichterkreisen zu Hause und gerade zu Besuch in Wien, und Rudolf Steiner Platz, der für ihn die unsichtbare Krone in dieser Gemeinschaft trug, ein äußerst eigenwilliger Mann, mit dem ihn nicht nur die einfache Herkunft verband. Sein Vater war zunächst Förster bei einem Reichsgrafen gewesen, und Rudolf Steiner, der dank eines Stipendiums an der Technischen Hochschule Mathematik und Naturwissenschaften studierte, hatte sich bereits in der Grundschule mit Lehrbüchern selbst Wissen angeeignet. Ein Autodidakt, und beileibe kein professoraler Typ. Mit kleiner Brille und Hängeschnauzer, bezeichnete er alle, die Nietzsches Ausspruch »Nichts ist wahr, alles ist erlaubt« abtaten, als kleinliche Geister und führte Ferdinand früh auf geheime okkulte Pfade. Parallel zu seinem Studium gab er die naturwissenschaftlichen Schriften Goethes heraus.

Steiner arbeitete mit Fercher zusammen, für dessen Kurse zur dramatischen Kunst – ob in Schulen, Fabriken oder Gefängnissen – er anthroposophische Sprachimpulse lieferte. Er beschäftigte sich schon damals mit Sprachgestaltung in der Schulpädagogik und plante Theatergruppen als Therapie, um Kinder verschiedenster Herkunft zusammenzuführen. Das Schulsystem müßte, da waren sich Ferdinand und Steiner einig, trotz Pestalozzis Vorstoß reformiert werden, ohne die krankmachende Vermengung von Scholastik und Glaube. Gesundes menschliches Denken! An Gottes Stelle den freien Menschen! Das waren Anschauungen, die Ferdinand brennend interessierten.

Steiner führte ein unruhiges Leben und verdiente sein Geld als Erzieher und Hauslehrer bei einem jüdischen Kaufmann. Ein Mann von enormer Vielseitigkeit und Eloquenz. Ferdinand fühlte sich mit ihm in seiner Liebe zu Wagner und Nietzsche verbunden. Gerade war Nietzsches Buch *Also sprach Zarathustra* erschienen, das sie an freien Sonntagnachmittagen gemeinsam lasen. Nietzsche war ihr Gott und *Zarathustra* ihre Bibel. Aus ihr sogen sie die Verherrlichung der Freiheit. Wenn sie unter sich waren, empfanden sie sich als »höhere Menschen« auf dem rechten Weg zum »wahren Übermenschentum« und blickten voller Verachtung auf die kleinen Geister herab.

Steiners Wortschärfe und seinem wahllosen Umgang gegenüber blieb Ferdinand jedoch reserviert: Dieser Hermaphrodit der Weltanschauung verkehrte mit den Monisten des Giordano-Bruno-Kreises ebenso wie mit Vorkämpferinnen der freien Erotik und mit Homosexuellen und war überhaupt ein recht bedenklicher Abenteurer, der jede vorgegebene Wahrheit und Autorität bekämpfte. So sehr er Steiner schätzte, fühlte Ferdinand vielleicht instinktiv, daß dieser seinen Schleichweg der Anpassung durchkreuzen konnte, und wenn Steiner leicht schwankend mitsamt seiner übersteigerten Mitteilsamkeit und Erregbarkeit entschwand – er trank nicht übel und absolvierte jeden Abend an die fünf Verabredungen –, blieb Ferdinand zurück und hob mit den anderen das Glas.

Er hält das Glas mit der gleichen Haltung wie die anderen, den Ellbogen angewinkelt, nimmt einen Schluck, blickt sie alle der Reihe nach mit einer kleinen Verneigung an und stellt das Glas wieder ab. Ist er deshalb wie alle anderen, Bürger wie sie?

Der Gedanke gefiel ihm offenbar: Man konnte Bürger und Dichter sein. Fercher wurde zur Vaterfigur. Der in einem Weiler namens Untere Steinwand geborene Dichter, Sohn einer Magd, fühlte eine starke Verbundenheit mit den Kindern, die in Armut aufwuchsen, und förderte ihre Sprachentwicklung. Noch im Jahr 1994 wurde in Österreich ein Verein zur Sprachgestaltung nach Ferchers Vorbild ins Leben gerufen.

Fercher öffnete meinem Großvater seine umfangreiche Bibliothek, versorgte ihn mit den neuesten Informationen aus Literaturbetrieb und Buchmarkt und fügte ihn in ein Netzwerk ein.

Wie Fercher fühlte Ferdinand eine leidenschaftliche Verbundenheit mit dem Volk, dessen politische, nationale und soziale Zustände allerdings seine Kritik herausforderten. Es gäbe Grund genug, meinte er, sich aufzulehnen, doch nicht zuletzt verband ihn mit seinen Dichterkollegen »die Ohnmacht, etwas daran ändern zu können«.

Es lebe unser Vaterland, es lebe Österreich! Alle schlossen sich Ferdinands Trinkspruch an. In der Judengasse geboren, wünschte er sich ein Vaterland, das stärker war als alle anderen Länder dieser Welt.

Doch die Sozialdemokratie halten wir uns besser vom Leib! Wieder hob Ferdinand das Glas und erntete Zuspruch. Deutschtümelnde Gesinnungshändel entzündeten sich. Der Großteil schloß sich ihm an, der die Ziele der Sozialdemokraten zwar legitim fand, ihnen aber nur wenig Zuneigung entgegenzubringen vermochte. »Ihr internationaler Charakter stieß uns ab, die wir uns als deutsche Dichter unseres Deutschtums voll bewußt waren.« Für eine Veränderung engagierte er sich nicht: Schließlich waren sie nur »arme Teufel«, denen »eine Schale Kaffee in irgendeinem obskuren Vorstadtbeisel die einzige warme Mahlzeit des Tages bedeutete«. Er muß sehr wohl gespürt haben, daß dies eine Ausrede war, und beschwichtigte sich: »Unser kleiner Kreis lebte ja fast am Rande des Daseins, wir hatten nur lose Fühlung mit den großen politischen und nationalen Strömungen jener Epoche«, bedrängt von den »immer lauteren Rufen des nationalen Kampfes gegen die vordringenden slawischen Völkerschaften der Monarchie« und dem »gewaltsam unterdrückten Schrei der hungernden Massen nach sozialen Reformen«.

Der Liberalismus stellte für ihn lediglich den »Niederschlag eines satten und zufriedenen Bourgoistums, das sich gerne mit einem himmelblauen Mäntelchen drapierte, aber in Wirklichkeit keine anderen Ideale kannte als den Geldsack« dar. Aus seinen Worten spricht bereits eine frühe Resignation: Von der »Verständnislosigkeit und Unbarmherzigkeit eines ausbeuterischen Bürgertums wüßten wir aus eigenen Erfahrungen manch trauriges Lied zu singen«.

Der österreichischen Literatur jener Zeit war ihr europäisches Format längst abhanden gekommen. Sie war dabei, ins Provinzielle abzugleiten. Wien überschätzte sich, Europa war noch die Welt, alles andere Kolonie – während das eigentliche Geschehen sich längst anderswo vorbereitete. Halt suchend in einer literarischen Teilkultur, einem intellektuellen Debattierklub, der das nationale Motiv betonte, gedieh ein antidemokratischer, bald rechtsextremer Nationalismus.

Ferdinand ist auf dem Sprung. Dem Sprung zur nächsten Etappe.
Der Voll-Assimilation.

Ferdinand verband eine langjährige Freundschaft mit Hermann Bahr, der der Dichterrunde Passagen aus seiner Trauerrede auf Richard Wagner vorlas. Die antisemitischen Stellen kamen niemandem anstößig vor, und man wunderte sich, daß Bahr deshalb von der Universität Wien ausgeschlossen worden war. Wie Ferdinand verehrte auch

Bahr Richard Wagner, symptomatisch für die Zeit um 1888/89. Subtiler war Ferdinands Verehrung für Anton Bruckner. Oft saß er an Bruckners Klavier, nachdem er gerade dessen Vorlesungen zur Harmonielehre gehört hatte, und spielte Phantasien. Die Stuhlreihen des kleinen Musikraums in der Universität waren mit Kollegen aus der Germanistik, die zum Wagner-Kreis gehörten, besetzt, die seinem Spiel lauschten.

Das Klavierspiel hatte er sich, ebenso wie acht Sprachen, in den langen Jahren als Hauslehrer selbst beigebracht, und er war stolz darauf, jeden Donnerstag nach Bruckners Vorlesungen ein wenig spielen zu dürfen. Er liebte solche Rituale. Jeden zweiten Mittwoch ging sein kleiner Wagner-Kreis in die Oper, und donnerstags wurde die Aufführung diskutiert, ehe sie, anschließend an Bruckner, die Vorlesungen über die Geschichte der Instrumentalmusik bei Eduard Hanslick besuchten.

Den ganzen Wagner hatte er immer noch nicht gehört, obwohl sein Werk an der Oper mehr als gut vertreten war. Dreimal pro Jahr wurde der *Ring* gegeben, Ferdinands Lieblingsopern, weil sich in ihnen der arische Mythos aufs herrlichste ausbreitete, zudem noch *Tristan und Isolde*, *Tannhäuser* mit Leo Slezak, *Die Meistersinger*, *Rienzi*, *Lohengrin*. Jede zweite Opernaufführung hatten sie in der Hofoper gesehen, und im Winter liefen sie im Anzug durch die Kälte, um sich das Geld für die Garderobe zu ersparen, und holten sich beim Anstehen im Freien eine Erkältung.

Wagner war der unbestrittene Gott, Bruckner und Brahms spalteten den Kreis. Den »kleinen rundlichen Bruckner mit seinem Cäsarenkopf«, wenn er so daherschlurfte, liebte und verehrte er, er mochte seine ungezwungene Art, über Musik zu sprechen, fern von akademischem Jargon,

aber doch hochdifferenziert. Die gesunde, fast bäuerliche Kraft, die im Gegensatz zu seiner komplexen Persönlichkeit zu stehen schien, und die Güte, die er ausstrahlte, gewannen sein Herz.
Um Wagner gab es, berichtet Ferdinand, wiederholt Zwiste. Niemals würde ein Jude Wagner und seine Siegfried-Figur verstehen, meinten manche, das sei tief im Ariertum verankerte Instrumentalkunst, und er fühlte, daß Wagners Musik auch eine politische Seite hatte, ganz an das deutsche Volk gebunden.
Äußerungen dieser Art mögen nicht ganz ohne Unbehagen von Ferdinand vernommen worden sein, doch er schwieg dazu. Wagners Hetzschrift *Das Judentum in der Musik*, nach Wagners Schwiegersohn Houston Stewart Chamberlain »das Gewissen der Nation«, avancierte zu seiner antisemitischen Bibel. Auf Ferdinands Nachttisch lag neben Nietzsche, Otto Weininger und Carl Friedrich Glasenapps sechsbändiger Wagner-Biographie nun auch Chamberlains *Die Grundlagen des neunzehnten Jahrhunderts*, in dem er die Germanen als Schöpfer einer neuen Kultur feierte.
Ihr ist diese Wagnerliebe suspekt. Für sie haftet dem Zusammenspiel von Nietzsche und Wagner, dessen Symbolismus vor allem in der Siegfried-Gestalt die Visionen des Nazismus genährt hat, etwas Gefährliches an, das den latenten Antisemitismus verstärkte.
War für Ferdinand Antisemitismus die beste Tarnung?
1899 ahnte er noch nicht, daß die österreichische Monarchie, die er so liebte, bald auf dramatische Weise zum Untergang verurteilt sein und der angebetete Adel nur noch eine Scheinexistenz führen würde. Aber er fühlte doch, wie die alten Werte sich verflüchtigten, aufgesogen wurden von einer seltsamen Leere, die auch an der Universi-

tät spürbar wurde. Dazu die immer massiveren Angriffe auf die Juden. Er kannte Luegers Rede vor dem Parlament. Mit angehaltenem Atem hatte er gelesen, wie virtuos dieser Meister der Simplifizierung auf der Klaviatur antisemitischer Vorurteile spielte:
»Ich frag Sie, können die christlichen Bauern dafür, daß der Getreidehandel sich ausschließlich in den Händen der Juden befindet? Können die christlichen Bäcker dafür? Kann vielleicht das christliche Volk dafür, daß die meisten Konfektionäre Juden sind?« Das ging so weiter, bis zu den Advokaten und Ärzten, ehe Lueger sich das »sogenannte Judendeutsch« vornahm, das die Juden gebrauchten, »damit sie untereinander reden können, ohne daß sie jemand versteht«.
Finis Austriae. Die Affäre Meyerling am 30. Januar 1899, als der beliebte Kronprinz Rudolf unter rätselhaften Umständen zusammen mit seiner heimlichen Geliebten, der siebzehnjährigen Mary Vetsera, tot aufgefunden wurde und das Wort »Finis Austriae« von Mund zu Mund ging. »Man kann sich heute davon keine Vorstellung machen«, schrieb er, »was dies damals bedeutete. Es war mehr als eine verlorene Schlacht, der Glaube an die Zukunft und den Bestand des Reiches war erschüttert.« Er hatte »das deutliche Gefühl«, daß »für die ganze Welt, namentlich die deutsche Welt und nicht zuletzt die deutsche Literatur der Anbruch einer neuen Zeit gekommen sei«.
Ehe die Orientierungslosigkeit und amoralische Leere auf ihn übergriff, versuchte er, den Ungeist, der in seinem Land herrschte, für sich ins Positive zu wenden. Er entschloß sich, die Brücken in Wien abzubrechen und an die Front des modernen Lebens zu gehen.

* * *

16. Berlin

Also auf nach Berlin, wo Europa dachte und Germania lebte, hinein in ein künftiges Zeitalter! Die Heimat Bismarcks, Treitschkes, Wilhelms, Hindenburgs, Nietzsches mußte für eine Weile auch die seine sein. In Berlin angekommen, machte er sich zu Fuß auf zur Universität und studierte als erstes die Anschläge mit den Vorlesungen. Neben Germanistik als Hauptfach belegte er bei Heinrich von Treitschke Politik und vertiefte sich in seine »Deutsche Geschichte im 19. Jahrhundert«.
Was fängt sie mit seiner Verehrung für Treitschke an, der dem Antisemitismus Schubkraft gegeben und den Berliner Antisemitismusstreit ausgelöst hatte? Für einen Mann, der geschrieben hatte, daß aus »der unerschöpflichen polnischen Wiege eine Schar strebsamer, Hosen verkaufender Jünglinge hereindränge, deren Kinder und Kindeskinder dereinst Deutschlands Börsen und Zeitungen beherrschen« würden? Tat er das, um der Version seines neuen Lebens Glaubwürdigkeit zu verleihen?
Das sind die wahren Apokryphen. Bis zur Verblendung vom Antisemitismus seiner Zeit infiziert, schloß er sich ihm an. Einfach, weil es ihn gab. Weshalb er wahr sein mußte. Weil ihn alle hatten. Früh suchte er Nischen, in denen er unbeschadet davonkam.
Er besuchte Theodor Mommsens »Privatissimum«, hörte bei Delbrück Geschichte, bei Bebel die Lesungen über das Sozialistengesetz. Wissen als Selbstzweck? Schlichtweg alles, was sich ihm bot, saugte er auf: Er schrieb sich für Physische Anthropologie – schon wurde die Homunkulus-Wissenschaft Rassenhygiene gelehrt – und Hyp-

notismus ein. So sickerte allmählich völkisches Gedankengut in ihn ein, Bevölkerungsvermehrung, Geburtenbeschränkung, Kinderaufzucht, Fremdehen, »Volkskörper« und »Bevölkerungsbiologie« betreffend, Vorboten eines Gesinnungswandels. Er hospitierte bei Rudolf Virchow in Pathologie, bei Hermann von Helmholtz in Physik, bildete sich in Naturheilkunde und Lebensreformen.

Mühelos häufte er Wissensberge in seinem Kopf an. In jugendlicher Begeisterung gab er sich der Erforschung des Zusammenhangs zwischen Physis und Psyche hin. Er suchte okkultistische Zirkel auf und nahm an Séancen teil, interessierte sich für »Gedankenleser« und Telepathie und vertiefte sich in Büchners *Kraft und Stoff*. So fütterte er sich mit allem, was bei den Bildungsbürgern um die Jahrhundertwende im Schwange war. Ein symbolisches Wissenskapital.

Er lebte gesund, verkehrte in Vegetarierkreisen, diskutierte mit seinem neuen Freund Hans Gentzen heftig über Ernährungsfragen. Die blasse magere Schar der ihrem Glaubensideal kindlich-naiv ergebenen Lebensreformer und Vegetarier erinnerten ihn an die Jünger Jesu, nur daß hier der Heiland fehle. Das glich sein alter Freund aus Bielitz, der ehemalige Schulkollege Wilhelm Andreas Schmidt, der Theologie studierte, mit seinem Wissen aus. Die Lebenskosten bestritt Ferdinand wie gewohnt mit einem Hauslehrerposten.

Sein ungeheures Bildungsprogramm, das er sich auferlegte, erfüllte ihn mit tiefer Zufriedenheit. Sein Leben war Arbeit und Pflicht, Privates blieb unerfüllt.

Wiederholt pilgerte er erfolglos zum Lehrter Bahnhof, wenn es hieß, Bismarck würde dort ankommen. Er besuchte den Reichstag. Auch da vernahm er »nur« Bebel,

der »mit stark sächsischem Akzent markig und aufrichtig sprach«: die dritte Lesung des sogenannten Sozialistengesetzes. Enttäuscht notierte er: »Ich erwartete Bismarck und hörte diesen!«
Dunkle Gerüchte von einem Konflikt zwischen Kaiser und Kanzler machten die Runde und erschütterten das Vertrauen in den jungen Kaiser, den er Unter den Linden hoch zu Roß gesehen hatte. »Die sozialistisch eingestellten Schichten der Bevölkerung« aber »träumten bereits von einer deutschen Revolution.« Er besuchte sozialdemokratische Versammlungen: »Große Massen, wenig Geist.« Am 20. März 1890 gelang es ihm endlich, Bismarck zu sehen, seinen »schneeweißen Kopf. Bismarck, zu Pferde ... Er trägt Brillen, die Augen blicken frisch selbstbewußt drein. Weiße Generalsmütze, kaffeebraune Uniform, gelbe Aufschläge: auf braunem Pferd.«
Soweit es seine Finanzen erlaubten, besuchte er jeden zweiten Abend die Oper oder das Theater, sah *Vor Sonnenuntergang* von Gerhart Hauptmann, vielleicht auch *Die Weber*, die möglicherweise sein erstes Bühnenstück *Familie Wawroch* beeinflußten. Er sah das Sozialdrama *Die Ehre* von Hermann Sudermann, schwärmte für Ludwig Anzengrubers *Kreuzelschreiber* und war erschüttert, wenn er in dessen *Viertem Gebot* oder *Der Pfarrer von Kirchfeld* jenen Typus entdeckte, den der Autor den »Oansam« nannte. Auf dem Nachhauseweg nach der Aufführung standen Tränen in seinen Augen. Vielleicht dachte er an *Zarathustra*: »Ach, wohin soll ich noch steigen in meiner Sehnsucht? Von allen Bergen schaue ich aus nach Vater- und Mutterländern. Aber Heimat fand ich nirgends.«
Die freie Zeit verbrachte er mit Museums- und Ausstellungsbesuchen, die Abende gehörten der Lektüre im Ori-

ginal: Von Walter Scott, Shakespeare, Zolas *Germinal* und den Brüdern Goncourt, er vertiefte sich in Tolstoi, Turgenjew und Dostojewski und verschlang Ibsen und Strindberg. Ein Leben wie aus einem deutschen Bildungsroman.

Die verlorene Gemeinschaft des Wiener Dichterkreises suchte er in Kreisen der Berliner Literaten, dort, wo Juden und Nichtjuden sich begegneten. In Germanistenkneipen fand er zum »Ethischen Club« – dem Arno Holz, Karl Bleibtreu, Otto Erich Hartleben, Otto Julius Bierbaum, Richard Dehmel, Ernst von Wolzogen aus München und der germanistische Seminarkollege Alfred Kempner aus Breslau, der sich später Alfred Kerr nennen würde, angehörten. Sein metaphysischer Rückhalt, wobei der göttliche Patron Goethe, Vater der Väter, auf seinem Sockel ein wenig ins Wanken geriet. Denn er erlebte begeistert den Durchbruch des Naturalismus auf der Bühne, bei dem das bislang vernachlässigte soziale Moment hervortrat. Sofort faszinierte ihn der offen revolutionäre Ton und der Drang, die Welt zu verändern – eine in seinem Club vieldiskutierte neue Möglichkeit der Literatur.

Erstmals dachte er nicht nur voll Abwehr an die Not der Menschen, die er in Oświęcim und Bielsko gesehen und erlebt hatte. Ihm mußte man nicht sagen, was Ausbeutung und Armut waren! Im Unterschied zu den meisten seiner Kollegen im Dichterkreis kannte er die schweren existentiellen Kämpfe der Fabrik- und Bergarbeiter, kannte die Not der Armen. Das brachte in ihm Geschichten hervor, und er ahnte, daß hier ein Weg lag, herauszutreten aus der Vereinzelung. Als ihm sein Bruder Josef in einem Brief von der Tragödie einer Arbeiterfamilie in Mährisch-Ostrau berichtete, war sein Entschluß für ein Drama gefaßt.

Er hatte die Judengassen verlassen, das Judentum abgestreift, nun konnte er den Sprung in die Öffentlichkeit wagen und sich zum Schriftsteller emanzipieren, der den Schritt in die Moderne tat. Er würde mit seinem Stoff keine fremde, sondern eine ureigene Sache behandeln. Er vergrub sich in seine *Deutsche Sprachlehre*, um seine Sprache noch weiter zu vervollkommnen, machte sich Notizen und verfolgte begierig in den Tageszeitungen Artikel über niedergeschlagene Streiks in den Ostrauer und Bielskoer Industriebezirken, las Provinzblätter, die von Arbeiterelend und Unterdrückung berichteten, und Bücher über die Industrialisierung. Lange stand er im Alten Museum vor Menzels großem Bild *Eisenhüttenwerk*, das seine dramatische Phantasie entzündete.

Der Sog des Aufbruchs. Er betrat Neuland, geistig durchaus auf der Höhe der Zeit und keineswegs apolitisch. Chance und gleichzeitig Risiko.

Mittendrin plötzlich ein Hilferuf aus Bielitz: Die Mutter war schwer erkrankt, die Geschwister waren hilflos, der wieder zur Familie zurückgekehrte Vater arbeitete weit entfernt – er hatte einen kleinen Beamtenposten im Forstdienst »tief drinnen in Galizien« angetreten. Sein Bruder Josef hatte das Gymnasium abgeschlossen und war in Wien.

So machte sich Ferdinand rasch nach Bielsko auf und fand die Mutter im Elend. Aus Angst vor Auslagen hatte sie ärztliche Hilfe verschmäht. Ferdinand besorgte einen Arzt und Medikamente, gab Geld.

Er nutzte die Gelegenheit und betrat das unveränderte Auschwitz, das er seit über einem Jahrzehnt nicht mehr gesehen hatte, »mit sehr eigentümlichen Gefühlen«, stapfte über das »holperige Pflaster der engen, winkeligen, übel duftenden Gassen« und besuchte Angehörige. Und er trug

bei seinen Besuchen in den Orten seiner Kindheit nicht nur die Polizeimeldungen und Artikel der Troppauer Zeitung zusammen, um sein geplantes Bühnenstück realitätsnah zu gestalten, sondern sah sich seine geplanten Spielorte im Teschener Schlesien genau an.
Als der Vater für ein Wochenende nach Hause kam, galt seine erste Frage dem Studium, und Ferdinand mußte gestehen, daß er zwei Semester »verbummelt« hatte. Das wahre Motiv, die Abstreifung des Judentums, konnte er nicht zugeben.
Streit. Entzweiung. Sie schieden unversöhnt.
Ferdinand tröstete sich in seiner Verzweiflung mit dem Kantischen Soll. »O Kantisches Soll; wenn nicht du, wer hielte mich sonst noch aufrecht im Drange der heftig einstürmenden Affekte! Du gibst mir Kraft und Ausdauern du hilfest mir hinweg über die toten Punkte meines Lebensschwungrades.«
Anstelle der längst fälligen Auseinandersetzung mit dem Vater der Merksatz, das Postulat?
Wieder zurück in Wien, sah er im alten Burgtheater *König Ödipus*: »Ich erinnere mich deutlich, daß ich während der Vorstellung meine Tränen nicht mehr zurückhalten konnte und so laut schluchzte, daß mich meine Nachbarn auf den Stehplätzen der vierten Galerie durch kräftige Rippenstöße zur Ruhe wiesen.« Mag sein, daß es weniger das inzestuöse Verhältnis des Ödipus zu seiner Mutter war, das ihn so erschütterte, sondern vielmehr der von Unheil begleitete Weg des Unbeugsamen, der unbeirrt seinem Weg folgt und seine Vergehen ohne Schuld unwissend begangen hat. Der endlich, nach langer Irrfahrt, Ruhe und Frieden findet.

* * *

17. Martha Martha

Höchste Zeit, daß endlich in seinem Leben eine Frau auftaucht. Bis auf eine Schwärmerei ist bislang kaum Interesse am Weiblichen zu erkennen – mangelte es nur an der Zeit? Doch im Jahr 1890 schrieb der Dreiundzwanzigjährige in sein Tagebuch: Ich stehe an meines Lebens Scheide. Es war der Blicktausch mit der blonden Martha Schelle, einer Erzieherin aus Wolgast, die gerade in Berlin ihre Stelle angetreten hatte. Er »bangte um ein Wiedersehen« und erbat sich ihre Handarbeit als Pfand.
Zu Hause küßte er das Leinen mit der begonnenen Stikkerei. Sein Tagebuch lag brach. Studien und Arbeiten waren vergessen. Er schwänzte die Vorlesungen, mied die Bibliothek.
Die und keine andere, schwor sich Ferdinand.
Bald hielt er brieflich um sie an, doch die Eltern verhehlten ihre Besorgnis nicht: ein mittelloser Student ohne Vermögen und ohne Aussicht auf Familiengründung? Erst einmal wollten sie ihn kennenlernen. Auch er hielt es für richtig, daß ihre Beziehung innerhalb der traditionellen Grenzen des Verlöbnisses blieb. Doch er ging noch weiter. In einer kleinen Stadt wie Wolgast sollte seine Verlobung unbedingt geheim bleiben. Eine zu große Intimität nach außen war keinesfalls angebracht.
Er beschloß: »Für die Leute in Wolgast bin ich dein Vetter aus Wien.«
Sie verharrt eine Zeitlang über den Blättern der Erinnerung regungslos.
Sein Leben sollte weitergehen wie bisher. Auch das Eindringen einer zweiten Person durfte den Ablauf seines Lebens

nicht stören. Das war Teil seiner Strategie. Würde das nicht zu Konflikten führen?
Sie begreift, daß er seine spätere Frau von Anfang an verriet.
So fuhr er, nachdem Martha auf seinen Wunsch hin ihre Stelle aufgegeben hatte und nach Hause gefahren war, zu ihr nach Wolgast an der Peene und traf auf eine andere, heile Welt. Eine bürgerliche Familie. Es beruhigte ihn, daß sich das Haus von den anderen in Wolgast nicht abhob. Es war bescheiden und schmucklos. Das Zimmer, in dem er schlief, war Marthas Kinderzimmer, die zusammen mit ihrer Schwester nebenan nächtigte.
Sie unternahmen Spaziergänge und Bootsfahrten. Vom Garten hinter dem Haus führten ein paar Stufen zur Peene, die mit einem Arm der Oder verschmilzt. Am schmalen Kai lagen die schwarzen Oderkähne, mit denen sie den Fluß entlangfuhren.
Marthas Vater, in jüngeren Jahren Schiffsbaumeister, als noch die Segelfahrt gedieh, hatte zur Zeit der Dampfschiffe seinen Beruf aufgeben müssen und arbeitete in einer Fabrik für Schiffszubehör. Er hatte sich etwas Gemessenes bewahrt, wie viele, die stundenlang den Blick aufs Meer gerichtet haben. Der riesige Mann mit dem Schifferbart sprach gern über die See, den Himmel voller Sterne und die Schwierigkeit, bei Wind und Wetter die Segel aufzuziehen, über Piraten, Schmuggler und Zoll. Er verteidigte den Freihandel, Streitpunkt zwischen Liberalen und Sozialisten. Was Ferdinand bereits vermutet hatte, stellte sich jetzt heraus: Marthas Vater war Anhänger der radikal linksliberalen Freisinnigen Partei, gegründet von Eugen Richter und dem von Kaiser Wilhelm I. als zu »rot« abgelehnten Franz August Schenk von Stauffenberg, und kämpfte leidenschaftlich für Ideale, die Ferdinand

insgeheim spöttisch als »altgermanisch« bezeichnete: für politische und soziale Freiheit, Verfassungsgarantien, Parlamentisierung der Monarchie, Trennung von Staat und Kirche.
Durch Treitschke geschult, vertrat Ferdinand jedoch Bismarcks Schutzzollpolitik. Eine Bewährungsprobe für seine Beziehung zum zukünftigen Schwiegervater. Ferdinand war genötigt, seine Meinung bei sich zu behalten und politische Gespräche zu vermeiden.
Er genoß die Sonntage. Alle saßen am Nachmittag um den Tisch, es gab Streußelkuchen und Kaffee, und nach einem andächtigen Schweigen begann gemächlich eine Unterhaltung, so unangestrengt, daß Ferdinand, der das nicht kannte, Lust hatte, zu plaudern. Wegen seiner lebendigen Geschichten und seiner kräftigen Stimme erweckte er in Marthas Brüdern Bewunderung und ein wenig Neid, weil er die Welt zu kennen schien.
Der Schüler, zum Mann gereift. Aber wo käme es mit der Menschheit hin, wenn man der Sinnenlust und den Weiberlaunen freien Lauf gewährte? Erleichtert bemerkte er, daß die Wahl seiner Verlobten gefahrlos war. Diese Mischung aus Käthchen und Gretchen mit Erzieherinnenqualitäten war genau das Richtige für ein Familienwesen, wie es in seinem Kopf bereits feststand. Und die Familie Schelle verkörperte all das, was er sich zur Etablierung seiner deutschen Identität wünschte.
In Gedanken legte er sein Leben fest. Das Sommersemester stand vor dem Abschluß, das Berliner Jahr ebenso, seine Geldmittel gingen zu Ende. Die Dissertation war zu schreiben, das Rigorosum abzulegen. Und es galt, Geld zu verdienen. In ein paar Jahren würde er heiraten, Kinder haben, Erfolg ernten, mit Martha nach einem erfüllten Leben in Ruhe alt werden und sanft entschlafen. Alles vorgezeichnet.

Doch der Zugang zu seiner Familie blieb für Martha versperrt, und von seinem Vater erzählte er nicht.
So wie die Dinge lagen, konnte er nichts anderes tun, als auch Marthas Eltern auf seine Vettern-Version einzuschwören, die seine Rücksichtnahme auf ihre Tochter lobten. Skrupel hatte er dabei nicht. Nur so bestand die Möglichkeit, daß sein Vater – vorübergehend wieder mit der Familie in Dominikowice bei Görlitz vereint, wo er Arbeit als Leiter eines Sägewerks gefunden hatte – nichts von seiner Verlobung erfuhr. Er fürchtete Etiels Zorn und seine trotzige jüdische Selbstbehauptung. Soviel stand fest: Daß Etiel gegen jede Bindung mit einer Nicht-Jüdin, einer »Schickse« war.
Er reiste nach Dresden und begann von dort längs der Elbe eine gemächliche »Fußreise« nach Prag über die geliebten Berge und durch kleine und größere Städte, wobei er als erstes, eine neue Angewohnheit, die Auslagen der Fotografen studierte, den geschärften Blick auf »rassentypische Merkmale der Bevölkerung« gerichtet.
So früh, zu einer Zeit, als das noch gar nicht verordnet war, stieg er in die Niederungen der Rassenkunde hinab? War es die bevorstehende Hochzeit mit einer ›Arierin‹, die ihn bereits darüber nachdenken ließ, was für ein Kind er wohl zeugen würde? Ein Rassengemisch aus Arier und Jude? Läßt ihn der deutsche Blutkult schon jetzt nicht los?
Bereits während seiner Studienzeit hatte er sich intensiv mit Darwin beschäftigt, und schon 1879, als Primaner, leitete der Begründer der Rassenhygiene in Deutschland, Alfred Ploetz, einen Schülerbund, dem Carl und Gerhart Hauptmann angehörten, die sich unter einer alten Eiche schworen, ihr Leben der »reinen deutschen Rasse« zu weihen. Nun hatte Ferdinand Gobineaus ersten Band seines vierbändigen Werks *Versuch über die Ungleichheit der Menschenrassen* im Gepäck.

Dann trat Ferdinand seine Stelle als Erzieher der beiden Söhne eines deutschen Domänendirektors auf dem Gut Kvasney in der Nähe von Reichenau an und lernte in Windeseile Tschechisch.

Ihm gefiel es so nicht übel. Das mit der Heirat hatte Zeit. Doch die Träume Marthas hatten wohl anders ausgesehen, sonst hätte sie sich nicht verplaudert. So machte in Wolgast bald das Gerücht von einer mißglückten Verlobung die Runde, und Marthas Familie forderte umgehend die Verehelichung, da Marthas Ruf dramatisch gefährdet sei.

Ferdinand befand sich in einem Dilemma. Erst als er Marthas Brief mit Tränenspuren erhielt, willigte er in die Hochzeit ein, unter dem Vorbehalt, zunächst nach Hause zu fahren und die Sache zu klären. Schließlich wollte er ohne die Zustimmung seiner Eltern nicht heiraten.

Die Situation zu Hause war entspannt. Sein Vater, immer noch erstaunt darüber, daß ihm eine wichtige Arbeit zugefallen war, wirkte gefestigt. In der Umgebung von Görlitz waren reiche Petroleumquellen entdeckt worden, und das Sägewerk, dem der Vater vorstand, lieferte Bretter und Bohlen für die Gruben. So fand Ferdinand zufriedene Eltern vor und hoffte auf eine gute Stimmung für seine Angelegenheit. Vielleicht würde es doch nicht so schwierig werden.

Doch die Tage vergingen, und Ferdinand saß zu Hause über einem Buch, schrieb ab und zu etwas in sein Heft und gab auf alle Fragen ausweichende Antworten. Über Martha fiel kein einziges Wort. Die alte Angst vor dem Vater hatte ihn überkommen, stärker denn je. Denn nun ging es um Bruch mit dem Judentum und Heirat mit einer »Schickse«.

Bis eines Tages ein Brief kam, der nur die Adresse trug,

beschriftet mit kräftigen Buchstaben. Etiel öffnete ihn und hielt den Andruck der Heiratsanzeige in Händen.
Der Vater brüllte, die Mutter schlug die Hände vors Gesicht und weinte. Etiel richtete andertags einen geharnischten Protest gegen die Verlobung nach Wolgast und erklärte den Heiratsplan für null und nichtig.
Als Ferdinand abreiste, tat er es kleinlaut, still und leise.
Sie stellt nur fest: Gekämpft hat er um Martha nicht.
Ich gehe die Ringstraße entlang zum historischen Gebäude der Universität, in dem heute die Verwaltung untergebracht ist. Als Ferdinand hier studierte, war sie ein Neubau: Erst 1884 wurde sie vollendet, und seit 1897 durften auch Frauen studieren. Die älteste Universität Österreichs und nach Prag die zweitälteste des deutschsprachigen Raums. Immer noch in gutem Zustand, gepflegt und frisch gestrichen. Die Atmosphäre konserviert auf geheimnisvolle Weise. Es riecht nach Büchern, dem Wachs auf dem Parkett der vollgestopften Vorlesungssäle.
Das Studium muß damals eine aufregende Sache gewesen sein. Der Kontakt zu den Professoren war eng, es gab lebhaften Austausch und unter den Studenten viele private Zusammenkünfte.
Für Ferdinand allerdings, wieder zurück in Wien, stand das Studium unter finanziellem Druck. Er legte das Thema seiner Doktorarbeit, Goethes Elegien, fest, stellte das Material zusammen, arbeitete morgens von acht bis zwölf, aß im vegetarischen Restaurant und schrieb bis mittags um drei Uhr, dann war es Zeit für seine Lektionen. Anschließend kehrte er an seine Arbeit zurück und schrieb, bis ihm der Kopf auf die Tischplatte sank.
Jeden Tag trug er in sein Tagebuch ein, was er geleistet hatte:
»Zeitungsschau. Vorlesung. Altes Museum: Holländer.

Germanistisches Seminar. Bibliothek. Vorlesungen. Studium Partitur Fidelio. Lektion. Lektüre: Keller, Leute von Seldwyla. Minor, Schiller. Im Vegetarischen: Diskussion am Abendtisch. Briefe von ... Briefe an ...«
Nach zwei Monaten hatte er die Dissertation abgeschlossen und gab sie beim langbärtigen Sekretär Wolschan ab, der das handgeschriebene dicke Konvolut mit Kennerblick in der Hand wog: Schad um die viele Arbeit – kommt eh in die Leichenkammer, ins Archiv! Und er hüllte »das neugeborene Kind in einen hellen Umschlag wie in ein Leichentuch«.
Die folgenden Monate gehörten der Vorbereitung auf die zwei Rigorosen, die er erfolgreich bestand. Da diese allerdings Geld kosteten, hatte er keines mehr für die Promotionstaxe, also mußte er die Promotion erst einmal vertagen.
Die Reichsratswahlen standen an, und wenn er morgens am Neuen Rathaus vorbei zur Bibliothek eilte, begegnete ihm manchmal der schlanke, hochgewachsene Karl Lueger, Führer der christlich-sozialen Partei. Die Aktentasche unter dem Arm, ging er mit zielsicheren Schritten auf das Rathaus zu, um die Gemeinderatssitzung zu leiten. Die »Sandwichmänner« zogen mit riesigen Plakaten über Brust und Rücken durch die Stadt und kämpften mit ihren Werbeschriften um den »kleinen Mann«, dem nun auch das Wahlrecht eingeräumt wurde: Liberale, Demokraten, Sozialdemokraten und Deutschnationale auf der einen, christlich-soziale Antisemiten auf der anderen Seite, aber auch Juden gegen Christen. Ferdinand kam es eher wie ein sportlicher Kampf vor, den er naserümpfend betrachtete. Seine nostalgische Leidenschaft galt der bourgoisen Monarchie. Die Sozialdemokraten – die einzige Partei, die den Antisemitismus grundsätzlich verwarf –

lehnte er ab. Ihm, dem »Deutsch«, ging es längst nicht mehr darum, von ihnen Unterstützung für jüdische Interessen zu erwarten, sondern um eine nationale Gemeinschaft.
Seine Haltung unterschied sich nicht von der seiner Zeitgenossen, die dem Nationalismus erst zur Macht verhalfen.

* * *

18. Pflicht

Vor kurzem schickte mir Ellidas Sohn Friedl, der sich jetzt Fred nennt, aus Los Angeles ein Foto des Großvaters in der Uniform des Infanterieregiments, aufgenommen von der Fotografin Rosa Fenik in der Mariatreugasse Nummer sechs. Entschlossen blickt mich der Vierundzwanzigjährige unter seiner Mütze an; ein zarter Schnurrbart ziert seine Oberlippe. Ich halte es neben das Bild meines Vaters, als er 1915 mit zwanzig Jahren eingezogen wurde. Der Familienblick unter den Mützen, trotzig, entschlossen.
Staatstreu wie Ferdinand war, paßt es ins Bild, daß er durchaus Sympathie für das Soldatentum empfand, und als er am 1. Oktober 1891 dem Einberufungsbefehl zur Ableistung seines Einjährigendienstes Folge leistete, kam ihm das Militär gerade recht. So konnte er guten Gewissens die Entscheidung zur Hochzeit vertagen.
Er entschied sich für das ungarische Infanterieregiment, weil die Uniform die schönsten Kragenaufschläge hatte, auch die kessen Mützen waren die schmucksten. Das 65. Infanterieregiment war in Kaschau beheimatet, also ungarisch.
So fuhr er über Pressburg und das malerische Waagtal an den paradiesischen Südabhängen der rötlich im Abendlicht erglänzenden Tatra-Kette vorbei zum entlegenen, einst deutschen, nun ruthenisch-magyarischen Städtchen.
Der Feldwebel übergab ihm ein paar schäbige Uniformstücke, die mehr schlecht als recht paßten, und schob ihn nach Losonc ab, wo sich die Einjährigenschule der Brigade befand.

Losonc war ein noch kleineres Dorf als Kaschau, doch mit einem größeren Anteil an slowakischer Bevölkerung. Dort trudelte Ferdinand als letzter ein, bepackt mit Tornister und Gewehr, das er »kaum zu halten verstand«, stellte sich in Reih und Glied bei der Kompanie an und erhielt von allen Seiten die deutschen Worte der vorgeschriebenen Meldung souffliert. Die Kameraden waren erstaunt, als er seine Meldung in fließendem Deutsch vorbrachte.

Er musterte seine neuen Kameraden in diesem »Schnellsiederkurs«, Slowaken, Magyaren, Deutsche und einige Juden, vereint durch die ungarische Sprache und ihre Vaterlandsliebe zur österreichisch-ungarischen Monarchie, und stellte fest, daß seine Uniform am miserabelsten saß. Die Hose hing am Hintern sackartig herab, spannte dafür am Knie, die Jacke warf zwischen den Schulterblättern Falten, und seine Mütze war etwas zu groß und fiel ihm immer wieder in die Stirn.

Er neigte nicht zu widerspruchslosem Rekrutentum, und Befehle wie Essenfassen, Bettenmachen, Salutieren und Habachtstellungen hätten ihn beinahe zum Militärgegner gemacht. Seinen Kant im Tornister, hielt er dieses Habachtgebrüll für einen gründlich mißverstandenen kategorischen Imperativ. Hoffnung schöpfte er nur aus dem Gleichschritt. Während die anderen nachts im Schlafsaal ihren frischgebackenen Schlägergeist demonstrierten, blieb Ferdinand diesen Vorübungen im Kriegshandwerk fern, und der kämpferischen Gymnastik auf dem Exerzierplatz entkam er würdelos mit einem verstauchten Fuß. Nach dem Zapfenstreich lag er noch lange wach und fragte sich, ob ihn sein geistiger Unterbau für das Rekrutentum nicht vollkommen ungeeignet machte. Goethe, Nietzsche und Kant jedenfalls hatten ihn vollkom-

men im Stich gelassen. Dennoch ist in jeder Zeile seine Identifikation mit dem Kriegshandwerk zu spüren; die Sinnfrage stellt er sich nicht.
Kriegsspiele. Zwischen den Scheinschlachten saßen sie in ihren Bilderbuchuniformen vor einem Feuer unter den Bäumen, rauchten und rissen Witze. Krieg, wie ihn sich ein Kind vorstellt, das mit Bleisoldaten spielt. Manchmal, wenn sie in zwei feindlichen Truppen ins Unterholz schlichen, meinte er, bei den Pfadfindern zu sein. Beim geprobten Sturmangriff allerdings war zersetzendes Lachen verboten.
Er nutzte jede Gelegenheit, um Ungarisch zu lernen. Der Jubel der heißblütigen Magyaren war groß, als es ihm nach wenigen Wochen gelang, ein Lied Petöfis halbwegs fehlerfrei nachzusprechen und nachzusingen, ein heimwehdurchsetztes Lied, in dem er sein eigenes Schicksal wiedererkannte.
Den Nahkampf scheute er, da er Angst hatte, verletzt zu werden. Ein Draufgänger jedenfalls war er nicht.
In größter Not, als er bereits unter Schlaflosigkeit litt, kam unerwartete Rettung. Das Kriegsministeriums gab bekannt, daß sich »zum Truppendienst minderbemittelte Einjährige« für die »Verpflegerbranche« melden sollten, für die man im Wiener Verpflegungsmagazin ausgebildet würde. Er meldete sich sofort, obwohl es keineswegs sein Ehrgeiz war, ein »Bäck« oder »Mehlstauber« zu werden. Der Wunsch, nach Wien zu kommen, erstickte seine Auflehnung über diese unmännliche Degradierung.
Die Kaserne des Verpflegungsmagazin, ein klobiges Ziegelgebäude, lag am Donaukanal in der Oberen Donaustraße und umschloß außer dem Wohngebäude für die Soldaten, durch einen großen Hof getrennt, der als Exerzierplatz diente, auch die Militärbäckerei und eine Ge-

treidemühle. Die Einjährigenschule für Verpflegeaspiranten war die einzige in der Monarchie, und junge Anwärter kamen hierher aus allen Teilen des Reiches: Deutsche und Magyaren, Tschechen und Polen, Kroaten, Serben und Slowenen, Italiener und Rumänen – reiche Kaufmannssöhne und dickschädelige Bauernsöhne, Kleinbürger und Dorfkinder. Etwa hundertzwanzig, nach Körpergröße in vier Züge gegliedert und auf vier Säle verteilt.
Ferdinand genoß den Disput mit den leidenschaftlichen Nationalisten. In seinem Inneren blieb er den Menschen jedoch fern.
Ob Deutschnationaler, Liberaler, Sozialist oder Zionist, ob Arbeiter oder Jurastudent – er beobachtete alle mit scharfem Blick, beugte sich nachts über seine Notizen und skizzierte kleine Szenen für ein zukünftiges Bühnenstück.
Dennoch »schlich die Zeit dahin«. Im Sommer endlich machte er die Abschlußprüfung an der Freiwilligenschule in Galizien. Weihnachten 1892 wurde er zum k. & k. Militär-Verpflegungsakzessisten i. d. R. ernannt.
Im Augenblick war er unten. Parterre. Bei den Knechten. Wie soll das weitergehen?

✽ ✽ ✽

19. Familiendrama

Das Militärzeug im Koffer, den Hut noch auf dem Kopf, setzte er sich, kaum in seinem Wiener Zimmer angekommen, in seinem grauen Anzug an den Schreibtisch und begann, das Tagebuch und die Notizen für sein Bühnenstück auszuwerten.
Er skizzierte die Bühne für sein Schauspiel, ab und zu hob er den Kopf und blickte hinaus auf die Straße.
Ein frostig-leeres Zimmer in Auschwitz mit einem unpolierten Tisch, Strohsäcken und einem blinden Spiegel. Hier hauste seine *Familie Wawroch*, wie er das Stück nannte, die hilflose Mutter, der Säufer-Vater, der in jede Ecke spuckt, die Tochter auf Abwegen und der aufsässige Sohn. Der Zorn auf den Vater, die Enge, die Konflikte zwischen Juden und Christen – das ließ Ferdinand Seiten füllen. Für die elenden Gestalten der revoltierenden Bergarbeiter wählte er die heruntergekommene Atmosphäre einer billigen Branntweinschenke mit rohen Holztischen und Bänken.
Ein Familiendrama, eingebettet in den Arbeitskampf. Der junge Wawroch, dessen Entlassung aus dem Betrieb auf das Konto seines Vaters geht, wird eingezogen und tötet im Kampf gegen die revoltierenden Bergarbeiter seinen Vater. Ein Vatermord, durchsetzt mit slapstickhafter Komik.
Er schrieb über das, was er kannte: über Hungernde, Streikende, plündernde Arbeiterfrauen, verachtete Juden, unterjochte Söhne, patriarchalische jüdische Väter und herrische Säufer. Schuldig sind seine Personen alle auf irgendeine Weise, und doch gleichzeitig Opfer ihrer Familie,

ihrer Herkunft, ihrer Erziehung und ihres Milieus. Ein österreichisches Drama.
Eines der ersten naturalistischen Bühnenstücke. Und eines der ersten Arbeiterdramen.
Tag und Nacht saß er am Schreibtisch, vertröstete die einsame Martha, die inzwischen in Wien eine gute Erzieherinnenstelle angetreten hatte, und rannte gegen Abend zu seinen Brotgebern durch halb Wien. Und jede Nacht, wenn er zurückkehrte, trug er bereits die Szenen in sich, an denen er bis zum Morgen schreiben würde. Schließlich hatte er sämtliches Material zum historischen Geschehen in den Teschener Gebieten zusammengetragen und konnte auf tatsächliche Vorgänge zurückgreifen. Wenn die Sonne ins Zimmer schien, machte er sich einen Kaffee, um die Müdigkeit zu vertreiben, dann schrieb er weiter, konzentriert und ohne Unterbrechung.
Er arbeitete mit der Sprache, kontrollierte Punkte und Kommata. Er duldete keine Nachlässigkeiten. Er las sich laut vor, was er geschrieben hatte, mit dröhnender Stimme, und stimmte die Rhythmen der Sätze ab. Kämpferisch mußten sie sein, staccato, mundartlich präzise – seine Bergarbeiter sprachen schlesischen Dialekt. Insgesamt fünf oder sechs Dialekte, der tschechische, schlesische, wienerische, steirische und galizische sollten das Stück beleben.
Sobald er sich im Dialekt befand, fühlte er sich sicher. Außerdem waren die Provinz und ihre Dialekte seit Jeremias Gotthelf und Gerhart Hauptmann en vogue. Man opponierte gegen die Großstadt und ihre Literatur und hob die Emanzipationsversuche vor allem der Alpenländer hervor – eine Verherrlichung des Bodenständigen, die Bauernromane hervorschießen ließ. Immer mehr Menschen zogen aufs paradiesische Land.

»Wirtshaus. Arbeiter aus dem Bergwerk. Unter ihnen versoffener Schreiber (neben ihm Dirne?) wird von seiner Tochter (er wohnt im selben Haus) heimgeholt. Streit. Wirt, Jude, legt sich ins Mittel. Arbeiter gegen den Juden. Lärm.
(...)
Akt zu Ende. II. Akt frühmorgens, in der Wohnung des versoffenen Schreibers. Todkranke Frau. Tochter. Wird der zweiten Tochter in Berlin gedacht, die ihrem Geliebten nachgezogen ... Streit, Schlägerei, Frau stirbt ...«
Gesellschaftliche Realität. Soziales Mitleid allerdings war ihm, der selbst genug Elend erlebt hatte, nicht nur fremd, er sah es auch mit einer gewissen Überheblichkeit: »Es gibt ja zuviel Vieh auf der Welt«, läßt er den jungen Wawroch, den Nietzscheaner, zu seinem verarmten Vater sagen.
Ferdinand geht mit dem Kritiker Franz Servaes konform, der sich vom Mitleid als der »zeittypischen zehnten Muse« energisch distanziert. Die Gefühle seiner Zuschauer sollen zwar mobilisiert werden, das Publikum aber soll sich nicht mit den Figuren identifizieren.

* * *

20. Selbdritt

Wie Martha die lange Wartezeit hinnahm, erfahre ich nicht. Ferdinands Worte, wenn er über sie spricht, sind nur zu Beginn schwärmerisch, dann sind sie distanziert und voll Contenance. Er zögerte, ob er Martha in seinen künstlichen Lebensbau hineinlassen sollte. Bis ihn Vater Schelle mit der Frage bedrängte, wann er, nach vierjähriger Brautzeit, endlich zu heiraten gedenke. Er habe keine Geduld mehr.
Das begann Ferdinand endlich ernst zu nehmen. Nach reiflicher Überlegung schlug er vor, sich mit Martha in Görz zu treffen und dort zu heiraten. Heimlich, ohne Aufsehen, an einem abgelegenen Ort. So würde der Vater nichts davon erfahren. Vor dem Görzer Pfarrer und Studienfreund aus Berliner Zeiten Wilhelm Andreas Schmidt, der ihn trauen würde, gab es nichts zu verbergen.
Ferdinand kam abgehetzt und verspätet in Görz an. Als er ins Pfarrhaus stürmte, war von seiner Braut nichts zu sehen. Erst gegen Abend trafen Schmidt und Martha nach einem langen Ausflug erschöpft ein.
Ein Affront. Seinen wütenden Ausbruch beschwichtigte das Ehepaar Schmidt, Martha weinte. Die Zeremonie in der Kreuzkirche in Görz – sie im schlichten, weißen Kostüm, er im dunklen Anzug – war schmucklos und kurz.
Die Dürftigkeit ihrer Hochzeit – eine Vorstufe ihrer Ehejahre – wird Martha wohl nicht so schnell vergessen haben: kein langes Kleid, kein Strauß weißer Rosen, weder Brautjungfern noch große Tafel – und keine großen Gefühle.
Nach einem kleinen Imbiß verabschiedete sich das Paar

und ging über den Kirchplatz direkt zum Zug, womit die Hochzeit ihren Abschluß fand. Ich kann mir vorstellen, daß diese schlichte und kühle Feier Martha nach dieser langen Zeit des Wartens zutiefst enttäuschte. Um so mehr, als sich Ferdinand ihr gegenüber weiterhin ambivalent verhielt.

Kurz darauf bezogen sie eine kleine Wohnung in einem langgestreckten Hinterhaus der Mariahilferstraße, in unmittelbarer Nähe der Kirche. Die bescheidene Ausstattung liehen sie sich bei einem Möbelgeschäft. Ferdinand fand eine Stelle als Korrepetitor und bestand die Lehramtsprüfung, Martha hatte ihre Erzieherinnenstelle behalten.

Zu seinem inneren Leben und seiner Lebenswelt hat Martha keinen Zugang, trotzdem klingt es in Ferdinands Erinnerungen, als empfinde er eine gewisse Unfreiheit. Der Torso des Dramas lag immer noch verschlossen in seiner Schreibtischlade.

Was, wenn man ihn ablehnte, kritisierte? Er scheute vor der Szene mit dem Vatermord.

Er wollte ausdrücken, was in seinem Inneren vorging, wollte aufrühren, aber erst einmal im stillen Kämmerlein.

Das Bühnenstück könnte etwas von ihm verraten.

Sobald es aufgeführt würde, könnte er sich nicht mehr vor der Öffentlichkeit verstecken. Man würde nicht nur das Stück, sondern auch ihn beurteilen, würde hinter der Fassade seiner neuen Selbstbeherrschung und Selbstsicherheit eine Fülle dunkler, heftiger Gefühle in ihm entdecken. Und wenn der Vater erführe, daß er ein Stück über einen Vatermord geschrieben hatte, über eine familiäre Fata, die die Fata des Gesetzes ersetzt – nicht auszudenken!

Die Angst vor dem Vater verließ ihn nie.

Läutete es unerwartet, mußte Martha ins Schlafzimmer verschwinden. Dann nahm sie rasch ihr Buch, trippelte auf Zehenspitzen und schloß die Tür leise hinter sich zu. Sie las viel in jener Zeit.
Wieso ließ sie sich das alles gefallen?
Die Lust, über sie nachzudenken, stellt sich nicht ein.
Zu fern steht sie ihr.
Häufig floh er in die Einsamkeit der Berge. Er liebte die Mühsal des Aufsteigens, den Schweiß im Nacken, den sorgenvollen Blick Marthas, wenn er zurückkehrte und die tiefe Müdigkeit, wenn er spät abends ins Bett sank. Die mythische Alpenlandschaft, Urnatur. Zwischen tollkühnen Felsbesteigungen und den Bedrohungen in den Tälern breitete sich Ruhe aus, auf den Gletschergipfeln konnte er Atem schöpfen, in erhabene Höhen blicken und einen befreiten Blick auf das nebelhafte Getue unten in der Tiefe werfen. Je weiter er sich von der Zivilisation entfernte, desto wohler fühlte er sich.
Was in der Bielskoer Zeit für ihn die Hohe Tatra gewesen war, das waren nun die Dachsteinfelsen. Wann immer es an den Wochenenden möglich war, fuhr er – zünftig gekleidet mit der Lederhose seines Freundes Arnold Penther, mit Goiserer-Schuhen, Schafwollstutzen und Trachtenhut mit Gamsbart – mit dem Zug über Wels nach Bad Goisern, Ebensee oder Altaussee. Er fühlte sich unerhört österreichisch, wenn er den Weg durch das Tal und den Wald mit leicht gebeugtem Knie und geschmeidigen Hüften absolvierte.
Im Sommer überholte ihn manchmal der hochgewachsene Theodor Herzl auf seinem Fahrrad, mit dunklem Bart, abgewetzter Krachledernen und Trachtenhut zur Joppe, eine Hand in der Tasche, der Bundesbruder seines Freundes Hermann Bahr. Er lüftete den Hut, blickte ihm

voll Groll nach und zog an seinem Gamsbart. Schließlich war es Herzl gewesen, der behauptet hatte, ein Jude könne niemals ein Österreicher sein. Dieser Anti-Antisemit hatte keine Ahnung, was im Innersten eines Juden vorging. Wenn auch ganz Wien »Juden hinaus« schrie und sein »Judenstaat« die Menschen aufwühlte, so war doch mehr als unklug, darauf mit »Ja, hinaus mit uns« zu antworten. Wie auch immer, Ferdinand, den getauften Christen, jedenfalls betraf das nicht.

Ferdinand kannte Goisern und Ebensee gut, denn er hatte in den Bergen wiederholt Ausflüge mit den wohlhabenden Familien seiner Schüler gemacht, die in diesen reizvollen Gegenden ihre Sommerfrische verbrachten. Das Ursprüngliche, das er in den Dörfern und ihren Menschen vorfand, zog ihn an, er genoß die Leutseligkeit.

Er mochte den »Schätzn« in Goisern, wo er manchmal einen selbstgebrannten Birnenschnaps trank, und beschloß, später einmal dorthin zu ziehen, wenn ihm Wien zu lärmend wurde. Überhaupt liebte er diese Region zwischen Gosau, Goisern und Hallstadt, Täler, die von Protestanten bewohnt wurden, die dem Fürsterzbischof von Salzburg widerstanden hatten.

Die bäuerlichen Rituale erinnerten ihn an jüdische Gebräuche. Er ging zum Schützenfest und nahm im Sommer manchmal am Dorftanz teil. Der auch von Arthur Schnitzler umschwärmten Wirtin vom Thalhof in Reichenau, Olga Waissnix, galt seine wortreiche Verehrung. Nicht nur ihretwegen fuhr er jedes zweite Wochenende vom Südbahnhof nach Reichenau mit seinen prachtvollen Jugendstilvillen, von Hirschgeweihen und Veranden mit Schnitzornamenten gekrönt, es war auch der geheiligte Ort, den die Kaiserfamilie zur Sommerfrische aufsuchte.

Nach langem Suchen hatte er in Bad Aussee eine Unterkunft gefunden, wo die Wirtsleute nicht schnüffelten oder gar Fragen nach Religion und »Rasse« stellten. Gerade auf dem Land machten sich die Leute die absurdesten Vorstellungen über die Juden, und einmal hatte er gar gehört, daß Bergsteigen etwas damit zu tun habe, ob man Jude sei oder nicht.

Dagegen jodelte er an. Es war schön, den anderen von Zerklüftung zu Zerklüftung zuzujodeln und später einen Most miteinander zu trinken.

Welch eine Erfüllung, auf dem Gipfel zu sein! Die vollkommene Loslösung des Ichs, ein meditatives Gefühl. Die Mühen des Aufsteigens, die schmerzenden Muskeln, der Schweiß, die Ermüdung, der Durst, die Entsagung und Selbstkasteiung gaben ihm Zufriedenheit und das Gefühl, sich über die irdische Welt zu erheben.

Am Gipfel angekommen, genoß er die Geselligkeit. Die Bergkameraden duzten einander und erzählten von Gefahren, die sie bestanden, von Schönem, das sie gesehen hatten, von der Wucht der Natur. Ihr entronnen zu sein war wie eine Wiedergeburt.

Ferdinand, der Witzbold. Ferdinand, der Windhund. Der dichtende Herzensbrecher, der immer Mordsstimmung machte.

Doch im Laufe der Jahre vernahm er immer häufiger Töne, die ihm weniger gefielen, etwa, wenn vom Nebentisch im Bad Ischler Café die Verballhornung »Bad Ischeles« an sein Ohr drang und die Leute sich vor Lachen ausschütteten. Und in einer Lokalzeitung las er vom »Sommerfrischenantisemitismus« wetterwendischer Hoteliers, die bis Mitte Juni antisemitisch, von Mitte Juni bis Ende September jedoch judenfreundlich seien: »Judengeld ist eben auch Geld.«

Hinauf, hinauf! Von oben sah die Welt anders aus. Die Wolken nah, die Wiesen und Seen klein, die Menschen unsichtbar.
Hier erhob er sich über seine Vergangenheit. Hier war er auserwählt.
War er wieder in der Stadt, wich dieser Höhenrausch der Ernüchterung.

* * *

21. Adam

Wie konnte er sich aus der Affäre ziehen? Wie das Stück zur Aufführung bringen, ohne daß sein Vater davon erfuhr? 1894, kurz vor der Aufführung, ein Problem.
Seine Antwort darauf: Er würde sich einen anderen Namen geben.
Doch welchen Namen sollte er wählen?
Er träumte sich zurück. An den Menschheitsbeginn. Das Paradies.
Adam, hebräisch Mensch, Gottes erstes Geschöpf. Vorname Franz, nach Kaiser Franz-Joseph, also Franz Adamus. Diesen Namen würde er tragen.
Adam, das Urwort. Stammvater der Menschheit, undefinierbare Selbstgeburt. Nicht aus einem menschlichen Wesen geboren. Ein Wesen noch ohne menschliche Identität, das keinen Übergang vom Kind zum Elternsein kennt.
Vor allem: ein Mann ohne einen menschlichen Vater, doch Vater aller Menschen. Nach des Herren Bild geschaffen. Und doch der Gefallene, aus dem die Sünde kam.
In jeder Lebensphase einen neuen Namen.
Wechselte er so oft die Haut, bis er den Kern nicht mehr spürte?
Martha schien ihm zufrieden, verheiratet zu sein und einen Mann zu haben, der mit ihr aß, schlief, lebte, für den sie sorgen und dem sie Kinder schenken konnte. Viel wußte sie wohl nicht von dem, was er schrieb, aber sie bemühte sich, eine gute Zuhörerin zu sein, wenn er davon erzählte. Sie war präsent, auch wenn sie nichts dazu tat.

Sie überlegt, welches Bild sie von ihrer Großmutter Martha hat, wenn sie Ferdinands Äußerungen zusammenträgt. Eine treusorgende Familienmutter, vergleichbar der Frau Wawroch in seinem Bühnenstück, die sich selbst eine ›arme Frau‹ nennt, ein ›Mutterl‹. Doch ihr österreichischer Großneffe und ihr Enkel Friedl bezeichnen Martha als verständnisvolle und aufgeschlossene Persönlichkeit.
Zwei Geschichten sind in ihr. Die Geschichte ihres Großvaters und die ihrer Großmutter.
Beide sind kompliziert. Marthas Bild aber ist so provozierend hausbacken, daß sie es nicht glaubt.
Seit er verehelicht war, konnte er besser arbeiten, wohl auch deshalb, weil er nicht wußte, was er den ganzen Tag mit Martha reden sollte. Vielleicht schien ihm das Schreiben ein gutes Mittel für ein konfliktloses und emotional karges Eheleben. Unmerklich fast schleicht sich in seine Schilderung eine Glorifizierung des Männlichen im Sinne Otto Weiningers ein, als hätte er Angst, seine schöpferische Kraft zu verlieren, wenn er sich zu sehr auf Martha einließe. Für ihn war ihrer beider Glücklichsein ohnedies beschlossene Sache.
Nach seinen Erinnerungen kann ich nur vermuten, daß Martha in seinem Leben eine zentrale Rolle spielte, gerade weil sie so zurückhaltend war, weil sie trotz ihrer Anwesenheit unbemerkt blieb. Pflichtbewußt schlich sie durch die Zimmer und verließ sie ebenso geräuschlos. Besuchern ging sie, Ferdinands Anweisung befolgend, aus dem Wege.
Wenn es einmal an der Tür klopfte, legte er die Feder beiseite, stand hastig auf und öffnete die Tür zum Schlafzimmer. Martha nickte, raffte ihr Strickzeug an sich, verschwand und schloß leise hinter sich die Tür.
Einmal empfing ihn seine Frau weinend.

Soll das deine Liebe sein, schluchzte sie, daß ich ewig ein Leben in der Verbannung, ja, in einem Kerker führe?
Er schämte sich »ein wenig des fast ärmlichen Haushalts, in dem wir lebten«, des düsteren Flurs, »der engen Grenzen des kleinbürgerlichen Daseins« – er wollte doch nie ein kleiner jüdischer Spießer sein! Das Argument der Armut kommt immer wieder, und nie erwähnt Ferdinand, daß sie sich einmal etwas Schönes gekauft haben. Hier liegt für ihn offenbar eine besondere Schmach, der Neid auf den Reichtum der oberen Schichten.
Aus dieser Armut, literarisch bestens verwertet, muß sich Ferdinands Geiz entwickelt haben, verbunden mit Scham. Er hätte so gern zu den Wohlhabenderen gehört! Doch ein wenig Koketterie ist immer dabei, wenn er über seine Armut klagt.
Er war in einen Kreislauf geraten, aus dem es keinen Ausweg zu geben schien, und das Rad drehte sich immer weiter – seine auf Unwahrheit errichtete Welt mußte immer wieder ausgebaut werden. Mindestens alle vier Wochen mußte er eine neue Lüge riskieren, wenn er auf der Höhe bleiben wollte.
Warum verbarg er seine Frau? Schämte er sich ihrer?
Weihnachten 1894 sagte sie ihm, daß sie schwanger sei. Sollte er je Zweifel an seiner Vaterschaft gehabt haben, so verbarg er sie gut. Er reagierte schwülstig und wenig glaubhaft: »Sprachlos, vor überströmendem Gefühl der Seligkeit umarmten wir uns.«
Das klingt verlogen, um so mehr, als später von diesem Seligkeitsgefühl keine Rede mehr ist und er auch über die Entwicklung seiner Kinder nichts zu berichten weiß. Das neue Familiengefühl taucht eher als »ein gewaltiges Hemmnis für (...) künstlerische Produktion« auf.
Sie verbrachten die Stunden bis Mitternacht und den

nächsten Tag damit, ihr neues Leben zu planen. Die Hausgehilfin sollte bei ihnen wohnen, damit Martha jemanden um sich hatte, und am nächsten Tag würden sie ein Tafelbett kaufen, auf dem die Frau schlafen konnte.
Er läßt etwas aus, denn es gab durchaus einiges, das er an Marthas Schwangerschaft geschätzt haben mag. Schließlich war ein Kind der entscheidende Schritt auf dem Weg in eine gediegene Bürgerlichkeit. Er würde endlich in die Gesellschaft aufgenommen werden, mit allem, was dazugehörte: Taufe, Kindermädchen, Volksschule, Gymnasium, Studium. Er hatte schließlich im voraus dafür bezahlt: die eigene Taufe, die Namensänderung, die Hochzeit.
Würde es ihm mit einem Kind gelingen, ein neues ›Volksgefühl‹ zu erringen, an der Hand einen blauäugigen Sohn?
Beflügelt schrieb er weiter an seinem ersten Bühnenstück *Familie Wawroch* über den Kampf zwischen jüdischem Vater und dem das Judentum ablehnenden Sohn. Das Ganze spielte um die Jahrhundertwende 1900, und ›Jahrhundertwende‹ sollten auch Titel und Thema seines aus drei Teilen bestehenden Bühnenzyklus sein.
Sein Entschluß, aus dem Judentum auszusteigen, die damit verbundenen Schuldgefühle, seine geheimnisumwitterte Herkunft und seine zunehmend kritische Haltung zu seinem Judentum brachten ihn auf die Thematik Assimilation. Zwei seiner Bühnenstücke machen den »jüdischen Selbsthaß« und die Verleugnung des Vaters zum Thema.
Ferdinand und Martha verbrachten ruhige Zeiten, gingen spazieren, sahen kaum jemanden, da Martha wegen ihres Zustands ungern in Gesellschaft war, und ihm war das recht. Und ab und zu leisteten sie sich mit zwei Freunden einen Opernbesuch, die Männer im zweigeteilten und durch eine Bronzestange getrennten Stehparterre

für Zivilpersonen, abgegrenzt vom Militär. Sie besuchten »Kunstschauen«. Oder sie gingen in die Sonntagnachmittagsvorstellungen im Burgtheater und fühlten sich als bessere Menschen, wenn sie die »moralische Anstalt« verließen.
Oft gingen sie in den prächtigen Schwarzenberg-Park in Neuwaldegg. Als sie am 18. August 1895 mit der Pferdebahn zurückfuhren, setzten die Wehen ein, die vierundzwanzig Stunden anhielten, und am nächsten Tag, dem 19. August, wurde sein Sohn Arnold geboren. Kein sanfter Eintritt ins Leben: eine Zangengeburt. Ein zarter Junge mit großen blaugrauen Augen, weich und warm, der seinen Vater entzückte. Mit seinem schmalen, blassen Gesichtchen und der hohen Stirn blickte er ernst in die Welt.
Ferdinand sah es zunächst mit Dankbarkeit, die sich später in Skepsis verwandelte: »Man hätte glauben können, er werde zu einem sanften, leicht lenkbaren Jungen heranwachsen. Aber er hatte es offenbar schon damals faustdick hinter den Ohren, denn er wurde später ein sehr eigenwilliger und oft widerborstiger Jüngling, der uns manchen Kummer bereitet hat.«
Zunächst hielt er, seinem Lebenskonzept gemäß, alles geheim. Nur sein Freund, Pfarrer Schmidt, der Arnold taufte, seine Freunde, die beiden Taufpaten Hans Gentzen und Arnold Penther – nach denen sein Sohn Arnold Hans genannt wurde – und die van der Leedens wurden verständigt. Doch am liebsten hätte Ferdinand sein Vaterglück in alle Welt hinausposaunt, und er bereute, daß er die Existenz seiner Frau verschwiegen hatte. Nach ein paar Tagen, in einem Anfall von Tollheit, Stolz und Geltungstrieb, verständigte er Freunde, schließlich gar die Eltern im Karpathennest Dominikowice und sämtliche Verwandte in Auschwitz. Sein Vater Etiel, vor vollendete

Tatsachen gestellt, entschied sich nach langem Überlegen, diesen Verrat zu übergehen, und schrieb ein paar freundliche Zeilen.
Ferdinands Leben änderte sich. Statt hochgeistiger Gespräche ging es um Maß und Gewicht des Kleinen, statt hoher Literatur gab es ein Buch über *Die Seele des Kindes*.
Kein sanfter, leicht lenkbarer Junge? Muß da nicht zwischen Vater und Sohn schon früh etwas schiefgelaufen sein? Konnte der kleine Arnold sich von der Mutter nicht lösen?
Er blieb an sie gebunden und nahm früh ihre Partei – das zieht sich durch sein ganzes Leben hindurch. Er schaffte nie die Trennung, die das Prinzip des Vaters integriert. Der wiederum – »der Pädagoge in mir meldet sich eben immer wieder zu Wort!« – in den eigenen Wänden der Richtungweisende, war für ein Kind mit eigenem Willen und festen Zielen in seiner Dominanz nur schwer zu akzeptieren.
Wie mag das weitergehen?
Nach längerer Stellensuche gelang es dem frisch gebackenen Dr. phil. und k. & k. Supplent, im Jahr 1896 endlich für 60 Gulden – das reichte gerade für die Miete – für kurze Zeit eine Supplentur an einer Unter-Realschule im II. Bezirk zu ergattern. Ferdinand landete in einem dunklen, unsauberen, winkligen Privathaus in der Glockengasse, im dichtesten Judenviertel der Leopoldstadt. Über Treppen und mehrere schmutzige Hinterhöfe gelangte man erst in die Räume.
Das brachte ihn auf. Er notierte: Da sieht man, welchen Stellenwert bei uns die Bildung hat.
Daß man ausgerechnet ihn ins jüdische Viertel versetzt hatte, muß zur Erbitterung beigetragen haben.
Wußte man, daß er Jude war?
Der Verkehr mit den vielen Kaftanjuden, den Eltern sei-

ner Schüler, paßte ihm nicht. Anzunehmen, daß er bei den Klagen seiner jüdischen Kollegen über die Abneigung der Wiener gegen Juden nach bewährter Methode in Deckung ging.
Es war, als lebte er wieder im fernen Galizien. Er konnte es nicht leiden, wenn jemand so mit sich im Reinen war, tief einverstanden mit seinem Judentum, das er vielleicht nur noch müde erinnerte. Sein innerer Widerstand wuchs, um so mehr, als in den Jahren 1895 und 1896, ganz im Zeichen der christlich-sozialen Wahlkämpfe, Lueger Bürgermeister der Stadt hätte werden sollen, was der Kaiser nicht anerkannte. Ferdinand fand das unbegreiflich. Schließlich gab es keine treuere Stütze für Thron und Altar als Lueger, der ein offenkundiges »arisches Defizit an Bildung und kulturellem Wissen« festgestellt hatte. Es ginge nicht an, daß die Juden die Buchhandlungen stürmten und alle Stehplätze in der Oper besetzten.
Ferdinand konnte sich die Ablehnung dieses tatkräftigen Menschen nur damit erklären, daß die Hofkreise wie der hohe Klerus sich von den demagogischen Kampfmethoden und den rüden Wirtshausschlachten abgestoßen fühlten, denen Lueger seine großen Erfolge zu danken hatte. Tatsächlich war es, so Ferdinand, hauptsächlich das Kleinbürgertum, die »5-Gulden-Männer, wie man sie spöttisch nach ihrer Steuerleistung nannte«, die Lueger hochgebracht hätten, und nicht das liberal-konservative Bürgertum, das in Gesellschaft und Presse maßgebend war und um seine Machtposition zitterte.
Als nach der verweigerten Unterstützung des Kaisers der Gemeinderat aufgelöst und zum zweiten Mal gewählt wurde, nahm die »Wahlagitation kriminelle Formen« an, die »Wahlschlepper stürmen von Haus zu Haus«, um jede einzelne Stimme wurde gerungen. Ferdinand wurde

mehrfach heimgesucht, alle, die Liberalen, die Nationalen, die Demokraten und die Christlich-Sozialen hatten ihn auf ihren Listen. Einer kam gar zum zweiten Mal und erklärte, seine »Stimme sei noch nicht abgestrichen«, er »war gefangen und mußte mit ihm gehen«. Der »Wahlhelfer« blieb an seiner Seite bis zum Abstimmungszimmer. Lueger wurde erst 1897 nach dem fünften Wahlgang zum Bürgermeister gewählt.

Eine weitere Realschule, in die man Ferdinand schickte – es herrschte ein großer Mangel an Professorenstellen –, lag in der Nähe des Nordbahnhofes in einem riesigen Haus. Die Schülerschaft war überwiegend »arisch« und rekrutierte sich aus den Kreisen deutschradikaler Eisenbahner. Hier ging im Lehrerzimmer die Gewerkschaftszeitung *Der deutsche Eisenbahner* von Hand zu Hand, die forderte, die Erzeugnisse einer »entarteten Afterkultur« der »Modernen« zu verbannen, wie auch die »verjudete« Wissenschaft: »sonst werden wir von innen heraus zerfetzt«.

Die Wörter »entartet«, Ferdinand aus darwinistischen Studien in Berlin geläufig, »Dekadenz« und »Sinnkrise« kamen in Mode. Alle sprachen vom allmählichen Verfall der biologischen und geistigen Grundlagen des Volkes durch die »slawische Gefahr«, von »Rassenhygiene«, Euthanasie und der drohenden Verschlechterung der Erbqualitäten.

Auch hier war der Boden heiß. Ferdinand mußte nicht nur an die hundert Hefte nach Hause zum Korrigieren nehmen, sondern auch eine respektlose Schülerschaft aushalten und kündigte nach einem Monat.

In Wien eine ständige Tätigkeit zu finden schien aussichtslos, so bewarb er sich bei Provinzanstalten und erhielt schließlich eine Stelle an der Staatsrealschule in Jägerndorf (Kvnor) in Österreichisch-Schlesien, seiner Heimatgegend. Nun war die materielle Situation der Familie gesichert.

1896 sollte er das geliebte Wien verlassen, und er überlegte, ob das von Vorteil war. In der Zeitung las er, daß der Abgeordnete von Pacher im Landtag zum zweiten Mal den Antrag gestellt hatte, all jenen, die nachweislich von jüdischen Vorfahren abstammten, das Bürgerrecht abzuerkennen, und Pfarrer Deckert bezichtigte die Juden gar des Ritualmordes. Das Ganze wurde immer widerwärtiger.

Da kam es ihm gerade recht, daß er sich als Neuernannter noch im Unterrichtsministerium vorzustellen hatte, wobei Seine Exzellenz, der Unterrichtsminister, wünschte, ihn persönlich zu empfangen. Es gab nur eine Schwierigkeit: Der Minister hatte für dienstliches Erscheinen Uniformzwang angeordnet, doch Ferdinand besaß keine Uniform und auch kein Geld, was er dem Präsidialchef unverhohlen erklärte. Der jedoch antwortete schnippisch, er wisse doch wohl die Auszeichnung zu schätzen, die im Wunsch Seiner Exzellenz liege, und eine Uniform sei nun einmal vorgeschrieben. Ferdinand bestellte also notgedrungen ein Dienstkleid, bekam es in kürzester Frist und wurde sofort vorgelassen.

Er betrat das Unterrichtsministerium, einen riesigen, weißglänzenden Palast, meldete sich beim Portier, und bald darauf trat ein Sekretär des Präsidialchefs auf ihn zu und forderte ihn auf, mitzukommen. Er öffnete einige Türen, und Ferdinand folgte ihm. Schließlich stand er in einem Salon mit Stuck an den Wänden.

Minister Gautsch empfing ihn mit äußerster Liebenswürdigkeit. Ferdinand nahm Platz. Der Minister war dick, sein Gesicht war breit und rot, der Seitenscheitel tief gezogen, die Brust schmückten jede Menge Orden, die Manschettenknöpfe glänzten zu sehr. Er beugte sich vor, daß sein Bauch an die Schreibtischkante stieß und sagte, es freut mich sehr, Bronner, Sie kennenzulernen. Wir haben Ihre Unterrichtsmethoden geprüft und generell für ausgezeichnet befunden.

Er sprach in vertraulichem Ton von Schwierigkeiten, die sich an den österreichischen Lehranstalten mit den Professoren ergäben. Es mangele, sagte der Minister, nicht an gelegentlichen Versuchen, »das Gefühl einer gewissen Volksverbundenheit mit der untrennbaren Zugehörigkeit zu einem Staatsganzen zu verwechseln. Doch kann man wohl von einem österreichischen Staatsbeamten erwarten, daß er sich immer und an jedem Orte seiner Pflicht als Österreicher bewußt bleibt.«

Er blickte auf seine Notizen und fuhr fort: »Vor allem ein Lehrer der deutschen Sprache, für den die Versuchung vielleicht sehr groß ist, darf das nie vergessen. Hierin hat Ihr Vorgänger wiederholt verstoßen.« Jetzt hatte seine Stimme etwas Drohendes bekommen.

Eilfertig versicherte ihn Ferdinand seiner Loyalität. Er würde alles tun, was notwendig sei.

Sie kann es sich nur schwer vorstellen, daß dieser willensstarke Mann die Selbstverleugnung so weit treibt, seine Präsenz zu schmälern, als existiere er als Werkzeug seiner Regierung.

Er sei sich sicher, sagte der Minister, nach allem, was er von Ferdinand gehört habe, auf ihn vertrauen zu können, daß er sich jederzeit bemühen werde, dem österreichischen Standpunkt Geltung zu verschaffen.

* * *

22. Premiere

Sie zogen in diese öde, hügelige Gegend um Jägerndorf im damaligen Österreich-Schlesien, wo Ferdinand Supplent, Hilfskraft, am Gymnasium geworden war. Er beobachtete seine neue Umgebung scharf. Jägerndorf, wo sie von 1896 bis 1898 lebten, war bedrückend in seiner Provinzialität, einer Provinzialität, die er längst glaubte hinter sich gelassen zu haben. »Provinz« war das neue Zauberwort und versprach als literarisches Genre Erfolg – ein Beispiel war sein Freund Karl Schönherr, der mit seinem Hochgebirgs-Stück *Erde* gut ankam, und Hermann Bahr forderte in dem Artikel *Der Mann von übermorgen* endlich einen »galizischen Roman«, der »die höchste Cultur im tiefsten Elend« beschreibe: »ritterlich verlumpte Typen eleganter Bettler, Pariser unter Asiaten vermischt, exquisite Abenteurer, mit der alten Trauer der Nation drapiert«.

Arnold wurde krank, litt ein Jahr unter einem quälenden Keuchhusten und weinte viel. Er »keuchte nach der Mutter«, schrieb Arnolt Bronnen später im *Protokoll*, und wenn sie kam, waren »ihre wunderbaren Augen« »wie ein milder Strom«, »ihr steifes Taft-Kleid knisterte. Da begriff ich, daß alles wie immer war, wurde ruhig und selig.« Arnold war noch immer zart und schmächtig, aber er war trotzig und ließ sich nicht viel sagen. Er war kein glückliches Kind und richtete schon früh seine ganzen Kräfte gegen den Vater.

Hier stößt sie bei Vater und Sohn auf eine Parallele. Beider Kindheit wurde als unbehaust empfunden, beide fühlten sich sozial nicht anerkannt, beide vom Vater unterjocht, beide flohen die Nähe ihrer Väter.

Wartete Ferdinand, der mit einem Wickelkind nichts anfangen konnte, nur darauf, daß aus dem Kind ein Schüler würde, den er erziehen konnte? Verzichtete er auf Zuwendung zugunsten von Pflicht und Ordnung?
Arnold sollte es einmal besser haben. Er konnte promovieren, einen soliden Beruf wählen. Es war der dringliche Wunsch Ferdinands, sein Sohn solle Jurist werden, gar in den Staatsdienst treten.
Arnold wird sich dem widersetzen. Die Situation zwischen den beiden wird geradezu dramatisch werden.
Zwei ungeheure Kräfte werden sich messen. Ein kampfeslüsterner Sohn, ein kampferprobter Vater. Ein Sohn, der sich nach Liebe sehnt. Der den Vater braucht. Und ein Vater, dessen ganzes Leben sich um sein Judentum dreht.
Das Potential für gescheiterte Liebesbeziehungen? Für zornige Vatermörder?
Die strenge Trennung der Jägerndorfer Gesellschaft zeigte sich schon bei seinem ersten Wirtshausbesuch. An einem Tisch saßen die Fabrikanten, die Oberschicht, an einem anderen die Realschulprofessoren und die Beamten der Liechtensteinischen Forst- und Domänendirektion, an einem dritten die Gerichtsbeamten, an einem weiteren die Volksschullehrer, die kleineren Gewerbetreibenden und Kaufleute. Eine gewisse Vermischung brachten nur die Angehörigen der freien Berufe, die Ärzte und Advokaten, die sich bald da, bald dort hinzugesellten. Etwas abseits die »Regierenden«, die politischen Beamten der Bezirkshauptmannschaft, die eine »Respektdistanz zur Bürgerschaft« legten und immer nur aus ehrfürchtiger Ferne beobachtet werden konnten: »Getrennte Welten, zwischen denen es, wie es schien, unüberbrückbare Gegensätze gab.« So war »jeder an den ihm gebührenden Platz gesetzt, den er, ohne Aufsehen zu erregen, nicht so

leicht vertauschen konnte«, und Ferdinand blieb nichts anderes übrig, als sich zu den Realschulprofessoren zu gesellen. Gruppierungen, die Ferdinand für sein Bühnenstück *Familie Wawroch* nutzte.

Streng war auch die Abgrenzung nach unten: Die Arbeiter hatten ihre eigenen Gaststätten, in denen kein Bürger verkehrte. Die Bürgerlichen waren liberal oder national, auch christlich-sozial, die Arbeiterschaft stand geschlossen auf Seiten der Sozialdemokratie.

Die mitgliederstarke Judengemeinde trat in dieser katholischen Tuchmacherstadt kaum in Erscheinung. Die Kaufleute und die Banker, »stark jüdisch durchsetzt«, »blieben meist unter sich, was ihnen nur zum Vorteil gedieh«. Doch war die ursprünglich »reindeutsche« Bevölkerung, wie Ferdinand feststellte, von »tschechischen Elementen« durchwachsen. Schon hatten manche Stadtteile einen überwiegend »tschechischen Charakter«, was auf planmäßige Besiedlung durch tschechische Eisenbahner zurückzuführen war. Nun fielen, auch angesichts nationaler Empfindlichkeiten in den Gaststätten, Ferdinand die vorsichtigen Andeutungen des Ministers wieder ein.

Er beherrschte längst die tschechische Sprache, verbarg dies aber.

Ein ziemlich ödes Leben, mit einem Schuldienst, der ihn stark in Anspruch nahm, und Antrittsbesuchen bei verheirateten Kollegen und Honoratioren der Stadt, die routinemäßig erwidert wurden, und die familiäre Enge, der er in dieser mit rauchenden Schloten geschmückten Stadt begegnete, erweckten kaum das Verlangen nach Fortsetzung der Besuche. Tiefste, langweilige, hinterwäldlerische Provinz und mangelnde intellektuelle Herausforderung.

Das knappe Gehalt reichte gerade für den Lebensunterhalt, Nebeneinkünfte durch Privatunterricht boten sich nicht an, und als Martha ihr zweites Kind zur Welt brachte, wieder einen Sohn, Rudolf, geriet die Familie in Not. Sie konnten ihre Bedrängnis nach außen gerade noch verbergen, indem sie Schulden bei einem »Beamtenverein« machten, der hohe Zinsen verlangte. Ehe das erste Darlehen abgezahlt war, mußte schon ein zweites aufgenommen werden.

Sie stellt sich sein armseliges Leben vor. Probleme mit der Miete, der Ernährung seiner Familie, müde Auseinandersetzungen mit Martha, in denen es um Pfennige ging. Die Bittgänge müssen schwer für diesen stolzen Mann gewesen sein.

Er bereitete in aller Stille seine Karriere vor.
Dabei half ihm sein Bruder Josef, mit dem er seit seiner Kindheit eng verbunden war. Josef war es auch gewesen, der ihn mit einem Zeitungsartikel auf das dramatische Geschehen um eine schlesische Bergarbeiterfamilie hingewiesen hatte. Ernst von Wolzogen, dem Josef *Familie Wawroch* geschickt hatte, setzte sich für die Aufführung des Stückes ein, schlug eine Änderung des vierten Aktes vor und reichte es dann weiter an ein Lesekomitee, dem Max Halbe angehörte. Er vermittelte den Kontakt zu dem Verleger Albert Langen und regte Ferdinand zu einem Besuch in München an.

Bislang war die gesamte Korrespondenz zu seinem Bühnenstück über Josef gelaufen, denn Ferdinand wollte nicht, daß jemand davon erfuhr. Sein Mißtrauen erstreckte sich auch auf Martha, der er seine Bemühungen verschwieg. Nur ein versehentliches Wort, und sie gefährdete alles! Sie ging das ohnedies nichts an. Er blieb beharrlich bei seiner geheimen Schreibexistenz, und die wenigen, die das Stück zu lesen bekamen, wurden zu Stillschweigen verpflichtet.

Es war ihm bewußt, wie durchsichtig die mörderische Vater-Sohn-Beziehung in seinem Stück war.
Der tiefe Haß auf den trunksüchtigen Vater, der im Ausruf des Sohnes gipfelt: Es gibt viel zuviel Vieh auf dieser Welt.
Wie würde sein Vater auf sein Stück reagieren, in dem der Vater so realistisch dargestellt und der Vatermord mit der Sehnsucht nach Selbstgründung gleichgesetzt wurde, dem neuen Menschen?
Das Leben im Kunstbau. So fuhr er offiziell nach Wien, den Abstecher nach München verschwieg er.
Hat Martha ihn durchschaut? Meine Phantasie läßt das zu.
Er bereitete die Sache Schritt für Schritt vor, wie es seine Art ist.
Er hatte nicht vor, sich zu blamieren.
In Wien angekommen, setzte sich Ferdinand in den Zug nach München. Dort nahm ihn von Wolzogen unter seine Fittiche, machte ihn mit Kollegen bekannt und führte ihn zu Albert Langen, der sich bereiterklärte, das Werk zu drucken. Den erforderlichen Vorschuß lieh Ferdinand von Arnold Penther. Daß er sich Geld borgte, zeigt, wie groß seine Hoffnung auf ein besseres Leben war.
Guter Dinge, als hätte er bereits den Verlagsvertrag in der Tasche, kehrte er zu Martha zurück, ohne ein Wort über seine München-Reise zu verlieren.
Bald darauf durfte auch Martha endlich über das gedruckte Bühnenstück staunen. Wie hatte er das nur geschafft? Sie bewunderte das Bild, das den Einband zierte: Constantin Meuniers *Hammerschwinger*, ein kämpferischer Proletarier.
Gedruckt noch vor der Aufführung, mit einer Einführung von Wolzogens, der das Stück noch über Gerhart

Hauptmann stellte, modern ausgestattet von einem Verlag, der nicht zuletzt durch die Erschließung der nordischen Literatur rasch an Bedeutung gewann und der ab 1896 die satirische Wochenschrift *Simplicissimus* publizierte.

Er überbrachte ein Exemplar dem ehemaligen Sekretär des Burgtheaters, Alfred Freiherr von Berger, der kurz darauf einen grandiosen Artikel im *Neuen Wiener Tagblatt* über das Stück schrieb, der Name des Autors allerdings sei ihm entfallen. Ferdinand hatte sein Pseudonym nicht gelüftet und gebeten, Verständnis dafür zu haben.

Das Buch erregte Aufsehen in Kritikerkreisen. Ein fortschrittlicher Autor, der auf Seiten der Arbeiter war und das System kritisierte! Ferdinand erhielt ein Schreiben des Direktors des Deutschen Volkstheaters in Wien sowie des Berliner Lessing-Theaters, die beide anfragten, ob sie das Werk bei der Zensur einreichen dürften. Schließlich erhielt das Volkstheater Wien den Zuschlag, und das Stück wurde bei der Zensurbehörde eingereicht.

Dort erregte die Darstellung der revoltierenden Arbeiter gegenüber den reichen Grubenbesitzern Anstoß.

Als Beamter war Ferdinand zur Staatstreue verpflichtet, nur als freier Schriftsteller hätte er Widerstand gegen die Zensur leisten können. Aber er hatte eine Frau und zwei Kinder, er konnte den Lehrerberuf nicht an den Nagel hängen. Willigte er nicht in die Forderung der Zensur ein, war seine ganze Arbeit umsonst. Es ging auch ums Geld, das er dringend brauchte. Also fackelte er nicht lang und willigte in sämtliche Streichungen ein.

Das Naturalistische der Handlung, damals von großer politischer Brisanz, war für ihn Mittel zum Zweck. Er war ja kein Aufrührer.

Dann wurde endlich der Termin für die Premiere des Stückes festgelegt.

Zuvor allerdings fuhr Ferdinand zusammen mit dem Regisseur und Dozenten für Ästhetik, Alfred Freiherr von Berger, nach Mährisch-Ostrau, wo gerade große Streiks stattfanden, um an Ort und Stelle Milieustudien zu machen. Es sollten »Strikeversammlungen« besucht, die Stimmung der Anführer festgehalten, Aufnahmen der Schauplätze gemacht, die »Psychologie der Branntweinschänke« studiert und Kostüme der Arbeiter aufgekauft werden – ein reiches Programm zweier Kulturdiener in Sachen Naturalismus.

Der Sonntag im Jahr 1899 war günstig gewählt, als die Streikenden in dichten Scharen aus ihren »Colonien«, den Arbeitersiedlungen, in die Stadt zu den Versammlungen strömten. Ferdinand, der wußte, daß diese Versammlungen nur auf tschechisch abgehalten wurden, forderte einen Dolmetscher, obwohl er tschechisch sprach. Wollte er die Spannungen zwischen Deutschen und Tschechen nicht aufheizen? Die Tschechen waren die mächtigste Nation der Monarchie. Sie verfügten über eine hohe Bildung und waren eine große Konkurrenz für die deutsche Wirtschaft. Zudem ging in den böhmischen Ländern die deutsche Sprache eklatant zurück.

Der Dolmetscher fragte, ob sie in eine sozialdemokratische oder in eine jung-tschechische, also radikale, nicht ungefährliche Versammlung gehen wollten. Die Gefahr lockte, und sie entschieden sich für die tschechische Gruppierung.

Sie näherten sich dem Pavillon, Ferdinand in seinem Winterrock mit Astrachankragen – er hatte vergessen, ihn gegen seinen eigens für diesen Zweck eingepackten schäbigen Havelock auszutauschen – mißtrauisch beäugt,

um so mehr, als der Dolmetscher mit Ferdinand deutsch sprach.
Ferdinand liefert ein Stückchen gekonnter Prosa. Der Platz um den Pavillon war voller Menschen, ein paar Händler hatten sich am Rand angesiedelt und priesen ihre Waren an. Aus den Mündern und von den Kleidern der Streikenden stieg Dampf auf, ihre Schuhe steckten im Schlamm.
Mit heiserer Stimme beschwor der Sprecher, Mitarbeiter eines tschechisch-nationalen Blatts, seine Zuhörer, beim Streik auszuharren, denn sie hätten es mit Juden zu tun, die die Schuld an der gegenwärtigen Notlage trügen.
Am Nachmittag zogen sie mit zwei Säcken in die »Colonie« hinaus, um den Theaterfundus um »echte Kostüme« der Arbeiter zu bereichern. Nach einiger Suche fanden sie eine Hose mit Lederflicken an Knie und Gesäß, schwarzklebrig vom Dreck zahlloser Schichten, einen rußigen Rock und ein schweißgetränktes Leibchen aus Baumwolle. Kaum sprach es sich herum, daß hier zwei Lumpensammler für alte Klamotten zahlten, brachte man von allen Seiten abgetragene Grubenkittel und löchrige Hosen. Späße machten die Runde, die Frauen boten wie Händler ihre zerfetzten Kleider an, Socken, Mützen, Hosen und befühlten die Stoffe der anderen. Rasch waren die beiden Säcke voll.
Doch mit wachsendem Angebot war auch das Mißtrauen gegen die Fremden gestiegen, und Ferdinand vernahm argwöhnische Fragen: Was wollen die mit unseren alten Lumpen? Machen die sich lustig über uns arme Arbeiter? Sind das Juden oder Christen?
Ferdinand und seine Begleiter flüchteten ins Haus eines Heuers, warteten, bis sich die Menschenmenge vor dem Haus allmählich lichtete und gingen zum Bahnhof. Noch

am selben Abend langten die Säcke samt ihren Begleitern in Wien an.

1900, zur Weihnachtszeit, als *Familie Wawroch* von der Zensur freigegeben werden sollte und man die Premiere vorbereitete, schien das Stück von der Wirklichkeit eingeholt zu werden. In ebenjenem schlesisch-mährischen Bergbaugebiet an der Grenze, wo das Stück spielt, brach ein gefährlicher Streik aus, der sich ausdehnte. Ferdinand fand es nur begreiflich, daß die Zensurbehörde keine Darstellung von Vorgängen auf der Bühne zulassen konnte, die zur selben Zeit am selben Ort ihr »trauriges Gegenspiel« hatten.

In vorauseilendem Gehorsam strich er den Großteil des vierten Aktes, in dem er anschaulich das Scheitern der Emanzipation des Helden Robert Wawroch beschrieben hatte.

Sie fühlt sich gefoppt. Denn der Held stirbt nicht mehr in Solidarität mit den Bergarbeiter-Sozialisten, sondern wird von den erbitterten Arbeitern, dem »Mob«, erschlagen. Eine politische Kehrtwende.

Der dringliche Wunsch, das Stück unbedingt zur Aufführung zu bringen, hat ihn dieses Zugeständnis machen lassen.

Wie sah er die Sache? Seiner Meinung nach entsprach die Auflösung des vierten Akts der Struktur des Stückes. Sie war »ein rein dramaturgischer Akt« und hätte »mit geheimen Einflüssen der Zensur nichts zu tun«. Außerdem: das Originalstück läge als Buch unzensiert der Öffentlichkeit vor. Wollte ihn jemand angreifen, konnte er auf die Zensurbehörde verweisen, das war ihr Versäumnis, nicht seines.

Die Atmosphäre war geladen, als ein Vierteljahr später endlich die Premiere anstand, und ein zwiespältiger Fer-

dinand ging bangen Herzens an den großen Plakaten auf den Litfaßsäulen vorbei, auf denen groß sein Künstlername stand. Er kaufte eine Zeitung und las die Vorberichte: Heute Premiere des spektakulären Bühnenstücks *Familie Wawroch* von Franz Adamus. Die fette Überschrift ließ ihn erzittern.
Die politische Brisanz des Stückes stand außer Zweifel.
Er ging durch die Menge und redete sich ein, Freude zu empfinden, daß niemand in dem braven, unscheinbaren Ferdinand Bronner den vielzitierten und vielgelästerten Franz Adamus vermutete. Aber es muß eine große Anstrengung für ihn gewesen sein, sein Geheimnis bei sich zu behalten.
Würde er endlich in den Kreis der Dichter aufgenommen werden? Er sehnte sich nach Anerkennung. Mit einer gewissen Berühmtheit wäre der Fluch der Abstammung von ihm genommen. Auch ging es ihm ums Materielle. Kunst geht nach Brot.
Schon vor dem Volkstheater registrierte Ferdinand Polizisten in den Straßen um das Theater, Polizisten mit ihren feschen Uniformen, die Schnurrbärte sauber gestutzt. Im Vestibül drängte er sich an den Menschen vorbei. Herren im Smoking und Damen mit kostbaren Ohrringen, Gymnasiasten mit Uniformmützen, die ihm zuwinkten, schöne Mädchen in schwingenden Kleidern, aber auch aufgeregte, in Schale geworfene Kleinbürger, ein paar Arbeiter und schnurrbärtige Sozialdemokraten, hemdsärmlige Gewerkschafter.
Was Alfred Freiherr von Berger, der frühere Sekretär des Burgtheaters, in seinem Zeitungsbericht prophezeit hatte, daß die Sozialdemokraten – im Stück die Arbeiter – kaum Freude an dem Stück haben würden, trat bei der Aufführung ein. Pickelhauben glänzten von den Galerien

herab, die Polizei war überall. Ein junger Mann verteilte Flugblätter und wurde von Polizisten abgeführt. Es gab Unruhe im Publikum, wie Hermann Bahr in seiner Besprechung schrieb, »es lag von Anfang an eine schwere Beklemmung auf dem Hause, wie eine schwarze und drohende Wolke, zum Bersten schwül. Einer sah den anderen fragend an: Darf man denn das, auch den Arbeitern die Wahrheit sagen?«
Bürger und junge Sozialisten auf den Stehplätzen in Parterre und Galerie protestierten während der Aufführung lauthals, und Ferdinand befürchtete schon, daß man abbrechen würde. Dann regte sich Widerspruch, die Protestierenden kamen nicht an gegen den Sturm der Begeisterung, der sich von Akt zu Akt mehr steigerte. Die authentischen Grubenarbeiter-Kostüme bekamen Sonderbeifall.
Das alles mag Ferdinand erfreut, aber innerlich nicht bewegt haben. Worauf er wartete, war die Abrechnung Roberts, der Hauptfigur des Dramas, mit seinem Vater: »aller Jammer und alles Elend – mein ganzes verpfuschtes Leben – das hab' ich mit ein'mal in mir gespiert (...) als müßt' ich Gott vom Himmel herunterreißen und vor meine Kugel stellen! Rache! Rache hat's in mir geschrien – Rache fir mein verpfuschtes Leben!«
Und wie reagierte er, als der niedergeschriebene Mord auf der Bühne Wirklichkeit wurde und der Sohn den eigenen Vater erschoß?
Darüber schweigt sich Ferdinand aus. Das Publikum jedoch war in Aufruhr. Zu massiv der Angriff auf die genealogische Ordnung.
Das spektakuläre Echo auf sein erstes Stück bestätigte Ferdinand, daß er auf dem richtigen Weg war: ohne Skandal kein Erfolg.

Er hatte es geschafft und mußte seinen wahren Namen nicht mehr verbergen – sein Pseudonym galt nurmehr dem Vater. Er hatte noch zwei weitere Stücke im Kopf, die sein zentrales Thema, die Vaterverleugnung, beinhalteten und den geplanten Zyklus *Jahrhundertwende* vollenden sollten.

Die Reaktionen in den Zeitungen waren ambivalent, man feierte Ferdinand als große Begabung oder brandmarkte den Autor als Vertreter der sozialistenfeindlichen Regierung. Die *Arbeiterzeitung* erklärte Franz Adamus zum »typischen Bildungsbürger«.

Als bahnbrechend erwies sich das Urteil Ernst von Wolzogens. Ferdinand Bronner hätte mit seinem Stück bewiesen, daß er zu den großen Dramatikern des Naturalismus zähle, der »die lächerliche Pedanterie der Holz und Schlaf und des Hauptmann überwunden« habe. Er lobte die Wirklichkeitstreue der Sprache. Die Schilderung der äußeren Vorgänge sei nicht mehr Selbstzweck und die dramatische Form nicht Nebensache. Von Wolzogen zeigte sich überrascht von der Gestaltung der Masse, die stark individualisiert sei.

Tumulte gab es auch bei der Berliner Aufführung im Lessing-Theater, wo das Stück durchfiel, und bei der Prager Aufführung einen Monat später. Ferdinand hätte nun den vierten Akt wieder in der Originalform bringen können, doch er beließ es bei den Zensur-Korrekturen. Die Reaktion der sozialistischen tschechischen Arbeiter auf seine böhmische Mundartelei hätte er sich vorstellen können.

Er war privilegiert. Er bekam Urlaub, um zu schreiben, man würde ihn nach Wien versetzen, um sein poetisches Genie vor der Verkümmerung in der Provinz zu retten (üblich: zehn Jahre Provinz), nun winkte ihm gar ein Staatsstipendium.

Doch zunächst mußte er noch in Jägerndorf ausharren. Immerhin: Die bessere Gesellschaft von Jägerndorf mit ihren pomadisierten Herren und parfümierten Damen öffnete sich mit einemmal für den kleinen Deutschprofessor. Es folgten Einladungen in die reichen Fabrikantenhäuser, zu Konzerten und musikalischen Zirkeln. Er wurde in den »Hasenbalgklub« und den »Tapprigkeitsklub« eingeladen, humorvolle Gruppierungen um Maschinenfabrikanten oder die Liechtensteinischen Forst- und Domänenbeamten.

In diesen Tagen des Jahres 1900 wurde auch seine einzige Tochter Ellida geboren, benannt nach *Die Frau vom Meer*, einer Ibsen-Figur, womit Ferdinand seiner wachsenden Sympathie für das skandinavische, später »nordische« Volk Ausdruck gab.

* * *

23. Schmelz, der Nibelunge

Endlich bekam Ferdinand eine Anstellung an einer Wiener Schule. Glücklich, wieder in Wien zu sein, suchte er Germanisten- und Dichterkneipen auf, gab zu Hause kleine Gesellschaften und erneuerte seine Freundschaft zu Karl Schönherr, der gerade im Zenith seines Ruhmes stand. Auch Hermann Bahr, der apokalyptische Ideen pflegte, das »große Sterben«, den »Tod der erschöpften Menschheit« und den baldigen Untergang Österreichs prophezeite, hielt ihm weiterhin die Treue. Die wichtigen Verbindungen in den Ministerien funktionierten wieder, und ein neuer Bekanntenkreis wurde erschlossen. Ferdinand intensivierte, was er bereits vor Jägerndorf sorgfältig vorbereitet hatte: in kleinen, gut vorbereiteten Schritten in der Gesellschaft vorzurücken.

Nach einer Phase der Verunsicherung machte er sich unverdrossen an die Vorarbeit zu einem weiteren Stück, der Komödie *Schmelz, der Nibelunge*. Er stellte die nationale Studentenschaft in den Vordergrund und nahm sich des Themas »Rassenproblem« an.

Hintergrund zum Stück bildete der Tumult um den aus Polen stammenden Ministerpräsidenten Kasimir Graf Badeni, der im April und Juli 1897 Sprachgesetze erließ, wonach für die Länder unter der Wenzelskrone als Amtssprache Deutsch und Tschechisch festgeschrieben wurden. Österreich, diese ausgedehnte Donau- oder Doppelmonarchie – deren Kaiser auch König von Böhmen, Herr von Galizien und Ludomerien war – hatte nach dem »Toleranzpatent« des österreichisch-ungarischen Kaisers Joseph II. von 1782 seinen ethnischen Gruppen die glei-

chen Rechte gegeben und hielt für sie eigene Universitäten.
Mit seinen Neuerungen wandte sich Badeni letztlich auch gegen die Assimilierung und propagierte die erleichterte Integration der Juden, die auf allen Gebieten den anderen Bürgern gleichgestellt wurden. Sie konnten deutsche Namen annehmen und Hochschulen besuchen.
Nun sollten alle Staatsbeamten in Böhmen innerhalb von vier Jahren ihre Zweisprachigkeit nachweisen, selbst in den deutschen Gebieten. Das heizte die Stimmung auf, und die Regierung war machtlos gegen die um sich greifenden Unruhen. Der Deutschradikale Karl Hermann Wolf kämpfte erbittert für das »deutsche Volkstum« und provozierte Badeni, bis es zum Duell kam, mit Pistolen und dreifachem Kugelwechsel. Er verletzte Badeni, Badeni gab auf und trat zurück. Eine deutschnationale Revolution gegen die polnische Regierung, das Kaiserhaus und nicht zuletzt gegen einen modernen multinationalen Staat.
Die deutsche Sprache war für Ferdinand eine Lebensfrage. Was ein Sprachkampf bedeutete, hatte er schließlich zur Genüge in Oświęcim erlebt, wo die wechselnde Landessprache die Schüler verwirrt hatte.
Das Studententum, das seit 1848 in den politischen und nationalen Bewegungen eine große Rolle spielte, war für ihn die ideale Besetzung für sein Thema. Damit rückte er die nationalen und politischen Ideen seiner Zeit in den Vordergrund. Und genau darum ging es ihm.
Doch konnte er es sich leisten, die umstrittene Judenfrage zum Thema zu machen? Mußte er da nicht mit höchstem Aufsehen rechnen?
Das Gerüst der Handlung stand bereits vor ihm, als er mit dem Schreiben begann, und er staunte, wie mühelos

sich Auftritt an Auftritt reihte und bereits nach drei Wochen das Manuskript vor ihm lag.
Gekonnt umriß er die Stadien der Entwurzelung des jüdischen Schankwirtssohnes und Studenten Schmelz, der an sich keine Spur von Jüdischem entdecken kann und sich durch und durch als Deutscher fühlt. Ohne Wissen des Vaters gibt er den Glauben seiner Väter auf und läßt sich Franz Wilhelm taufen. Er tritt der deutschnationalen Verbindung »Nibelungia« bei, läßt sich von den Corpsbrüdern mit dem Verbindungsnamen »Hamlet« titulieren. Vom alten Juden Perlensam aus seiner Heimatstadt befragt, distanziert er sich vom Judentum und verleugnet schließlich den Vater. Und weil es eine Komödie ist, versöhnt sich Wilhelm in der Schlußszene mit seinem Vater.
Sein Vorhaben war im Ansatz kühn: Ein Stück um die Problematik einer mißglückten Assimilation, die die Juden zerbrach und entwurzelte: »Die ganze Welt haben sie in eine Trödelbude verwandelt, und was bisher dem menschlichen Geist als das Edelste, das Höchste erschienen ist, damit treiben sie ebenso respektlos ihren Schacher wie früher mit den alten Hosen in den Ghettobuden!«
Die Ausgangsidee war, daß die Assimilation notwendig war, nicht für die Juden, sondern für die Deutschen: »Deutsch muß dieser Staat sein oder er wird nicht sein«, um im Lauf des Stückes in der Anschauung zu münden, daß die Assimilation sinnlos war. Die Form der Komödie gibt ihm die Möglichkeit, tabuisierte Gedanken auszudrücken – und sie gleichzeitig wieder aufzulösen.
Beschwichtigungsversuch? Harmoniebedürfnis? Angst? Die große Versöhnungsarie zwischen Vater und Sohn am Schluß des Stückes ist abermals ein Zugeständnis an die Öffentlichkeit.

Ihm war mulmig, als er das fertige Stück las. Schließlich war die »Judenfrage« eines der »heikelsten, vielleicht das heikelste Problem unserer Tage«, geradezu ein »Noli me tangere in gewissen Kreisen«, wie er schreibt. Vor allem in der liberalen Presse, die in Theaterangelegenheiten ausschlaggebend war.

Manches in der Komödie war seine eigene Erfahrung und kaum verschlüsselt: »Sie haben ihren Vater um Erlaubnis gebeten zum Übertritt. Er hat sie Ihnen verweigert, rundweg. Und statt sich die Sache noch einmal zu überlegen, gehen Sie hin und lassen sich dennoch taufen! Und nicht genug an dem, so nehmen Sie noch einen anderen Namen an und werden Antisemit! So handelt nicht ein Kind gegen seinen Vater.« Oder das Streitgespräch mit dem alten Juden Perlensam: »Wenn die Deutschen ein Vorwurf trifft, so ist es höchstens der, die Juden zu früh und zu unmittelbar aus dem Ghetto des finsteren Mittelalters entlassen zu haben in die moderne bürgerliche Freiheit!«

Bei *Schmelz, der Nibelunge* wiederholte sich, was er bereits bei der *Familie Wawroch* erlebt hatte. Sorgenvolle Wochen, in denen die Verhandlungen mit der Zensurbehörde hin und her gingen, Streichungen und Milderungen wurden verlangt, ohne endgültige Freigabe. Wiederum ist Ferdinand dazu bereit, »im Vertrauen zu den österreichischen Behörden, die nicht so engstirnig sein würden, den positiven Kern meines Werks zu verkennen«, mit der Zensur zusammenzuarbeiten. Dann, einen Monat vor der Premiere, die Mitteilung, daß der Text nun auch dem Zensurbeirat, einer neugeschaffenen Prüfstelle, vorgelegt wurde. Dort war es zu scharfen Kämpfen gekommen, denn es drang nach außen, daß ein Mitglied des Beirats sich für das Verbot des Stückes ausgesprochen habe. Schließlich, vier Tage vor der Premiere, überraschend die Freigabe. Nur geringfügige Endkorrekturen wurden verlangt, in die Ferdinand leichten Herzens einwilligen konnte.

Ich stelle mir vor, wie er am Faschingsmontag langsam durch die Straßen auf das Theater zuging. Der selbstbewußte Autor der *Familie Wawroch* und nun von *Schmelz, der Nibelunge*. Auch das Drama *Vaterland* um die Tiroler Freiheitskämpfe hatte er bereits begonnen, damit würde seine Trilogie *Jahrhundertwende* abgeschlossen sein. Was für eine großartige Idee, den dramatischen Zeithintergrund für eine Dramenreihe zu nutzen! Mit dem Artikel seines Freundes Hermann Bahr, der ihm eine geradlinige Entwicklung von der *Familie Wawroch* bis zu *Schmelz, der Nibelunge* bescheinigte und das letzte Stück als riskant und gelungen einstufte, konnte er zufrieden sein, um so mehr, als Bahr sich intensiv mit dem Judentum auseinandergesetzt hatte. Bereits vor neun Jahren, 1894, war von ihm »Ein internationales Interview« erschienen, *Der Antisemitismus*, in dem er Theodor Mommsen, Maximilian Harden, Ernst Häckel, Henrik Ibsen, Björnstjerne Björnson, Henri Rochefort und viele andere dazu befragte. Ein wichtiges, heute wenig bekanntes Zeugnis seiner Zeit.

Endlich stand er vor dem Theater. Ich sehe es vor mir: Schon auf dem Platz vor dem Eingang Szenen, die an Volksversammlungen erinnerten. Anhänger gegensätzlicher Positionen stritten, noch ehe sie das Stück gesehen hatten. Zwei gut gekleidete Damen mit hochgestecktem Haar redeten heftig auf einen Herrn im Smoking ein. Ein Jude mit Schläfenlocken und korpulenter Figur diskutierte mit einer Frau im bodenlangen Kleid, die eine Zigarettenspitze im Mundwinkel hatte. Eine Grup-

pe von Schülern mit Pappnasen rauchte Zigaretten. Und jede Menge Polizisten im Saal, in Ausgehuniform.
Als der Vorhang hochging, ertönten Pfeifkonzerte und heftige Zwischenrufe. Lautstarke Auseinandersetzungen zwischen Deutschnationalen und Zionisten, die jeden Augenblick in Tätlichkeiten abzugleiten drohten, erschütterten das Haus. Erst als es zur Versöhnung zwischen dem alten Schmelz und seinem Sohn kam, beruhigte sich das Publikum.
Stolz zeigte er sich dem Publikum. Er ließ sich nach dem prasselnden Beifall wiederholt vor den Vorhang bitten, grüßte nach rechts und links und empfand inmitten all der Prominenz das tiefe Wohlgefühl des Angekommenseins.
Sie ist verwundert. Schien er mit der Tatsache, daß er das Judenproblem ansprach, weniger denn je Jude zu sein? War es ihm gelungen, den Teufel mit dem Beelzebub auszutreiben?
Nur ein Bild hätte er an diesem Abend gern aus seinem Gedächtnis getilgt: das Bild seines zehnjährigen Sohnes Arnold an der Hand seiner Frau, die ihn damit überraschte. Arnold war gerade ins Gymnasium gekommen, brachte mäßige Noten nach Hause und hätte allen Grund gehabt, früh zu Bett zu gehen. Statt dessen standen sie ihm, gerade in ein wichtiges Gespräch mit Franz Servaes vertieft, plötzlich gegenüber, zu einer Einheit verbunden, die niemals zerbrechen würde.
In Ferdinands Augen ein gravierender Fehler, einer von vielen Fehlern, die Martha unterliefen. Der Junge hatte im Theater nichts verloren. Kurzer Blickwechsel, in dem sie stumm miteinander rangen, dann verwies er beide mit einem Lidschlag in die Distanz und führte sein Gespräch mit Servaes fort.

Den Sohn danach zu befragen, welchen Eindruck das Stück auf ihn gemacht hatte, dafür hatte er in dem tagelang anhaltenden Trubel »keine Zeit« gefunden.
Keine Zeit? Hat ihn denn Arnolds überraschende Anwesenheit bei der Premiere gar nicht gefreut?
Seit der Premiere von *Schmelz, der Nibelunge* war Arnold wie ein Detektiv hinter dem Vater her. Im *Protokoll* berichtet Arnolt Bronnen, wie er in den Dämmerstunden am Morgen, wenn die Familie im Tiefschlaf lag, lernte, leise zu sein, sich zu verstecken und sich seiner Gedanken und Gefühle zu schämen. »Aber die gleiche Scham machte mich auch schamlos, ich stirlte in fremden Sachen herum, die mich nichts angehen durften, und ich las vieles, was ich damals nicht lesen durfte.«
Einmal, als er hinter der Tür das Gespräch mit Gästen belauschte, entdeckte ihn der Vater und stellte ihn zur Rede. Seine dröhnende Stimme hätte ihn aus dem Schlaf geweckt, log Arnold. Ferdinand gab sich zufrieden. Er wußte, daß der Junge seinen Freundeskreis bewunderte, vor allem Bahr, der Martha den Hof machte, den Burgtheater-Chef Max von Millenkovich und den Schriftsteller Franz Servaes. Was er nicht wußte, war die unheimliche Besessenheit Arnolds, in die Biographie seines Vaters einzubrechen. Ahnte der Junge, was Ferdinand Bronner vor aller Welt verbarg?
In den Lebenserinnerungen meines Vaters *Arnolt Bronnen gibt zu Protokoll* ist zu lesen: »Durch eine Fügung sah ich damals, zehnjährig, mein erstes Theater-Stück, Schönherrs *Kärrnerleut*. Der junge Landstreicher, der sich umbringt, weil er seine Eltern verraten hat, wurde Bestandteil meines Ichs.«
Kein Wort von *Schmelz, der Nibelunge*, dem Stück, das er nach dem Zeugnis seines Vaters zuvor gesehen haben

und das ihn, wie *Familie Wawroch*, so ergriffen haben muß, daß es seinen *Vatermord* stark beeinflußte.

Arnold, der während der ersten beiden Schuljahre daheim privat bei einem »Fräulein« hatte lernen dürfen, zeigte früh eine dramatische Begabung, die dem Vater nicht verborgen blieb. Mit acht Jahren schrieb er Gedichte und fing bald an, kleine Szenen und Dramoletts zu gestalten. Nicht immer zum Wohlgefallen des Vaters. Der Junge hatte nur Flausen im Kopf – der sollte sich mehr um seine Schularbeiten kümmern!

Wollte er das zarte Genie seines Sohnes im Keim ersticken?

* * *

24. Vater und Sohn

Arnold ist im Jahr 1912 siebzehn Jahre alt, hat einen Bruder, Rudolf, und eine Schwester, Ellida, ein weiterer Bruder, Günther, folgte. Ferdinand ist fünfundvierzig Jahre alt, noch immer Beamter im Staatsdienst und ein Bühnenautor, von dem Großes erwartet wird. Der dafür wie besessen arbeitet.
Ich stehe vor dem einfachen Haus in Wien, in dem sie vor dem Ersten Weltkrieg lebten, damals noch von »steppenartigen Gefilden«, wie mein Vater schreibt, umgeben, heute ein Eckhaus an einer Kreuzung der Währinger Straße, unweit der Sternwarte, umbrandet vom Verkehr. Nach den Berichten von Ferdinands Enkel Hans aus späteren Zeiten kann ich mir vorstellen, wie damals ein Tag verlief. Ich sehe es vor mir, wie die Sonnenstrahlen auf Ferdinands Manuskript fallen. Auf dem Balkon gurren die Tauben, von den Wohnungen unter ihnen dringen durch die geöffneten Fenster Sonntagsgerüche nach frisch gebackenem Kuchen und Kaffee herauf, Tellerklappern, Tassenklirren, Stimmen. Die kleine Ellida sitzt zu seinen Füßen und spricht laut mit ihrer Puppe, Günther, der Jüngste, tobt im Nebenzimmer herum. Rudolf ist zu einem Freund gegangen, und der siebzehnjährige Arnold verharrt schweigend in einer Ecke, den Kopf über ein Notizheft gesenkt. Vielleicht hatte er eine dickbäuchige Blumenvase schützend davor plaziert, so daß Ferdinand nicht sehen kann, womit er sich beschäftigt.
Ferdinands kleinbürgerliches Leben. Zum Mittagessen kam er nach Hause, aß reichlich, wobei er das beste Stück für sich beanspruchte – eine Eigenschaft, die später Ar-

nold in unserer Familie übernahm –, überließ Martha die Küchenarbeit, las seine Zeitung, dann zog er sich zurück und schrieb.

Nicht anders Arnold, der, den Vater imitierend, schon früh ein geheimes Eigenleben zelebrierte, das er später in seinen Ehen fortführte. Er wollte damals nur die Zeit zu Hause überstehen. Durchhalten, bis er dem Vater entkommen würde, der nur Wohlverhalten, Gehorsam, Pflichtbewußtsein, Wissen forderte, den guten Sohn, den guten Schüler. Das weckte Arnolds Auflehnung und seinen Widerwillen.

Arnolds Schüchternheit vor dem Vater. Der Junge hatte größten Respekt und dazu die Angst, sich vor ihm zu blamieren. Er selbst war kein brillanter Schüler, und bei einer verbalen Auseinandersetzung war er stets der schmählich Unterlegene. So pflegte er sein mürrisches Schweigen und vertiefte sich ins Schreiben.

Väterliche Zuwendung hat Ferdinand wohl nie erfahren. Für ihn gehörten Liebkosungen und Zärtlichkeit ins Ressort der Mutter. Er hielt Familienbeziehungen ein wenig auch für eine Zumutung für einen intelligenten Menschen, eine Mühsal, die ihn am Arbeiten hinderte.

Betrachtete er, wie es Arnolt Bronnen – so wird er sich später nennen – im ›Vatermord‹ darstellt, seinen Sohn als Besitz? Sah er sich als einer, der sich für seinen Sohn »plage, abrackere« und deshalb berechtigt sei, »Liebe und Verehrung« statt »Haß und Abstoßung« zu erwarten? Also gab es nie zwischen den beiden etwas wie Berührung und Zärtlichkeit?

Wenn Ferdinand einmal mit Arnold sprechen mußte, klang er lustlos, beiläufig, als hätte er es schon hunderte Male erklärt, und überleise. Arnold hatte eine weiche schöne Stimme und sprach ein melodiöses Österreichisch. Er

wirkte immer, als sei ihm alles zu viel, konnte ungefällig sein und erschien leidenschaftslos, wenn es um andere ging. Seine einzige Waffe gegen den Vater: seine Jugend, ungesteuerte Affekte. Dagegen kam der cholerische Ferdinand nicht an.
Arnolds hohe Stirn, die Stirn seines Vaters, der feingeschnittene, empfindliche Mund, die kleine runde Brille. Arnold war schmal wie sein Vater und wirkte zart, fast schwach, aber sein Blick war voll abweisender Energie. Was er tat, was er dachte, immer diese Spannung, als warte er auf etwas. Dabei konnte er durchaus charmant sein, wenn er wollte.
Es muß eine äußerst angespannte Situation gewesen sein, und Arnold verfolgte mit Bitterkeit und Neid den Erfolg des Vaters, wenn er die positiven Besprechungen des Bühnenstücks las.
Dazu machte Arnold die Möglichkeit des eigenen Jude-Seins zu schaffen. In der Zeit zwischen 1909 und 1913, als Oberschüler, hatte er früh lernen müssen, »Deutsche« und »Juden« voneinander zu trennen. Ein Viertel der Mitschüler in seiner großbürgerlichen Klasse waren Juden; er gehörte zum Klassenproletariat. Verschärft wurde seine Situation noch durch Hinweise aus der Nachbarschaft. Der junge Barber, erzählt er im *Protokoll*, Sohn der wohlsituierten jüdischen Familie im selben Haus, hatte ihn, der sich wegen seiner schäbigen Kleidung ohnedies verspottet fühlte, als »frechen Juden-Bengel« tituliert und seinen Freunden erklärt: »Der is doch genau so ein Jud wie ich!« Arnold reagierte darauf verstört und fragte – nachdem ihn der Vater nach der Frage seiner Herkunft aus dem Zimmer geworfen und die Mutter ihn schroff abgewiesen hatte – den Bruder seines Vaters, Josef. Josef weihte ihn in die jüdische »Familien-Mystik«, so Arnold,

ein, wonach Ferdinands Vater ein Findelkind gewesen sei und der Großvater der Mutter ein berühmter Schriftgelehrter, ein großer jüdischer Rabbi. Im *Protokoll* betont er, daß ihn angesichts seines Judentums »ein Gemisch von Stolz, Verlegenheit und Familien-Mystik« unsicher machte.

Arnold sprach darüber mit einem jüdischen Mitschüler, der ihn in eine zionistische Mittelschüler-Vereinigung mitnahm: »Hier ging es ähnlich zu wie bei den Deutschnationalen, nur waren die Töne lauter, die Haare dunkler, die Bewegungen heftiger. Aber ich spürte zum ersten Mal, daß es ein Judentum gab«, doch: »Was war mir Palästina (...) ich liebte den Wienerwald.« Sein Versuch, bei der zionistischen Verbindung Anschluß zu finden, mußte scheitern.

So gibt Bronnen gleich zu Beginn des *Protokolls* sein Lebensthema vor: »Ich kam damals einer Lösung nicht näher ... Aber ich kam meinem persönlichen Problem näher.«

Demnach hätte er bereits in jungen Jahren die jüdischen Wurzeln seines Vaters massiv abgelehnt. Die Demütigung, in der Klasse aus den Reihen der »deutschen« Österreicher verstoßen worden zu sein, habe ihn tief getroffen.

Vater und Sohn – zwei ungeheure Kräfte, die aufeinanderprallen, zwei Generationen, zwei Welten. Der eine Monarchist und damit in einer Gesellschaftsordnung befangen, die der Sohn niederreißen und revolutionär umgestalten will. Beide ehrgeizig, selbstverliebt, cholerisch, verkrampft, bitter und ungerecht. Beide lehnen von Kindheit an ihr Judentum ab. Beide stolz, unfähig, Irrtümer einzusehen und einen Schritt auf den anderen zuzugehen. Ferdinand, der Konservative, Arnold der Revolutionär.

Wie mag Ferdinand die immer massiver werdende Auflehnung seines Sohnes ertragen haben, aufbrausend und unnachgiebig wie er war? Und Martha, erduldend, schweigend, immer mittendrin.
Gleich zu Anfang des *Protokolls* beschreibt Bronnen, was die Ursache seines Vaterhasses gewesen sei. Der Briefträger hatte Martha die Nachricht vom Tod ihres Vaters gebracht. Weinend habe sie im Zimmer gesessen, von Arnold ängstlich beobachtet. Sie schickte ihn aus dem Zimmer, er ließ sich nicht abweisen. »Ich war traurig, aber ich wollte es nicht zeigen, wollte nicht weinen.« Als Ferdinand todmüde und hungrig nach einem Tag Schule, Konferenzen, Lektionen und einem langen Fußmarsch erschöpft nach Hause kam und nichts zu essen vorfand, rastete er aus, tobte, erhob die Fäuste. Der fünfjährige Arnold sprang vor, um die Mutter zu schützen, und wurde »fürchterlich verdroschen«: »Ich habe diese Schläge nie verwunden; nicht, weil es Schläge waren, sondern weil es Unrecht war, das erst meiner Mutter, dann mir angetan worden war.«
Damit setzt ihr Vater einen beinahe automatischen Mechanismus in Gang, der, wie er es darstellt, durch nichts mehr aufzuhalten war. Als sei der Vatermord die Bestimmung seines Lebens, der Impuls seines Schreibens.
Doch war das wirklich die Ursache für seinen Haß? Oder eine geschickte Fiktionalisierung, um Kontinuität in sein Leben hineinzukriegen, Dauerhaftigkeit wenigstens im Vaterhaß?
Aber warum?
Sie glaubt ihm die Geschichte nicht.
Unmittelbar nach der Schilderung von Bronnens erstem Protest gegen den gewalttätigen Vater geht er zur Beschreibung der ersten erotischen Erfahrung über. Als sein Bru-

der erkrankte, mußte er bei der Mutter schlafen; er lauschte einem Gespräch der Eltern über den »Kampf des kleinen, tapferen Buren-Volkes« – der Buren-Krieg fand von 1899 bis 1902 statt – und identifizierte sich überstark mit dem kleinen Volk. Die Schilderungen von der Gewalt, die dem Volk angetan wurde, erregten ihn, er »bebte am ganzen Körper«; es kam zum »ersten sexuellen Affekt«.

Zieht sie einen voreiligen Schluß, wenn sie diesen Zusammenhang bemerkenswert findet? Bronnen deutet hier schon am Anfang des Buches einen weiteren Strang an, der sich durch sein Protokoll zieht, den des erotischen Lebemannes.

Sie schließt daraus, daß seine Sexualität wohl einem Masochismus entsprang. Gewalt und Konkurrenz sind häufig die Auslöser für sein sexuelles Verlangen. Und der Vater weckt durch sein autoritäres Verhalten im Jungen Gefühle, die ihn auf seine Schwäche hinweisen.

Das erhärtet ihre These, daß hinter seiner Aggression eine gescheiterte Liebe zum Vater steckt. Einem Vater, der »zeitlebens« unfähig war, wie Ferdinand selber schreibt, jemanden um etwas zu bitten, der Menschen »viel lieber an sich herankommen« ließ, als sich »um sie zu bemühen«, und der »Kränkungen seines Stolzes« niemals ertragen konnte.

Ihr Eindruck, beide sehnten sich nach Liebe, ist wohl nicht falsch, denn als hätten sie sich verabredet, handelten sie stets dem zuwider. Bronnen verweigerte seinem Vater den Titel »Vater« und nannte ihn im Protokoll beharrlich den »Professor«.

Wird sich ihre Theorie bestätigen?

Martha tat nichts, um die Kluft zwischen Vater und Sohn zu verringern, im Gegenteil, sie schürte noch den Konflikt und verbündete sich mit Arnold gegen Ferdinand.

Sie nahm es, liest man das *Protokoll*, wohl früh hin, daß der Sohn die Mutter als seinesgleichen, den Vater jedoch als aus der Art geschlagen begreift.

Arnolds Heimlichtuerei nahm zu. Er wollte seinen Vater nicht wissen lassen, wofür er abends im von Siegfried Bernfeld geleiteten Arbeitskreis des *Anfangs* Material sammelte. Dort, in der kleinen Gasse »Stoß im Himmel«, traf er auf die intellektuelle Jugend Wiens. Die Abende inspirierten ihn zu seinem ersten Bühnenstück.

Ein ungewöhnlich schöner, jüdischer, junger Mann, dieser Bernfeld, der viel von Jugend, geistiger Gemeinschaft, Freiheit und Reinheit sprach. Ein religiöser Sozialist, von seinen Jüngern verehrt. Auch Arnold betete ihn an, wohl nicht ohne homoerotische Gefühle, und schrieb ihm emphatische Briefe. Wirre Briefe, in denen Arnold von sich wies, Jude zu sein, und sich für deutsch erklärte: »Sie wissen doch, daß die Deutschen das einzige Volk sind, die sich nicht nach ihrer Sprache nennen, sondern nach dem Amt, das sie übernommen haben.« Wobei Arnold auf die Etymologie des Wortes »deutsch« anspielte: auf thiudans, der über das Volk Herrschende, der »Volkende«.

Im Weihnachtsbrief von 1914 schrieb er einen zwiespältigen Satz, der seine diffusen Anschauungen wiedergibt: »Darüber, daß Sie mich für einen Juden halten, hab ich nicht wenig gelacht: es ist ja schließlich keine Beleidigung, und wer den Schaden von der Wahrheit hätte, ist meine Mutter.«

Auch Kindisches und Wirres ist unter Arnolds Briefen zu finden, wonach Jungsein bedeute, »mit seinen Anlagen herumhaun, sie kneten und in die Höhe tragen«, Jüdischsein dagegen sei »das Einteilen der Butter für das Brot am Morgen, am Mittag und am Abend«; die Deutschen »geben den Vögeln etwas davon, zerbröckelns, bre-

chen den Armen was ab, werfen die Rinde dem lieben Gott in den Himmel als Opfer, und mit dem letzten Stück gehen wir aus, das Glück zu suchen oder einen hohen Berg zu besteigen, und finden es und besteigen ihn«.
Ich finde seltsame Worte wie »Antigermanosemitismus«, vom »Amt des Deutschseins« ist wiederholt die Rede, und nicht zuletzt blühen die wilden Worte eines verzweifelten Vaterhasses. Im Dagegensein, wogegen auch immer, zeigt sich stets seine entfesselte Sprachgewalt, als fiele ihm im moderaten Tonfall nichts ein.
Eine neue Konkurrenz war zwischen Vater und Sohn entstanden: der Zweikampf der Schreibenden. Arnold hatte Ideen, die sein Vater nicht mehr hatte, und bald auch Erfolg.
Die Furcht vor der Konkurrenz war keineswegs grundlos, denn beide beschäftigten sich mit genealogischen Bindungen. Mit dem Aufstand der Schüler gegen die autoritären Lehrer und Eltern schulterte Arnold sein literarisches Gepäck und begann die Schülerdramen *Recht auf Jugend* und *Die Geburt der Jugend* zu schreiben. In *Recht auf Jugend* wird Judentum mit Reichtum und moralischer Bedenkenlosigkeit gleichgesetzt; Tonfall und Dialekt erinnern an *Familie Wawroch*, zum Beispiel, wenn er über Franzis Geliebte, eine Jüdin, schreibt: »Die da is eh schon ane, was si gern eini fahrn laßt. Mer siachts ihr eh an. Ihr Großvater war a Jud, a stinkiger, wasd Leut so lang gschunden hat, bis eam selbst gschunden ham.«
Offenbar hatte sich die Liebe zum Dialekt vom Vater auf den Sohn übertragen.
Was Arnold bis aufs Blut peinigte – die väterliche Kontrolle über sein Leben nach der Methode rabiater Pauker –, hat seinen Vater als Schüler mit Dankbarkeit erfüllt. Ohne Zweifel hat Ferdinand die Rolle des Vaters

mit der des Lehrenden definiert und erwartete Liebe und Dankbarkeit von seinem Sohn, eine Hoffnung, die sich als trügerisch erwies. Die Rebellion seines Sohnes nahm mit dem Älterwerden noch zu. Unreife und Eifersucht mögen zu einem guten Teil mitgewirkt haben. Der lebenslang Aufmüpfige wird den inneren Kampf in einen Kampf gegen den Staat und seine Autoritäten ummünzen und damit auf Bereiche, die in seinen Augen den Vater repräsentieren.

Der »jüdische Selbsthaß« ist bei Arnold viel ausgeprägter als bei Ferdinand. Das ist für ihn lebenswichtig, da nur dieser Haß sein Schuldgefühl mindern kann. Im *Protokoll* spricht er vom »Unheil« seines Lebens, das ihn zwischen zwei Gewalten gestellt habe, ohne ihm dabei die Kraft mitzugeben, »sich für eine von ihnen zu entscheiden«.

Also war er immer bei denen, die dagegen waren, ganz gleich, was es war?

Der Konflikt mit seinem Sohn ließ Ferdinand spüren, daß plötzlich eine neue Generation auftrat und ihn verdrängte. Der Kampf zwischen den beiden näherte sich unausweichlich seinem Höhepunkt.

Arnold zieht sich zu Hause völlig zurück und führt eine »geheime Existenz«, mit eigener Postadresse. Wie einst Ferdinand sorgt er mit Nachhilfestunden selbst für seinen Lebensunterhalt. Oder er flieht aus Wien: »Sowie ich den Mut gehabt hab davon zu rennen, können Sie damit machen, was Sie wollen, solang aber die Stimme meines Vaters mich verfolgt, solang ist oben angedeutetes (sein Theaterstück) mein einziges Hilfsmittel.«

Sein werbendes Vertrauen wandte sich verstärkt Siegfried Bernfeld zu. Im Brief an Bernfeld äußert er seine Angst vor der Aufführung seines ersten Bühnenstücks:

»Und wie soll ich mit Leuten zusammenwohnen, die mich so vor denen ich so nackt bin.« (sic)
Zu Hause ist er »nackt«, fühlt sich durchschaut. Die wirr-expressionistische Sprache in seinen Briefen befremdet sie.
»Es muß neu angefangen werden. Eine große Abrechnung muß gehalten werden. Das Alter muß aus der Jugend hinausgeworfen werden.«
Mit dem Monolog des aufsässigen Schülers hat er schon mit achtzehn Jahren die Existenz des Vaters in Frage gestellt:

»Mitschüler!
Ich verurteile!
Anzuklagen brauchen wir nicht. Wir selbst sind die Anklage. Wir sind eine furchtbare Anklage gegen die Unterdrücker der Jugend.
Wir haben lange genug angeklagt.
Jetzt ist es Zeit, zu verurteilen.
Wir müssen eine große Abrechnung halten.
An den Kragen müssen wir ihnen.
Wir müssen das Alter aus der Jugend hinauswerfen!
Es muß nun angefangen werden.
Kein Mittel darf uns zu schlecht sein.
Mit Wut sollen wir kämpfen, grausam, unerbittlich. Alles niederreißen – niederhauen – morden und brennen – diese Hunde ans Kreuz schlagen – sie martern – steinigen – ohne alle Gnade – wie die Hunnen über sie herfallen – in blutgierigen Massen – mit fletschenden Zähnen – mit Krallen und Fäusten – in Haß – in wildem – un-er-meß-lichem Haß – ans Kreuz mit ihnen – ans Kreuz –«

Auf einen solchen Text wäre Ferdinand niemals vorbereitet gewesen. Hätte er den Sohn gefragt, woran er so be-

sessen schreibt, hätte dieser mit seiner melodischen, verhaltenen Stimme geantwortet: ein Stück über einen Schüleraufstand.
Und gegen wen stehen die Schüler auf? Sag, gegen wen?
Gegen die Lehrer und die Väter, gegen wen sonst.

* * *

25. Finis austriae

Trotz des großen Publikumserfolgs wurde Ferdinands Volksstück *Vaterland* 1912 nach vier Aufführungen abgesetzt. Wieder eine Vater-Sohn-Konstellation, diesmal in der bäuerlichen Südtiroler Region. Doch im Publikum kein Aufruhr wie einst bei der *Familie Wawroch*.
Zum ersten Mal überkam Ferdinand das Gefühl der Resignation. Im rechten Augenblick auf die Bühne gebracht, hätte sein Zyklus *Jahrhundertwende* ein sensationeller Erfolg werden können: die Apokalypse der Donaumonarchie. Doch er hatte die Hoffnungen enttäuscht und nennt die Dinge beim Namen.
Was waren die Ursachen seiner plötzlichen Erfolglosigkeit? Die Zensurbehörde, deren Fesseln er sich freiwillig angelegt hatte? Fehlte es ihm an Ausdauer und Talent? Was raubte ihm seine Kräfte? Waren es die Familie, die banale Normalität des Alltags, Arnold, der widerspenstige Störer? Sein Hang zum naturalistischen Sozialdrama, dem kämpferischen Moralstück, das, seinem Beruf entsprechend, mahnen und erziehen sollte und das nun zu Grabe getragen wurde? Hatte Hermann Bahr recht, der in einem Essay das Ende des Naturalismus verkündete?
Kein Zweifel, er hinkte seiner Zeit hinterher.
Ferdinand geriet in eine Sinnkrise, wie sie ihn zweimal in seinem Leben befiel, und dies jeweils an Wendepunkten der Geschichte.
In nachdenklichen Passagen seiner Erinnerungen reflektiert er die Unerträglichkeit, keinen Erfolg zu haben – Arnolt Bronnen wird später dieselbe Erfahrung machen müssen.

War es die Atmosphäre jener Tage? Ahnte er, daß bald die »Mutterkatastrophe des 20. Jahrhunderts« hereinbrechen würde, wie Golo Mann den Ersten Weltkrieg nannte? Fürchtete er, daß die österreichische Monarchie nicht mehr lange bestehen würde? Spürte er, daß die alten Werte sich verflüchtigten?

Er hatte dem Vakuum nichts entgegenzusetzen und versuchte, es mit dem Glauben an eine neue völkische Richtung zu füllen. Zusammenhalt, das war es, was er in der neuen Ideologie zu finden hoffte.

Ferdinand hielt Vorträge zum Schillerjahr und zum Geburtstag Goethes. Er arbeitete ein Papier aus, wie den schreienden kulturellen Gegensätzen einer übersättigten Stadt und eines unterentwickelten Landes zu begegnen sei und wurde von Lueger vorgeladen, um seine Thesen mit ihm zu diskutieren. Asphalt und Scholle, Großstadt und Land, rotes Wien und altes Österreich, das waren die Gegensätze, die aufeinanderprallten. Den schwerkranken Lueger, der auf ihn eine faszinierende Wirkung ausübte, besuchte er zu Hause. Für ihn starb Lueger an Österreich und Österreich starb, weil dieser Mann in der entscheidenden Stunde fehlte.

Hitler, damals noch ein unbekannter Kunstmaler, lernte in Wien den politisch gefärbten Antisemitismus kennen. Schönerer und Lueger hatten das Klima für ihn vorbereitet, und in der Stadt machte man sich mit Eifer ans Werk, Juden und die Wahlsieger, die Sozialdemokraten – die sich weiterhin mit den Zielen der russischen Revolution identifizierten und den russischen jüdischen Revolutionär Leo Trotzki nach Wien entsandten – gleichzusetzen und vor der Gefahr einer jüdischen Weltverschwörung zu warnen. Es gäbe keine Juden-, sondern Christenverfolgungen, hieß das neue Motto. Ferdinand hielt sich aus politischen Diskussionen heraus und bewegte sich in einem immer kleiner werdenden privaten Kreis.

Im Juni 1914 fuhr er noch einmal nach Berlin, um Kontakte zum Theater zu knüpfen, mit geringem Erfolg. Um der aggressiven und schwülen Stimmung der Stadt zu entgehen, hatte er für den 28. Juni einen Ausflug auf den Kreuzberg geplant, in der Hoffnung, in seiner Höhe ein wenig Erfrischung zu finden. Er glaubte, der Kreuzberg sei so etwas wie der Wiener Kahlenberg. Doch »dieses Hügelchen konnte wohl kaum den Anspruch auf die Bezeichnung Berg erheben«. Er ging spazieren, als er plötzlich einer Gruppe von Menschen gewahr wurde, die sich wild gestikulierend um einen Baum scharte, an dem ein Anschlag hing. Er trat näher und las die Schreckenskunde vom Attentat in Sarajewo, dem der österreichische Thronfolger Erzherzog Franz Ferdinand und seine Gemahlin zum Opfer gefallen waren.

Eine patriotische Stimmung erfaßte Berlin an diesem Tag, und bald ertönten im Lunapark statt der leichteren Weisen die österreichische und deutsche Nationalhymne, von der Menge mit Begeisterung mitgesungen. Zeitungsverkäufer verteilten Extrablätter. Aufgeregtes Treiben herrschte überall, junge Menschen kamen johlend und fahnenschwenkend auf ihn zu.

Als Österreicher meinte Ferdinand, es würde wohl nicht so bald geschossen werden, auch in Wien glaubte keiner an den Krieg. Sein verehrungswürdiger Kaiser, der in einem spartanischen Feldbett zu nächtigen pflegte, würde dem Land den schweren Konflikt ersparen.

So überhörte Ferdinand das Dröhnen der Geschütze vom nahen Artillerie-Übungsplatz auf dem Steinfeld und reiste mit seiner Familie in die Sommerferien nach St. Jakob in Südtirol. Arnold, der das Gymnasium in der Kloster-

gasse im 18. Bezirk besuchte, wollte in Wien bleiben und schreiben, unbehelligt von der Vaterfuchtel. Doch Ferdinand bestand auf dem Ritual, weil das im bürgerlichen Wien eben Usus war: Anfang Juli war Sommerfrische angesagt, basta!
Eine Sonnenfinsternis schien auf unheilvolle Ereignisse zu deuten. Mit geschwärzten Gläsern betrachteten sie mit den anderen Gästen vor ihrer Pension den Fortgang der Finsternis. Ein toter Himmel. Es war wie eine schrekkenserregende Vision.
Kurz darauf wurde der Krieg erklärt. Die Kaiser von Österreich und Deutschland hatten sich in der von Wagner vielbesungenen »Nibelungentreue« verbündet. Zwei Jahre später lag der österreichische Kaiser im Grab und mit ihm wurde die Monarchie beerdigt.
Weg von der Untergangsstimmung, empor zu den Höhen! Andere Länder mochten auch Berge und Bäche haben, doch in Österreich sahen sie anders aus. Und selbst wenn man manchmal auf wunderliche Ansichten der Bergbewohner über Juden stieß, so trübte das Ferdinands Ferienstimmung nicht. Es war nur ein Aperçu im üblichen Sommerfrischeantisemitismus. Vielleicht lachte er mit und schlug sich auf die Schenkel in der Krachledernen.
Sie sangen ein Wanderlied, als sie zu fünft zur Barmer Hütte aufstiegen. Die Wanderer, die ihnen entgegenkamen, waren voll Sorge, und »der Professor, von Natur aus gesprächiger Art«, so Bronnen, »erging sich mit jedem über die Welt-Lage« und war optimistisch: »Ein Krieg, in dieser Zeit! Bei unserer Kultur!« Die beiden Söhne lächelten über ihn. Bronnen im *Protokoll*: »Ich aber spürte, daß der Krieg kommen mußte. Er mußte kommen, weil ich ihn wollte. Er mußte kommen, weil ich keinen anderen Ausweg sah (...) nie ist ein Krieg so herbeigesehnt

worden von unzähligen jungen Menschen, von Bürgers-Söhnen, die sich verwirrt hatten in ihrer Welt. Sie alle wollten, was auch ich wollte: ein Ende. Ein Ende dieser Zeit. Ein Ende ihres Lebens in dieser Zeit. Eine Lebens-Form hatte sich aufgebraucht.« Er schwamm »gedankenlos im Strom des patriotischen Wirbels« mit, »infiziert von Gerüchten, Gefühlen, Stimmungen«. Alles wurde für ihn »zu einer brutalen Gewalt«: »Der Staat, der Professor, die Familie«.

Auf der Hälfte des Weges weigerte sich Martha, an der Ellida hing, weiterzugehen. Die kleinen Füße machten nicht mit.

So kehrte Ferdinand mit Martha, Ellida und Günther um. Aber er gestattete Rudi und Arnold zusammen mit zwei geübten Bergsteigern zur Barmer Hütte am Fuße des Hochgalls weiterzugehen.

Es wurde Abend, es wurde Nacht, von den beiden Jungen war nichts zu sehen. Endlich, es war schon Mitternacht, kamen die Jungen totmüde und wortkarg daher, hatten keinen Hunger und legten sich sofort ins Bett. Erst am nächsten Tag erfuhren die Eltern, daß sich die beiden beim Lenksteinjoch von den Bergsteigern getrennt und, auf eigene Faust, ohne Seil, den Aufstieg zum Großen Lenkstein unternommen hatten.

Auf dem Abstieg hatten Arnold Kräfte und Nerven verlassen. Über eine vereiste Rinne zwischen den Felsen, die an einem Schneefeld endete, das plötzlich abbrach und in einer steilen Wand in den Antholzer See mündete, sauste Rudi vor ihm, auf seinen Bergstöcken sitzend, ab. Arnold hingegen traute sich nicht und stapfte Schritt für Schritt hinab, schämte sich, weil er so lang brauchte: »Man mußte sich gut in der Gewalt haben, um vor dem Schnee-Feld abzubremsen, denn auf dem schnellen, har-

schigen Schnee gab es kein Halten mehr.« Angstbebend stieg er mit zitternden Knien in die Rinne, sauste herab, verlor den Halt, flog kopfüber in den Spalt und wurde von Rudi, der ihm entschlossen den Stock entgegenstemmte, abgefangen. Es war ein großes Risiko für Rudi, denn Arnold hätte ihn mitreißen können.
Erst viel später erfuhr Ferdinand, was das eigentliche Motiv für ihren gefahrvollen Aufstieg gewesen war. Die beiden Kriegsbesessenen hatten vor, sich durch enorme Körper- und Geistesanstrengungen für den Krieg zu präparieren. Täglich absolvierten sie unermüdlich zu Fuß und mit dem Rad lange Strecken, machten gymnastische Übungen und stärkten sich mit erhebender Lektüre.
Österreich sollte stolz auf sie sein.
Nach der Kriegserklärung Österreich-Ungarns an Serbien wurde 1914 zur Mobilmachung aufgerufen. Das Bild, das die Stadt Wien bot, hatte sich verändert. Kriegerische Blasmusik ertönte auf den Plätzen, Fahnen wurden gehißt, Menschen gestikulierten aufgeregt.
Ferdinand besuchte nationale Versammlungen und stürzte sich in wilde Diskussionen, in denen er gegen die mit dem Sozialismus liebäugelnden Juden zu Felde zog.
In seinem Gymnasium fehlten die jüngeren Kollegen, und auf den Schultern der älteren ruhte eine größere Arbeitslast, denn Ersatz für die fehlenden Lehrkräfte gab es nicht. Außerdem mußten sie sich für neue Lehr-Verfahren präparieren.
Die Reihen der Schüler in den oberen Jahrgängen begannen sich zu lichten, da sich manche bereits freiwillig zum Kriegsdienst gemeldet hatten. Ein Drittel der Maturanten fehlte. Nicht immer war patriotische Begeisterung im Spiel, sondern auch die Aussicht auf die von der Schulbehörde verheißene Erleichterung ihres Studienganges.

Für diejenigen, die brav ins Feld abgingen, setzten sogenannte Notprüfungen ein, bei denen ein Übermaß an schulmeisterlicher Nachsicht gefordert wurde. Für Ferdinand, der seinen Schülern Höchstes abforderte, eine Qual.
Wenn er seine Klasse betrat, tat er dies im tiefsten Gefühl nationaler Entschlossenheit. Die Klassen waren längst zum Abbild der Verhältnisse geworden. Keilereien zwischen Kriegsbefürwortern und Gegnern gehörten in den höheren Klassen zur Tagesordnung. Ob Geschichte, Erdkunde, Musik, alles wurde durchsetzt von nationalem Empfinden. Der Rektor der Schule war nach kurzem Pendeln vom Sozialisten zum Deutschnationalen eingeschwenkt. Die Schulbibliothek hatte Ferdinand auf nationales Gedankengut umgerüstet und die russische Literatur durch skandinavische ersetzt.
Die meisten seiner Schüler waren katholisch, manche Pfadfinder, zwei Rote, zwei Juden, einer war Sohn eines Wolgadeutschen und wenig beliebt. Zigarettenbilder mit Uniformträgern wurden in den Pausen getauscht. Ein von ihm zurechtgewiesener Schüler wollte ihm weismachen, daß er ihn zu Unrecht mit einer Strafarbeit maßregle: Es geht längst um Größeres, sagte der Dreikäsehoch, ein kleingeratener Adeliger, Sie sehen vor sich einen Patrioten. Ferdinand hätte seinen Unterricht »Schule der Nation« nennen können. Er war fähig, seinen Schülern das Hildebrandslied nahezubringen, als stecke er selbst in Hadubrands Rüstung. In Deutsch beschränkte er sich auf die Klassik und ließ Lessing weg.
Der Wermutstropfen für den Sprachbewußten war die verbale Verarmung der Menschen, die im Gegensatz zum nimmersatten Wortschatz der Kriegsverherrlichung stand. Nun erwärmte ihn sein neues Vaterland mit seinen Fah-

nen, Wimpeln, Trommeln und Bändern. Die Musik, die von den öffentlichen Plätzen herdrang, jagte ihm einen Schauer über den Rücken. Jeder Trommelwirbel erhitzte seine Stirn, jeder Ton prallte auf seine Knochen. Hurra, Österreich, brüllten Studenten, lang lebe der Kaiser! Und: Nieder mit der SPD! Er nahm teil an dieser »Seelenlage«, das erlöste ihn aus seiner stubenhockerischen Schaffenskrise. Möglich, daß er es manchmal, wenn er so durch die Straßen ging, bedauerte, daß man als Lehrer keine Uniform tragen mußte, damit jeder sehen konnte, wie sehr er einer der ihren war.

* * *

26. Tauglich

Arnold und Rudolf ersehnten den Krieg und beschlossen, sich freiwillig zu melden.
Kommt nicht in Frage, donnerte Ferdinand, Rudi hat noch nicht das Einjährigenrecht und muß den letzten Jahrgang der Kunstgewerbeschule absolvieren.
Ich könnte mich zur Radfahrkompanie melden, sagte Rudi. Seine Stimme klang ungewohnt erregt und kämpferisch.
Ferdinand schüttelte den Kopf.
Mir kannst du es nicht verbieten, sagte Arnold.
Ich an deiner Stelle würde warten, sagte Ferdinand.
Ich denke nicht dran.
Als der siebzehnjährige Rudolf im Monat darauf die Kunstgewerbeschule beendete, meldete er sich sofort zur Musterung und wurde angenommen, während Arnold aufgrund seiner Kurzsichtigkeit abgelehnt wurde. Zudem erhielt Rudolf ein kleines Stipendium, das ihm auch während des Kriegsdienstes ausgezahlt werden sollte. Sofort wandelte sich die Stimmung zu Hause, und die Eltern bewunderten ihren Sohn, der unerschrocken die Heldenbahn beschritt.
Was Ferdinand betraf, so nahm er den Krieg mit »Erhebung« auf, denn er ließ ihn sein Schreibproblem vergessen.
Die Demütigung, abgelehnt worden zu sein, weckte Arnolds Neid auf den Bruder. Er fühlte sich isoliert, abgeschnitten vom Rausch der Nation. Und mußte weiter unter der väterlichen Zuchtknute leiden.
In manchem war Arnold Vorbild für seinen zwei Jahre

jüngeren Bruder gewesen, weil er kühn und aufsässig seinen Weg behauptete, während Rudolf, ausgeglichen und liebebedürftig, aber »geschickter, mutiger und klüger« (Arnold) aufgrund seiner »Selbstzweifel und Bescheidenheit« (Ferdinand) stets der Liebling des Vaters war – letzteres wiederum stachelte Arnolds Konkurrenzgefühle an.
Künstlerisch war Rudolf hochbegabt – er malte, ging auf die Kunstgewerbeschule und entwarf Buchumschläge.
So war es immer: Man brauchte ihn nur zurückzuweisen, schon wollte Arnold um jeden Preis geliebt werden. Zurücksetzung zahlte er heim mit Haß.
Arnold stellte sich nochmals der Assentierungs-Kommission, diesmal ohne Brille, verschwieg seine fünf Dioptrien, wurde für tauglich befunden und durfte einrücken.
Ferdinand sagte nichts.
Nun brachte Arnold sein überarbeitetes Stück *Geburt der Jugend* zur Post und schickte es mit einem halb aggressiven, halb hilflosen Brief an Gustav Wyneken, den Reformerzieher, das Idol der Jugendbewegten. Arnold gab darin seiner Überzeugung Ausdruck, daß es zu einem katastrophalen Zusammenstoß zwischen Jungen und Alten kommen würde. Ein Umsturz der bestehenden Ordnung könnte nur vermieden werden, wenn man die Jugend als separate, autonome, anarchische Macht anerkenne und neben die bestehenden Lebensformen setze.
Wynekens Vortrag über »Jugendkultur und Jugendautonomie« hatte nicht nur ihn, sondern einen Großteil der Jugend und der Studentenschaft erregt, während ihn die k. & k. Regierung verbot. Zu Recht verbot, wie Ferdinand fand, der die neue, junge Männlichkeit kritisch betrachtete.
Getrieben von Haß, Eifersucht und Neid ging Arnold kurz vor der Einberufung, »eines Nachts, halb im Traum«,

mit einer Kerze zum Selbstporträt des Bruders, das gegenüber seinem Bett hing. Er habe, klagt er sich im *Protokoll* an, »es lange betrachtet«: »Und dann, als es den Blick nicht von Ihnen wandte, haben Sie ihm die Augen ausgebrannt. Man hat das Dienst-Mädchen beschuldigt und es entlassen. Sie haben geschwiegen.« (So seine Richter-Figur.) Er sieht sich als »Mensch ohne Bindungen, und Ihr Verhalten zu Ihrem Bruder richtet Sie bis in jene Wurzeln hinab, wo Menschen-Leben sich an Menschen-Leben knüpft und aus der Gemeinsamkeit seinen Sinn erhält.«
Er wußte, wofür diese Tat stand. Mord.
Rudolf hatte sich zum ersten Tiroler Kaiserregiment, das in Innsbruck stand, gemeldet und mußte dort am 1. Dezember antreten. So brachte ihn Ferdinand am letzten Novembertag auf dem Westbahnhof zum Zug.
Er nahm sich zusammen und wirkte gefaßt. Den Kummer, daß sein geliebter Sohn »endgültig seiner väterlichen Obhut entrissen« war, stellte er mit sichtbarer Mühe zurück. Das war er seinem Sohn schuldig. Für Rudolf gab es keinen Zweifel, daß er sein Ziel als Künstler und Mensch verfehlt hätte, wäre er an der Teilnahme am Krieg ausgeschlossen.
Die Begleitung der Mutter hatte sich Rudi aus Angst vor einem tränenreichen Abschied verbeten. Sie hätte ihm den glückhaften Tag, der seinen sehnlichsten Wunsch endlich erfüllte, nur verdorben. Ein trüber, nebeliger Tag, an dem sich schließlich die Freude Rudolfs auf den Vater übertrug, und herzlich drückten sie die Hände zum letzten Abschied. Ade! sagte Rudolf mit leuchtenden Augen, in drei Monaten bin ich wieder bei euch!
So schieden Vater und Sohn heiter voneinander, als Rudolf den Zug bestieg, bis obenhin angefüllt mit empha-

tischen Grünlingen, die zum Teil aus Ferdinands Schule stammten. Ferdinand war es zufrieden, daß er die Jungen ganz im vaterländischen Sinn erzogen hatte.
Zögernd und ruckelnd fuhr der Zug an, als kämen ihm Bedenken, diese fröhlichen jungen Männer dem Tod entgegenzufahren.
Nun also auch Arnold, sagte Martha mit Stolz und Bedauern. Der Abschied von Arnold ging über ihre Kräfte. Die Wohnung würde kahl, kalt und traurig sein.
Am Tag, als er beim Militär antreten mußte, kam Arnold mit schneidigem Schritt in die Küche und lüftete vor dem Vater die flotte Mütze. Von Gustav Wynekens Aufsatz *Der Krieg und die Jugend* inspiriert, in dem der Krieg als eine Sache der Jugend deklariert wurde, blickte Arnold dem optimistisch entgegen. Das Ergebnis, glaubte er, würde ein neuer, junger Staat sein, der endlich die Alten abserviere und in den er all seinen Idealismus hineinlegen könne.
Wyneken beeinflußte die Jugend mit seiner Kriegseuphorie – in der Vorform des *Protokolls* nennt Bronnen sie später eine »Nationalhysterie«. Wyneken, der den »pädagogischen Eros« pflegte und wiederholt die Bekanntschaft Stefan Georges gesucht hatte, war der geistige Vater der Landschulheime und errichtete das erste Heim in Wickersdorf. Er wurde als Leiter dreimal wegen des Verdachts auf Homosexualität entlassen, und es ist anzunehmen, daß er auch Arnold adorierte. Von einer homosexuellen Beziehung allerdings hätte Bronnen in seinem *Protokoll* wohl ohne Umschweife berichtet. Seine erotischen Gefühle konzentrierten sich mehr auf den schönen Siegfried Bernfeld.
Ferdinand überließ es Martha großzügig, Arnold zum Zug zu bringen, um ihrem Schmerz zu entkommen. Er

wollte ihren Tränenschwall nicht sehen – für derlei Sentimentalitäten hatte er wenig übrig.
Eine Zeit ohne Arnold würde ihr guttun. Was ihn betraf, so war er vielleicht sogar froh, wenn Arnold für eine Weile nicht im Hause war, und sah den Tagen ohne dessen abweisende Miene mit Behagen entgegen.
Rudolf, inzwischen als Kadett in ein kroatisches Regiment versetzt, sandte Arnold eine kleine Glückwunschkarte zu seiner Assentierung, die mit dem lakonischen Satz endete: Auf Wiedersehen im Massengrab.
Den Mai 1915 verbrachte Arnold in Salzburg beim 59. Infanterie-Regiment und fühlte sich über den Bruder erhaben. »Ich hatte immer gewußt, daß von uns beiden nur einer überleben konnte, und das war der Grund, warum ich mich immer wieder gemeldet hatte, um unter gleichen Chancen zu bestehen.«
Sollte Arnolds Versagen bei der Hochgall-Tour mit seinem »Sieg« wieder gutgemacht werden? Wünschte er tatsächlich Rudis Tod? Sind seine Eifersucht und sein Haß auf den Bruder so groß, weil Rudi die Liebe des Vaters besitzt?
»Dies war kein Haß, kein Wett-Streit, kein Gefühl, denn zwischen mir und Rudi hatten nie wirkliche brüderliche Gefühle bestanden.«
Ähnliches behauptet er vom Vater: nie hätte er in ihm den Vater gesehen.
Er scheint an Haß und Entfremdung zu ersticken. Nimmt der Konflikt lebensbedrohende Formen an?
Wie viele meinte Ferdinand anfangs, seinem Land ginge es darum, ein Verbrechen zu bestrafen, und er hielt es für einen österreichisch-serbischen Konflikt. Später fürchtete er, Serbien könne die Herrschaft an sich reißen und sein Reich würde zerfallen.
Schon waren die Russen bis in die Nähe von Krakau vor-

gedrungen, die Festung Przemyśl fiel, für Ferdinand »ein Trauertag«. Eine Woche später tröstete ihn Rudolfs Brief: »Durch den Fall Przemyśl seid ihr wohl alle verstummt, wir hingegen haben noch nie die ›Wacht am Rhein‹ und das Kaiserjägerlied so laut gesungen. Alle, Ungarn, Italiener, Kroaten sangen mit, am lautesten ein Rumäne.«
Auch die kaisertreuen Juden in Galizien und der Bukowina drängte es nun zu den Fahnen. Der Verband der Deutschen Juden rief auf, »über das Maß der Pflicht hinaus« die Kräfte dem Vaterland zu widmen.
Ferdinand saß Abend für Abend im Wohnzimmer und starrte in die Zeitung, während Martha alles tat, um das gewohnte Leben weiterzuführen. Sie kaufte ein, brachte Schuhe zum Schuster, flickte Ellidas Rock, und jeden Morgen fand Ferdinand die Zeitung auf dem Frühstückstisch. Abends war sie erschöpft. Das Licht löschte er früh, denn die Beleuchtung mußte eingeschränkt werden.
Er las von beginnenden Plünderungen, Gewaltaktionen der Russen gegen galizische Juden, zerschlagenen Armeen. Wider Erwarten hatte Großbritannien dem Deutschen Reich, das die belgische Neutralität verletzt hatte, den Krieg erklärt. Damit waren neben Deutschland und Österreich auch Indien, Kanada, Neufundland, die Südafrikanische Union, Australien, Neuseeland und die britischen Kolonien mit von der Partie. Das japanische Reich verhängte ein Ultimatum. Die deutschen Kolonien verstrickten sich in lange Kämpfe. Dann wurden die Deutschen vor Paris geschlagen. Ein »beängstigendes Durcheinander«.
Die ersten Kriegsweihnachten verliefen trostlos. Martha weinte, Ferdinand war niedergeschlagen, Ellida und Günther klebten an ihren Eltern. Geschenke gab es kaum.
Vor diesem Hintergrund nahm Ferdinands Depression

einen neuerlichen Anlauf. Mehr denn je fühlte er sich fremd, herauskatapultiert aus seiner selbstgestalteten Biographie.
Noch war keine fühlbare Verknappung der Lebensmittel eingetreten, doch die Mißerfolge an den Fronten warfen bereits ihre Schatten voraus. Mit dem Jubelpatriotismus war es bald vorbei.
Privatstunden waren nicht mehr gefragt, literarischer Nebenerwerb fiel aus, an Schreiben war nicht zu denken. All seine Gedanken kreisten um den Krieg und das bedrohte Vaterland. Trost bot ihm, was er in Berlin von Treitschke gelernt hatte: daß es ohne Krieg keinen Staat gäbe. Der Sieg über Serbien, die Vertreibung der Italiener aus Albanien gaben ihm kurz Auftrieb.
Beide Söhne waren im Krieg, und er wartete auf seine Einberufung. Die Verordnung, wonach die älteren Jahrgänge vom zweiundvierzigsten bis zum fünfzigsten Jahr eingezogen würden, erschien im Sommer. Ferdinand erhielt erneut seinen Grad als Militärbeamter und sollte Mitte Oktober mit fast fünfzig Jahren beim Militär-Verpflegemagazin in Wien einrücken.
Wie Arnold stufte er den Krieg als »Zeitenwende« ein, als unmittelbare Folge der vorangegangenen Friedenszeit. So hatte er keine moralischen Bedenken und freute sich auf den Gleichklang marschierender Soldatenschritte, die Uniformität der Kleidung, das Unisono der Kampfeslieder wie auf eine Erlösung. Das hob nicht nur seine schmerzhafte Isolation auf, sondern verlieh ihm auch eine Zugehörigkeit, die keine leere Formel, sondern Vaterlandstreue war.
Mittlerweile war Rudolf von seinem Tiroler Regiment in Innsbruck wegen der Überzahl der Einjährigen nach Agram – Zagreb – zu einem kroatischen Jägerbataillon,

dann zur weiteren Ausbildung nach Fiume, schließlich nach Essegg in Sibirien versetzt worden. Dort käme ihm alles freudlos vor, schrieb er, die weinenden, dunkel gekleideten Frauen, die schwarzen Zigeuner – er hoffe, bald hinaus an die Front zu kommen. Vor dem Gitter der serbischen Schule, in der die erste Kompanie liege, »sitzen immer massenhaft Weiber mit ihren Kindern, stundenlang, oft den ganzen Tag lang, um mit ihrem Mann ein paar Worte zu sprechen. Manche heulen ununterbrochen. Wenn so eine Marschkolonie fortgeht, werden unendliche Tränen vergossen. Keiner glaubt, daß er lebendig zurückkommt. Alles ist trübselig. Soll man's nicht auch werden? Bis jetzt bin ich's Gott sei Dank nie, denn ich hoffe auf die XI. Marschkompanie.«
Mit einem dreifachen Hurra! meldete er bald darauf seine Ernennung zum Kadetten und am 6. Juni den Abmarsch an die russische Front. Sein Regiment lag bei Kolomea am Dnjestr. Dort sollten die Russen wieder zurückgedrängt werden.
In seiner nächsten Karte berichtete Rudolf zwar von ›Unmengen gefangener Russen‹, die ihnen in die Hände fielen, aber er schrieb auch, er sei gleich in ›die schönste Sauce‹ hineingekommen und wie er herauskommen würde, wisse er nicht.
Für seine gute Haltung bekam er vom Kompaniekommandanten eine Repetierpistole. Er hatte Fotos gemacht: drei oder vier tadellose Granataufnahmen auf hundert Schritt. Zum Schluß eine Aufnahme des eroberten Schützengrabens. Seine letzten Zeilen: Heute habe ich mich gewaschen.
Aus Kosmierzyn und Snowidow am Dnjestr kam einen Monat später eine durchweichte Karte mit den verschwommenen Zeilen eines Offiziersburschen, auf der

stand, Rudolf sei gefangen worden. Das Wort »gefangen« aber war durchgestrichen und darüber »tot« gekritzelt.

* * *

27. Ungläubigkeit

Ferdinand saß vor der Karte, stumm. Sein Gesicht wurde bleich, es wurde weiß, wortlos reichte er Martha die Karte. Martha saß regungslos da, mit starrem Blick. Nein, das konnte nicht sein – eine tiefe Ungläubigkeit erfaßte ihn, eine Empfindung der Unwirklichkeit.
Tot Ferdinands »geliebtestes Kind«, wie er in einem Gedicht zum Tod des Sohnes schreibt?
Sie klammerten sich beide an das Wort »gefangen«, das ursprünglich auf der Karte gestanden hatte: Das Chaos, das bei den Armeen herrschte, das planlose Hin und Her quer durch die Landschaft, die versprengten Leichen – konnte nicht der Kompaniekanzlei ein Irrtum unterlaufen sein?
Ferdinand wandte sich an den Stellvertreter des Generalstabschefs mit der Bitte um Auskunft, und als diese ausblieb, meldete er sich zum Erstaunen seiner Kollegen an die Front.
Er reiste nach Teschen, um persönlich nachzufragen. Die Zugfahrt verlief unter Gebeten. Er, der sonst nie betete, bat in dieser schlaflosen Nacht einen christlichen Gott um Gnade, um ein Ende dieser grausamen Prüfung. Als er in Teschen ankam, war es noch finster, eine böse Finsternis, wie sie auch in seinem Inneren herrschte.
Er hatte seinen Sohn geopfert.
Er stapfte durch den Lehmmatsch, nach wenigen Schritten waren seine Füße naß. Ein heftiger Wind biß in seine Ohren. Endlich traf er im Hauptquartier ein. Der Stellvertreter des Kompaniechefs Höfer, ein Mann um die Vierzig mit strengen Zügen, sagte ihm, sein Sohn sei ver-

mutlich in russische Gefangenschaft geraten. Er nannte ihm den letzten Gefechtsort, Kosmierzyn. Ferdinand atmete auf: also gab es noch Hoffnung! Seine Suche würde belohnt!

Auf komplizierten Wegen setzte er sich mit den sibirischen Gefangenenlagern in Verbindung, mit Kameraden und Vorgesetzten Rudolfs. Schließlich fuhr er hoffnungsvoll nach Essegg. Die Reise war qualvoll lang, durch Wälder, langgezogene sibirische Ebenen und leere Städte, doch vergebens. Niemand wußte etwas.

Auf der Rückfahrt spürte er, wie wenig er die Situation unter Kontrolle hatte, und geriet in eine tiefe Verstörtheit. Er vergaß zu essen und blickte ins Leere. Als ihm an der Tür Martha entgegenkam, erkannte er sie kaum. Alles war fremd. Als er schließlich von einem Kameraden Rudolfs einen Brief erhielt, mit dem all seine Hoffnungen vernichtet wurden, schmolz die Kruste und enthüllte den Schmerz.

Den ganzen Tag, so Rudis Kamerad, waren sie auf den Dnjestr zu marschiert, neben den Straßen verzweifelte Verwundete, die sie warnten, nicht weiterzugehen, auf sie warte der Tod. Sie rückten vor, sandten Patrouillen aus, stellten Posten auf und legten sich schlafen.

Vor dem Morgengrauen rückten sie aus. Ein baumloses, sanft ansteigendes Gelände, das keine Deckung gewährte, die Kugeln pfiffen um ihre Köpfe. Das Heer arbeitete sich bis auf Sturmdistanz vor. Die Russen ergaben sich sofort. Rudis Bataillon besetzte die auf der russischen Seite des Dorfes befindliche Stellung und baute sie aus.

Abends, nach dem Rückzug, wurde ihnen ein Bauernhaus zugewiesen, zwei Ferkel wurden eingefangen, es gab jede Menge Schokolade, Zigaretten und Wein, dann suchten sie ihre Schlafstätte auf.

Sie waren noch nicht eingeschlafen, als Alarm gegeben wurde, Schüsse und russische Hurra-Schreie drangen an ihr Ohr, ein Überfall: Die Posten hatten in der Stellung geschlafen.

Rudolf sei dabei verwundet worden, habe einen Lungenschuß davongetragen und sei wohl im russischen Feldspital bei Zlota Lipa verschieden, schrieb der Kamerad. Er selbst habe den Toten nicht gesehen.

Immer wieder nahm Ferdinand die Karte mit der Todesnachricht zur Hand.

Es war seine Schuld.

Dennoch, solange er den Toten nicht gesehen hatte: ein Zweifel blieb.

Nun drängte es ihn, seinen Ältesten zu besuchen, der gerade in Salzburg eine Ausbildung zum Offizier erhielt.

Kann es sein, daß ihn sein Schmerz nun die Liebe zu Arnold entdecken läßt?

Er fand Arnold »gut aussehend und gekräftigt« vor und freute sich, bei einer Übung im Gelände zu beobachten, »wie gut er seine Leute zu kommandieren verstand«.

Dem Elternhaus entronnen, fühlte sich Arnold beim Militär wie befreit. Die Autorität des Vaters durch eine legale ersetzt. Hier konnte er endlich den sozialen Druck weitergeben, dem er von zu Hause her empfunden hatte. Außerdem mußte er zum ersten Mal in seinem Leben Stellung beziehen.

Sie gingen gerade die Griesgasse entlang, als ihnen Hermann Bahr begegnete, der den Uferweg an der Salzach entlangspazierte, wie immer gepflegt und elegant, mit Stock und Hut. Seine Augenbrauen hingen über die Augen, der Backenbart reichte bis auf die Brust, und statt der Krawatte blitzte eine breite, seidene, dunkelrote Schleife aus dem Paletot. Er kondolierte Ferdinand und Arnold.

Arnold, sagte Ferdinand, ist Kriegsfreiwilliger, und versäumte nicht anzumerken, daß auch er sich an die Front gemeldet hatte und bald wieder einrücken würde.
Löblich, diese Vaterlandsliebe, sagte Bahr, im Hause des »Vaterland«-Dichters nicht anders zu erwarten. Wenngleich es entschieden vorteilhafter wäre, das Vaterland zu besingen und die Opfer von anderen bringen zu lassen. Was ja nicht einmal selten ist.
Bahr lud ihn für den nächsten Tag zu sich ein, um das Gespräch fortzusetzen. Er wohnte in einem Kloster in Marsch bei Salzburg, in hohen und weiten Räumen, stilvoll ausgestattet. Ferdinand betrachtete andächtig die Gipsmaske seiner Gattin, der berühmten Wagner-Sängerin Anna von Mildenburg, postiert vor einer veilchenblauen Draperie, die eine Flügeltüre im Hintergrund verdeckte. Das alles konnte man haben, wenn man berühmt und angesehen war. Ein schöner, wohlsituierter, erfolgreicher Mann, Dichter, Germane, Christ.
Bahrs verschlungener Lebensweg faszinierte ihn. Wo immer er auftauchte, sorgte er für Turbulenzen. Nach einem Engagement in der Alldeutschen Bewegung wurde er wegen seiner Trauerrede auf Richard Wagner von der Universität Wien ausgeschlossen, kurz darauf wurde ihm als engem Freund des Antisemiten Georg Ritter von Schönerer die Immatrikulation in Graz verwehrt. Er konnte in Czernowitz weiterstudieren, mußte aber auch diese Universität verlassen und ging nach Berlin. Sämtliche Moden seiner Zeit hatte er mitgemacht, hatte sogar ein Buch über den Antisemitismus herausgegeben und beschäftigte sich intensiv mit dem Frauenrecht.
Solch Aktionen konnte man sich nur leisten, wenn man kein Jude war.
Wie üblich legte sich Bahr sogleich auf seine Couch und

fragte: Wie denken Sie, Ferdinand, über die Lage unseres Landes? Doch wartete er erst gar nicht die Antwort ab, sondern fuhr fort: Die Rettung der Monarchie kann nur durch eine entschiedene Wendung in der Politik eingeläutet werden. Österreich muß ein Bundesstaat werden, der Dualismus hat sich längst überlebt und sich als große Gefahr für den Bestand des Reiches erwiesen.
Widerwillig trat Ferdinand in das Gespräch ein. Er hatte soeben einen Aufsatz über die Stärkung des Dualismus durch die Einführung des Ungarischen an österreichischen Mittelschulen dem Wiener Tagblatt übergeben und erwartete jeden Tag dessen Erscheinen – diese Anschauungen wollte er nicht vorzeitig verschenken. So gab er nur knapp die Möglichkeit einer solchen Wendung in der Zukunft zu, sofern der Krieg mit einem Sieg beendet würde.
Bahr blickte ihn kopfschüttelnd von unten her an, der Krieg ist ohnedies schon verloren.
Sie schwiegen beide, ein besorgtes nachdenkliches Schweigen.
Ferdinand riß sich aus dieser Lethargie und rief: Nein, der Krieg ist nicht verloren!
Ich habe vom Tod Ihres Sohnes gelesen, sagte Bahr, Sie haben Schweres erlebt, und ich bewundere um so mehr Ihren Optimismus.
Da trat Bahrs Frau mit hochgestecktem blonden Haar ins Zimmer, eine imponierende Erscheinung auch aufgrund ihrer Fülle, im einfachen englischen Kleid, und als sie es leicht anhob, um sich zu setzen, sah er einen Volant aus hellgrauer Seide. Ferdinand schildert sie nicht ohne Schwärmerei.
Gnädige Frau, küß die Hand. Ehrfürchtig neigte sich Ferdinand über den gepflegten weißen Handrücken. Ein blu-

miges Parfum drang an seine Nase. Das Gespräch nahm eine allgemeinere Form an, und Ferdinand verabschiedete sich kurz darauf. Bahr drückte ihm herzlich die Hand: Nun hoffen wir das Beste für unser Österreich!
Von Unruhe getrieben, die Worte Bahrs über den verlorenen Krieg im Ohr, zog es Ferdinand erneut zu Arnold. Beim Abschied »drückte ich Arnold zum letzten Lebewohl stummbewegt ans Herz«. Aber er gab seine Liebe nicht mit Worten zu erkennen, das konnte er nicht.
Als Ferdinand in Wien ankam, war er fest entschlossen, Erkundigungen bei Rudolfs Regiment einzuziehen. Er meldete sich zur VII. Armee und erreichte seine Einteilung zur Intendanz, die sich in Kolomea befand.
Sie ist berührt, welche Anstrengungen er unternimmt, um sich den Glauben an das Leben seines Sohnes zu erhalten. Eine merkwürdige Vitalität, die ihn antreibt, etwas zu tun, auch wenn es sinnlos ist.
Ende Oktober 1915 traf er, von Martha vorsorglich für den Winter ausgerüstet, in Kolomea ein. Während der ganzen Reise war er bedrückt gewesen und hatte geweint.
Kolomea war ihm nicht unbekannt. Seine Eltern waren vor Jahr und Tag auf Wunsch seiner Schwester Amalie, die einen dortigen Hotelier geheiratet hatte, hingezogen. Der Vater, dienstunfähig und krank, bezog keinerlei Pension und war auf die Unterstützung der Kinder angewiesen. Seit auch die Mutter erkrankt war, wurde er wiederholt von seiner Schwester um Hilfe gebeten, die nun allein die Betreuung der Eltern übernommen hatte, und war wiederholt nach Kolomea gereist. Ferdinand und sein Bruder Josef unterstützten die Familie mit monatlichen Beträgen.
Nun konnte er seine Eltern fast täglich besuchen und beobachtete den rapiden Verfall seines Vaters, der nur noch

verworrenes Zeug von sich gab. Augen und Geist waren getrübt. In seiner Todesstunde jedoch war er unerwartet klar und bat seinen Sohn um Verzeihung, wenn er ihm Unrecht getan habe. Sein Zustand zwang Ferdinand, Mitleid mit ihm zu haben. Er war beschämt, aber er wußte, daß die väterliche Reue für ihn selbst zu spät kam – ein Teil von ihm war längst abgestorben.
Er verabschiedete sich von seiner Mutter, deren Schmerz durch nichts zu lindern war. Sie glaubte fest, sie würden einander nie mehr wiedersehen. Sie blickte ihm noch einen Augenblick nach und winkte, dann wandte er sich ab: Die Pflicht rief.
Er machte sich auf zur Intendanz. Kolomea, ein typisch ostgalizisches Städtchen, mit einem Großteil Juden, die übrigen Einwohner polnischer, ukrainischer oder ruthenischer Nationalität. Schlicht, mit einem älteren Stadtkern, der nicht gerade vertrauenerweckend aussah, mit winkeligen, schmutzigen Gassen und einem modernen Villenviertel. In der Nähe deutsche Siedlungen wie das vorwiegend katholische Mariahilf und das protestantische Baginsberg.
Mariahilf fand er völlig zerstört vor, ansonsten war in dieser Region wenig beschädigt, nur hie und da lag ein Haus in Trümmern. Die wohlhabende Bevölkerung hatte längst den Ort verlassen, nur die ärmeren Bewohner waren zurückgeblieben. Die Ämter und Behörden waren verlegt worden, ihre stattlichen Gebäude standen leer und wurden von den militärischen Dienststellen des VII. Armeekommandos und der Quartiermeister-Abteilung bezogen.
Die Intendanz, in der Ferdinand arbeitete, hatte das Gerichtsgebäude besetzt. Im riesigen ehemaligen Gerichtssaal saßen nun die Intendanten und Unter-Intendanten,

Leutnants und Verpflegebeamten an langen Tischen und leiteten ihre Referate. In einem Schnellkurs wurde Ferdinand in die Brennstoff- und Schmierseife-Versorgung der Armee eingewiesen. Nur manchmal, wenn die Kohlenzufuhr infolge der Schneeverwehungen stockte und die Truppen ihre erkalteten Schwarmöfen beklagten, wurden Telefon und Hughes-Apparat, der moderne Drucktelegraf, bemüht.

An der Front herrschte Ruhe, und die Verpflegung funktionierte. Ferdinand und die Truppen waren jedenfalls besser versorgt als die Seinen zu Hause, wie auch in Kolomea noch manches zu finden war, das es in Wien nicht mehr gab. So konnte er ab und zu etwas nach Hause schicken, einmal sogar, bei einer Tombola gewonnen, ein Ferkel, das er als geräuchertes Spanferkel den Seinen zukommen ließ.

Umgeben von freundlichen Kameraden, Deutsch-Österreichern wie Ungarn, Tschechen, Kroaten, Italienern, kam er sich, weit entfernt vom Grauen der Gefechte, fast wie im Urlaub vor. Sein Posten war mitnichten heroisch. Aber er konnte sich einer Aufgabe widmen, die anderen Menschen half und Hunger stillte, das schuf Verbündete.

Mitte November, als sein geschickt gestreutes Gerücht, daß er nicht nur Gymnasialprofessor für Deutsch, sondern auch ein vaterländischer Dichter sei, zu den Herren der Quartiermeister-Abteilung vorgedrungen war, wagte er es, dem Kommandanten seine Bitte vorzutragen, die die treibende Kraft für seine Meldung ins Feld gewesen war.

In Habacht-Stellung stand er vor dem Obersten Schotsch, einem freundlichen, rotgesichtigen Mann, schlug die Hakken zusammen und sagte: Ich muß gestehen, Herr Oberst, daß meine Meldung nicht ohne Hintergedanken gewesen ist.

Und er berichtete in knappen Worten vom angeblichen Tod seines Sohnes.
Ich bitte Sie, sagte er, mir die Fahrt zur Front des Ersten Regiments 78 zu gestatten, um dort persönlich Erkundigungen über das Schicksal meines Sohnes einzuziehen. Schließlich mag es schon dagewesen sein, daß sich Beamte irrten, angesichts der Wirrnis des Krieges.
Da haben Sie ganz recht, sagte Schotsch lächelnd, es gibt durchaus Fehlmeldungen, gerade im Krieg, und ich muß Sie stellvertretend um Entschuldigung für Kollegen bitten, die in der Not durchstreichen und darüberkritzeln.
Spontan gab der Oberst ihm noch einen Brief an den Generalstabschef des 13. Korps mit. Tief gerührt von seiner Teilnahme und Offenheit machte sich Ferdinand, das Lichtbild Rudolfs in der Tasche, auf den Weg nach Buczacz, dem Sitz des Kommandos.
Es war schon dämmrig, als er aus dem Zug stieg. Im tief verschneiten Ort angekommen, suchte er die 5. Kompanie des Regiments im Schützengraben auf. Seine Worte hatte er sich zurechtgelegt, doch als er vor Oberleutnant Leitner trat, dessen äußeres Erscheinen ihm sofort Vertrauen einflößte, brachte er sein Anliegen nur stotternd hervor. Oberstleutnant Leitner führte ihn zu den fünf Männern aus Rudis Zug, die den Überfall überlebt hatten. Zwei der Männer erklärten, Rudi sei tot oder verwundet liegengeblieben und wohl von den Russen fortgetragen worden.
Dann traf Ferdinand auch Leutnant Ferder, Rudis Kameraden, der ihm den Brief geschrieben hatte, einen treuherzigen und feinnervigen Jungen, den die abgebrühten Landser noch nicht gefühllos gemacht hatten und dem Rudolfs Tod naheging. Wir haben mit ihm viel gelacht, erzählte der Leutnant, er war es, der immer voranging

und uns singend und pfeifend ermutigte, ihm zu folgen. Er war ein heiterer Held.

Ferdinand äußerte den Wunsch, den Schauplatz des letzten Gefechts, das Dorf Kosmierzyn, zu sehen. Man stellte ihm einen Dienstwagen mit Pferden zur Verfügung, der ihn durch tiefen Schnee an sein Ziel brachte.

Eine endlos lange Dorfstraße, die ins Schneenichts führte, und an ihr kein einziges unversehrtes Haus. Am Brunnen des Trümmerdorfes eine verschneite Warntafel: Achtung! Flecktyphusgefahr! Auf den Feldern vor dem Dorf Knochen eines Beines, ein durchlöcherter Helm, das Gerippe eines Pferdes. Ein über die trostlose Ebene fegender eiskalter Wind.

Das einzige Lebewesen: eine hinkende Katze, die traurig um die Häuser schlich. Am Ende des Dorfes schließlich das Haus, in dem Rudolf das letzte Abendessen eingenommen hatte. Dann waren die Wachen in Schlaf gesunken, aus dem sie der Überfall der Russen weckte.

Hier mußte der Platz sein, wo sein Sohn verwundet wurde oder starb.

Ferdinand kamen die Tränen. Er lehnte an der Hauswand, seine Hand zitterte, Bilder plagten ihn, sein zarter Junge, Knochen, nichts als Knochen. Er nahm den Weg zurück und trat wütend auf das umkämpfte Land.

Auf der Rückfahrt zogen die gespenstischen, tief eingerissenen Ufer des Dnjestr mit seinen schlangenhaften Mäandern an ihm vorbei. Er streifte den Ort, an dem der Flußübergang stattgefunden hatte, und dachte an die Berichte von Rudis Kameraden, wie sie vor dem Übergang der von den Russen mit Granaten beschossenen Pontonbrücke zögerten. Wie Rudi dann eine Zeitung hervorzog und gemütlich lesend über die Brücke ging – hinter ihm die Mannschaft.

Tage später kam aus dem fernen Sibirien die Nachricht an die Front, daß Rudolf in einem russischen Feldspital an einem Lungenschuß gestorben sei. Auf dem Friedhof in Zlota Lipa befänden sich drei namenlose Gräber.
Neue Hoffnung. Wieder macht er sich auf.
Er unternahm die beschwerliche zweitägige Reise nach Essegg, stapfte erneut über verschneite Felder, der Wind pfiff eiskalt um seine Ohren, vorbei an ein paar mageren Birkenwäldchen mit klirrenden Bäumen. Der Schmerz begleitete ihn mit jedem Schritt.
In Gedanken versunken, ging er hinter dem Kustoden her und ließ die Gräber öffnen. Die Leichen lagen in ihren Särgen, in weißen Hemden, doch keiner mit Lungenschuß. Was für theatralische Szenen! Ohne es zu wollen, schluchzte er auf.
Kaum zurück in Wien, erhielt er vom Gräber-Referenten die Information, daß sich auf dem Heldenfriedhof von Kosmierzyn das Grab eines unbekannten Soldaten befinde.
Hatte das nie ein Ende? Demütig und in Trauer verloren brach er erneut auf. Ein alter Mann führte ihn auf den öden Friedhof mit einfachen Kreuzen aus Birken und russischen Blechschildern, auf denen die Namen der Gefallenen standen. Er ging über klebrigen Schnee, stieg über Mauerreste, Granatlöcher und frisch aufgeworfene Schutthügel.
Der Mann wies auf das namenlose Grab.
Ferdinand hielt sich am benachbarten Kreuz fest, als das Grab geöffnet wurde, er vermochte sich kaum aufrecht zu halten. Würde dies endlich sein Sohn sein, sein geliebter Sohn?
Mit einem Aufschrei zuckte er zurück. Der junge Held, der hier in voller Uniform, so, wie er im Kampf gefallen

war, dalag, trug dieselben dunkelbraunen Aufschläge wie die 78er, aber von einem österreichischen Regiment, dem I. R. 7 aus Kärnten. Der Kopf lag unter dem Arm, neben dem Rumpf.
Hatten ihm die Russen den Kopf abgeschlagen? Nein, meinte der Kustode, er war so groß, daß der Kopf in dem einen Meter fünfundachtzig großen Sarg nicht Platz gefunden hatte. Kopflos, aber in Uniform.
Sein Sohn war das nicht.
Im Frühjahr 1916 verließ er Kolomea, um seine neue Dienststelle bei der Wiener 3. Kavallerie-Division an der bessarabischen Front anzutreten, die in Kuczurmik unweit von Czernowitz in Reservestellung lag. Des Schreiberdienstes müde, wollte er weg vom Bürokraten-Tisch. Er wollte in den Krieg, dorthin, wo etwas los war – und dem häuslichen Leben mit Martha in Wien entfliehen, denn das war immer das gleiche. Da konnte die ganze Zivilisation, konnte sein Sohn sterben, konnten Kaiser und Könige, ganze Vaterländer untergehen – sie dachte an Kinder, Heim und Essen.
Bessarabien, eine fruchtbare Landschaft zwischen Pruth, Dnjestr und der unteren Donau, die früher Türken, nun russische Ansiedler deutscher Kolonisten bewohnten. An der Front von Kuczurmik hatten selbst im Winter die Waffen nicht geruht, und mit den Namen Toporoutz und Rarancze verbanden sich die Bilder brutaler Kämpfe. Das Gelände war hügelig und voller Schluchten. Hier war auch der höchste Punkt der Ostfront, der einige hundert Meter hohe Kavalleriestützpunkt.
Ein Durcheinander an Sprachen um ihn herum, wie er es mochte. Ferdinand freundete sich mit ein paar jungen Offizieren adeliger Herkunft an. Ein beinahe beschauliches Leben, wie er es sich mitten im Krieg nie ausgemalt

hätte. Die Witze der Offiziere sorgten immer wieder für Heiterkeit; sie schäkerten noch, als sie in Horoschoutz einzogen.

Unter starkem Beschuß durch die Russen machte er sich auf den Weg in die Schützengräben, um die zu versorgenden Truppenteile aufzusuchen. Sprenggeschosse zersplitterten zu seinen Füßen.

Er war in einer eigentümlichen Verfassung. Kanonendonner und Granaten feuerten ihn an. Er forderte die Gefahr geradezu heraus.

Nun, da sein Sohn tot war und der Kaiser und seine geliebte k. & k. Monarchie in den letzten Zügen lagen, war ihm sein Leben gleichgültig. War er in den Laufgräben mit seinen Essensrationen unterwegs, so fühlte er sich geradezu belohnt, wenn ein Schrapnell nach ihm zielte und zu seinen Füßen zersplitterte. Fieberhafte, draufgängerische, fatale Augenblicke.

Er war es, der hätte sterben sollen, nicht sein Sohn.

Er lieferte sich seinem Schicksal aus, das minderte seine Schuldgefühle. Die Zukunft interessierte ihn nicht, er hatte keinen Lebensplan.

Russische Überläufer berichteten, daß Oberbefehlshaber General Brussilow eingetroffen sei. Brussilow ging der Ruf eines gründlichen Denkers voraus, der seine Angriffe sorgfältig vorbereitete.

Nun wurden zu den Wiener Sachsen-Dragonern ein ungarisches Husaren- und ein galizisches Ulanenregiment, die den Kern seines Frontabschnittes bildeten, herangezogen, meist Fußtruppen – für Ferdinand bedeutete dies vermehrte Arbeit, und häufig mußte er sich dem Feind auf Schußweite nähern.

Dennoch fand er ab und zu in seinen Pausen Gelegenheit, zum nahen Czernowitz zu fahren, eine Art Österreich

im Kleinen, wie er fand. Immerhin hatte er einen Dienstwagen, ein landesübliches, mit zwei Pferden bespanntes Fuhrwerk. So genoß er ab und zu das beinahe mondäne Leben in der Universitätsstadt mit ihren verlockenden Läden, in denen es Dinge zu kaufen gab, die ein Kulturmensch brauchte, sogar Bücher! Es gab schöne Cafés und Zeitungen, Restaurants mit ansprechendem Angebot. Die Bevölkerung bunt gemischt: Rumänen, Ruthenen, Polen und eine große jüdische Gemeinde. Deutsch war die allgemeine Umgangssprache, deutsch die Bildungsanstalten, deutsch die Universität. So konnte er sich beinahe in einer deutsch-österreichischen Stadt glauben, was zu seinem Wohlbehagen beitrug, und er bedauerte, daß er seinerzeit das öde Jägerndorf für den Schuldienst gewählt hatte, statt Czernowitz. Zudem hatte er dort einige Freunde, die er besuchte. So genoß er friedliche Stunden, ehe er wieder zu seiner Armee zurückkehren mußte. Wäre nicht ab und zu ein Flieger über die Stadt geflogen, man hätte in Czernowitz vom Krieg wenig gespürt.
Ganz anders das Städtchen Sadagora, das an der Wegstrecke nach Czernowitz lag, unter den Juden bekannt, weil hier ein Wunderrabbi residierte – es war völlig zerstört. Den Rabbi hatte der Krieg vertrieben, sonst hätte ihn Ferdinand besucht.
Hat sie recht gelesen? Er, der das Judentum abgelegt hatte, wollte zum Rabbi?
Das klingt zunächst überraschend. Doch nie zuvor hatte er eine solch extreme Verzweiflung gekannt, nun suchte er Hilfe, suchte sie sogar in der jüdischen Religion.
Anfang Juni kam es zur russischen Offensive. In den frühen Morgenstunden des 4. Juni griffen die Russen die österreichischen Schützengräben auf breiter Front mit Gas an; Ferdinand, der sich außerhalb befand, blieb unbe-

helligt. Panik. Chaos. Ein Befehl jagte den anderen, die Soldaten flüchteten in alle Richtungen, die Ordonanzoffiziere stürmten auf ihren schaumbedeckten Pferden hin und her, Trommelfeuer setzte ein.
Ferdinand saß mit Kameraden in Deckung. Er hätte nie gedacht, daß ein Krieg etwas so Chaotisches sein konnte und selbst Offiziere die Orientierung verloren. Sie waren hilflos und gaben irreführende Befehle.
Als ein neuer Unter-Intendant kam, wurde Ferdinand vom Stab abkommandiert und in Stryj mit der Führung zweier Verpflegungsmagazine der Kampfzone betraut, was eine Herabsetzung bedeutete.
Ohne Pferd hätte er den anstrengenden Dienst nicht leisten können, der ihn von einem Magazin zum anderen hetzte, um Proviant aufzunehmen und zu verteilen, meist im Schußbereich der russischen Kanonen. Gut, daß er damals auf dem Herrenhof reiten gelernt hatte. Bald fühlte er sich wieder sicher im Sattel. Er richtete es so ein, daß er in einem zwei Kilometer entfernten Dorf schlief, denn an Nachtruhe war im umkämpften Posten an der Front nicht zu denken.
Sein Privileg erregte den Zorn des Unter-Intendanten, der darauf bestand, daß Ferdinand auch nachts auf seinem Posten zu bleiben habe. Doch mit Ferdinands Listigkeit hatte er nicht gerechnet. Er schlief auf der Paßhöhe. Dort, hatte er festgestellt, befand sich in einiger Entfernung ein Försterhaus, dessen Bewohner ihm ein Zimmerchen überließ. Hier klang der Schlachtenlärm nur gedämpft herein, und Ferdinand verbrachte ruhige Nächte, das Pferd im Stall.
Um ihn herum überall Tod. Die Lage wurde immer kritischer, doch er dachte an Rudolf, und ihm war alles egal.
Sein Leben schien ihm sinnlos und bedeutete ihm nichts –

und doch kehrte sein Glaube wieder, daß der Krieg sinnvoll sei?

Am 11. Juni stand er früh auf, um von einem Hügel aus mit dem Feldstecher den Verlauf des entscheidenden Kampfes auszuforschen. Er sah, wie sich ein Bataillon der Infanterie in aufgelöster Schwarmlinie einen Abhang hinaufzog, um die Russen, die bereits die vorderste Linie der Schützengräben besetzten, zu vertreiben. Die Ruhe und Sicherheit, mit der sie ihren bedrohlichen Weg gingen, unter Kugeln und Granaten, ließ sein Herz höher schlagen. Das war ein neuer Zug an ihm, der mit dem Krieg entstanden war: Jedes patriotische Verhalten flößte ihm Stolz und tiefe Rührung ein.

Mit dem Feldstecher suchte er den Hauptmann. Der schritt aufrecht und ohne Hast dahin, die meisten um einen Kopf überragend, und tat seine Pflicht. Plötzlich ging ein Schnellfeuer los, und ein Soldat nach dem anderen fiel. Nun brach eine ungeheure Masse aus allen feindlichen Linien hervor und warf sich mit Wucht auf die schütteren österreichischen Reihen. Der Hauptmann war nicht mehr zu sehen.

Ferdinand verließ eilig seinen Beobachterposten und begab sich zum Stab, um die Befehle für die Maßnahmen beim Rückzug entgegenzunehmen. Er fand das Bataillon zerknirscht, dezimiert und deprimiert: Die Wachen hatten geschlafen, wie beim Tod Rudolfs versagt. Viele von der k. & k. Armee hatten sich ergeben. »Das war das Ende der Schlacht bei Okna.«

Ferdinand bekam den Befehl, die reichlichen Vorräte des Magazins in Kociuba an die Truppen auszugeben und den Rest sofort zu verbrennen. Ihm blutete das Herz, wenn er an seine hungernden Familien in Wien und in Kolomea dachte, denn kurz zuvor war eine Wochensendung mit einem Dutzend Prager Schinken, mehreren Metern geräucherter Würste, vielen Kisten mit Eiern und Marmelade, Schokolade, Rauchwaren, sogar Klosettpapier eingetroffen, das vor allem dem Stab zugedacht war. Er verteilte es in Windeseile, und jeder, der vorbeikam, erhielt, was er nur tragen konnte.

Was aber sollte mit den vier Hektolitern Wein geschehen? Er hatte den strikten Befehl, die Fässer ausrinnen zu lassen, doch eine innere Stimme sagte ihm, es sei besser, sie gefüllt den Russen zu überlassen. Sie würden sich volllaufen lassen und den Kampf vergessen.

Schon vernahm er den Ruf: die Tscherkessen! Für ihn die »unliebsamste Völkerschaft der russischen Steppe«, die sich, »das Messer im Mund«, in den Nahkampf stürzte, die sollten sich am Wein gütlich tun und ihren Rausch ausschlafen, statt Blut zu vergießen, so sein geheimer Wunsch.

Die List bewährte sich, wie er bald erfahren sollte. Denn als man ihn zur Rechenschaft zog, fragte der Divisionär, der dem Verhör beiwohnte:

Haben Sie denn nicht die Fässer ausrinnen lassen?

Nein, Exzellenz, antwortete Ferdinand, das tat ich nicht.

Der Divisionär lächelte: Sie haben recht getan. Unser Stab wäre sonst nicht so glatt durchgekommen.

Aber das Klosettpapier, warf der Intendant ein, der sich mit seinem vollbeladenen Auto als einer der ersten von der Front davongemacht hatte, das haben Sie mit verbrennen lassen, statt es dem Divisionsstab auszuhändigen.

Ja, sagte Ferdinand mit schuldbewußter Miene, ich hätte bedenken sollen, daß unsere Situation dringend nach Klosettpapier verlangt.

Sie muß schmunzeln und fängt an, ihre zwiespältige Rolle als Beobachterin zu begreifen. Dieser Mann konnte Befeh-

len ebenso pflichtbewußt nachkommen wie sich über sie lustig machen und sie mißachten.
War er nicht mehr abhängig von dem, was man ihm befahl?
Ihre Hoffnung ist, daß dieser Zug in ihm weiterlebt.
Er folgte der Truppe in die Talsenke und dann den Flußlauf des Czeremosz entlang, nahm den steilen Abhang des Ćorny Vrch und wunderte sich, daß sein Roß nicht zu Fall kam.
Die langanhaltenden Beschießungen und Grabenkämpfe im Niemandsland hatten ungeheure Verwüstungen gebracht. Die Dämmerung fiel ein, halbtote Pferde lagen am Straßenrand, Verwundete wechselten einander den Verband und saßen da, erschöpft, blutend. Die ermüdeten Fußtruppen marschierten an ihm vorbei, man blickte halb mitleidig, halb neidisch auf den einsamen seltsamen Reiter, und manchmal hatte er Angst, man könne ihn seines Pferdes berauben.
Die Gegend wurde menschenleer. Die Verbindung mit dem Stab hatte er längst verloren und überließ sich dem braven Tier, voll Vertrauen, daß es den rechten Weg finden würde. Und tatsächlich, mitten in der Nacht traf er wieder auf die Seinen und opferte den hungrigen Kameraden Brot und Wurst.
Sie ritten und marschierten tagelang, über Straßen, Felder, Flüsse und Gräben, bald hing er mehr im Sattel, als er saß, und spürte seine Schenkel nicht mehr, und als sie am Bestimmungsort eintrafen, mußte man ihn vom Pferd heben und niederlegen – er wäre sonst wie ein Klotz umgefallen.
Doch wie seine Leute auf dem Rückmarsch verpflegen ohne Verpflegestation? Das war schließlich seine Aufgabe. Also hielt er die Augen offen und entdeckte in Unter-

Stanestie in einem versteckten Winkel einen Riesenballen chinesischen Tees, in Wiznitz sammelte er die Vorräte ein, die die geflüchteten Bewohner zurückgelassen hatten, in Krzyworownia fand er große Gläser mit eingelegten Zwiebeln und Tomaten. Im prächtigen Badeort Dornawatra konnten sie sich gründlich säubern. Schließlich Jakobeny und Kirlibaba, schon an der Grenze Siebenbürgens, wo sie einen hohen Paß, den Prislop, zu überqueren hatten. Hier lag endlich der Karpathenwall zwischen ihnen und den Russen, und sie gönnten sich ein paar Tage Pause.

Über Felsö-Visso, wo er die aus der »Hölle von Verdun« zur Unterstützung herangezogenen deutschen Truppen an sich vorüberziehen sah – magere, abgewrackte, verwundete Gestalten, die fast ohne Unterbrechung durch halb Frankreich gelaufen waren –, ging es dann weiter nach Havasmezö, auch Russpolyana genannt, dort setzten sie sich für ein paar Wochen fest.

Ferdinand wurde als »Intendanzchef« von Oberst Dragoni der Brigade zugeteilt und hatte seinen Sitz im Holzschlaghaus hoch in den Bergen nördlich von Dombo. Das Klima war rauh, die Nächte waren kalt, und Ferdinand war mangelhaft ausgerüstet. Er bekam eine heftige Angina, hielt aber dennoch am 18. August, Kaisers Geburtstag, vor seinen Leuten eine schwungvoll-fiebrige Rede und wurde schließlich ins Feldspital eingeliefert, dann in eine Spezialklinik des Wiener Parlaments, da die heftigen Muskelschmerzen – wohl eine Folge des Giftgases – nicht nachließen. Schließlich wurde er auf Urlaub nach Hause entlassen.

Ferdinand fühlt sich aufgrund seiner subalternen Tätigkeit als Verpfleger der Kompanie davon entbunden, sich mit den Greueln dieses Krieges ernsthaft zu beschäftigen. Die

Unbekümmertheit, mit der er den schrecklichen Gaskrieg und die Verstümmelten nur am Rande erwähnt, ist ihr unheimlich. Falls er litt, wenn ein Kamerad neben ihm tot zu Boden fiel, so hat er es gut verborgen.
So hat sie sich das nicht gedacht. Ihre Hoffnungen auf einen Schwejk drohen zu zerfließen.
Mitte Oktober war Ferdinands kurzer Urlaub vorbei, und während der Vorbereitungen für seine Reise nach Galizien ereilte ihn die Nachricht von der Katastrophe des 3. Tiroler Kaiserjäger-Regiments in der Schlacht am Monte Pasubio. Ein erbitterter Stellungskrieg, der mit der deutschen Niederlage endete. Man stritt um jedes Felsenstück, jede Almwiese, jede Höhle. Fast das ganze Regiment Arnolds sei vernichtet, der Oberst gefallen.
Ferdinand hatte ein seltsames Gefühl der Wiederholung. Nicht noch einmal. Das war zuviel.
Die ganze Nacht lief er durch die Straßen und wartete, daß der Tag anbrach. Erst dann gelang es, ein Telegramm an das Regiment mit der Anfrage nach Arnolds Befinden abzuschicken. Die sibyllinische Antwort: Der Fähnrich Arnold Bronner sei nicht beim Regiment. Nun wuchs die Sorge erst recht. War Arnold verwundet, in Gefangenschaft geraten, tot?
In dieser Ungewißheit mußte Ferdinand abreisen und Martha zurücklassen. Er erreichte Stryj, seine neue Dienststelle, meldete sich beim Quartiermeister der Deutschen Südarmee. Er nahm aber kaum wahr, was um ihn geschah, er sah die Menschen nicht, hörte nicht, was sie sprachen, und vergaß, was seines Amtes war.
Er berichtete dem Intendanten von seinem Zustand und erhielt ein paar Tage dienstfrei, doch die Sorge um Arnold raubte ihm den Schlaf.
Über Freunde vom Roten Kreuz erfuhr er, daß Arnold

in einem Spital in Verona liege. Arnold hatte Dienst in der Stellung gehabt. Als Zugführer verfügte er über einen kleinen Unterstand, hier hockte er tagelang steif, stumm und vergessen, lebte das, was er für das Urleben hielt, sein einziger Kampf galt den Läusen.
Schon seit August gab es immer wieder Scharmützel mit den Italienern. Da es im September bereits heftig begonnen hatte zu schneien, glaubte er, daß der Krieg vor der Schneeschmelze im Frühjahr nicht weitergehen würde, da überfielen die Italiener mit gewaltiger Übermacht die österreichischen Stellungen am Pasubio und rieben den größten Teil des Regiments auf.
Alarm, Schreie, eine wilde Schießerei.
Ein Horrorszenario vom Krieg entwirft Arnold in ›Sabotage der Jugend‹: von ›Geistern‹, die als ›Tanks‹ heranrollen, ›als Maschinen, als Technik. Ein naturfernes Geschlecht ... schuf sich eine Übernatur, an die es glauben mußte.‹
Der Krieg, ein »Sturm gegen Gott«, so der Titel des Stücks, das an der Front entsteht. Diffuse Bilder, diffus wie das Bild, das der Soldat Arnold Bronner in ihren Augen abgibt.
Angesichts der Aussichtslosigkeit hatte Arnold dem Zug, den er befehligte, gerade ein »Gemma gemma!« zum Rückzug zugerufen, als ihn die Kugel eines Maschinengewehrs in der Kehle traf.
»Ich lief zuerst weiter, weil ich mir dachte, solange ich laufe, lebe ich. Dann aber zwang es mich in die Knie. Der kleine Werle wollte mich halten, aber ich entglitt ihm. Er bückte sich zu mir, während es ringsum weiterknallte, schrie und schoß. Ich wollte ihm etwas sagen, aber da merkte ich gleichzeitig an seinem Gesicht und an meiner Kehle, daß mir der Kehl-Kopf und die Schulter durchschossen waren. Ich war stumm geworden.«

Sein rechter Arm wurde lahm. Nur dem kleinen Kaliber der Italiener verdankte er sein Leben, eine österreichische Kugel hätte seinen Kehlkopf zerrissen.
Er lag hinter der Front der Italiener, hatte noch die Offiziersmütze auf, den Karabiner umgehängt, hatte einen Revolver. Er war der Feind. Ein Italiener hob sein Gewehr und legte auf ihn an. »Dann fiel der Schuß.«
Er überlebte und bezichtigte sich später der Mystifizierung.
So lag er da, bewußtlos, röchelnd, das Blut strömte aus seiner Wunde, bis ihn eine italienische Sanitätspatrouille fand: Ecco un Viennese! Casus letalis.
Kehlkopfdurchschuß. Lazarett. Dunkelheit. Eine Welt jenseits der Sprache. Er glaubt sich tot, meint, den Schuß, der ihn getötet hat, »jahrelang« bis »in seine Träume hinein« gehört zu haben.
Wer ist er? Er quält sich mit der Frage nach seiner Identität. Wiedergeburtsphantasien. Halluzinationen.
Vorstellungen, er sei an jenem Tag gestorben und als »anderer Mensch« wiedererstanden.
Er streift das Verpflichtende ab, das mit seiner Existenz geboren wurde, und damit auch die Existenz der Anderen, seiner Familie, seines Vaters.
Drei Jahre Kriegsgefangenschaft in Catania, Marsala, Cefalù und eine für immer gebrochene Stimme.
Er kann nicht mehr schreien.
Und schreit doch immer mehr.

※ ※ ※

28. Zwischenreich

Bleiern lag die Stimmung über der tiefdunklen Stadt. Die ersten Fälle der Spanischen Grippe, die sich vom Westen her verbreitete, traten in Wien auf und forderten Todesopfer in der entkräfteten Bevölkerung. Die Ärzte standen der rätselhaften Krankheit hilflos gegenüber. Wie alle fürchtete auch Ferdinand die Ansteckungsgefahr und blieb zu Hause, erfüllt von einer seltsamen Mattigkeit.
Mit dem Wunsch, sich aufzuopfern, gar das Leben für künftige Generationen hinzugeben, damit war es vorbei. Der Idealismus des Volkes war verflogen.
War sein festes Ideengefüge durcheinandergeraten? Hatte die Konfrontation mit der Realität des Krieges sein Vertrauen in den Staat ins Wanken gebracht? Fühlte er zum ersten Mal, daß die Gesellschaft, die ihn umgab, schwächer war, als er gedacht hatte?
Armes Deutschland, wie waren seine Menschen heruntergekommen! Wenn nicht Ellida eine Arbeit hätte – das auffallend schöne siebzehnjährige Mädchen war das erste unter seinen Kindern, das sich schon früh durch eine Ganztagsarbeit sein Brot verdiente – und ihnen ab und zu mit Lebensmitteln ausgeholfen hätte, sie wären mit diesen winzigen Lebensmittelrationen und dem mit Mais versetzten, kaum genießbaren, matschigen Brot nicht über die Runden gekommen.
Als er hörte, Ludendorff habe einen sofortigen Waffenstillstand gefordert, brach er zusammen.
»Alle Opfer umsonst gebracht, alles Blut umsonst geflossen«, schreibt er. Das Blut seines Sohnes sinnlos vergossen. Das konservative Deutschtum verloren. Der gesell-

schaftliche Aufstieg als Schriftsteller zunichte gemacht. Das Unglück seines armen Landes, mit seinem Schicksal so eng verbunden, die allgemeine Untergangsstimmung erfaßte ihn mit solcher Gewalt, daß er sich die nächsten Wochen nicht aus dem Bett erhob.
Diese Zeit bildet »eine Lücke in meinem Gedächtnis«, schreibt er. Körper und Geist wie gelähmt.
Der totale Zusammenbruch. Demaskiert, alles zerstört, sein Lebensbau, die ganze Welt.
Wenn er überhaupt noch ein Ziel gehabt hatte, so war es der Sieg in diesem wahnsinnigen Krieg. Mit einer Niederlage konnte er nicht leben. Die weltweite Krise übertrug sich auf sein Gemüt, und er verweigerte sich dem Leben voller Angst und Schrecken. So hatte er keine Ahnung, daß Kaiser Karl am 3. November 1918 sein eigenes Heer verraten hatte, indem er den Waffenstillstand einen Tag zu früh verkündet hatte. Die österreichischen Soldaten hatten am Mittag des 3. November aufatmend abgerüstet, hatten Kanonen und Gewehre deponiert und sich auf den Heimmarsch gemacht. Die Italiener aber, noch mitten in den kriegerischen Aktionen, umzingelten sie und nahmen sie gefangen.
Auch von der Absetzung des Hauses Habsburg, der Auflösung der österreichischen Armee, dem Auseinanderbrechen des Vielvölkerstaates und der Ausrufung der Republik Österreich gelangte nichts in seinen Dämmerschlaf. Nichts vom Zustrom der von den Fronten kommenden zügellosen Soldateska und den wilden Kämpfen an den Bahnhöfen zwischen den Truppen verschiedener Nationalitäten. Nichts vom Aufruhr der ausgehungerten Volksmassen und den ersten Anzeichen eines beginnenden Bürgerkriegs.
Eines Tages jedoch überkam ihn eine innere Ruhe, und er kehrte in seine Welt zurück.

Nie hätte er sich eingestanden, daß etwas an seiner Art und Weise zu leben grundfalsch war. Ihn zwang die Situation keineswegs zum Umdenken. Er verweigerte dem status quo seine Zustimmung, den Untergang des Schönen und Wahren betrauernd, und kehrte in den sicheren Hort seines Nation- und Vaterlandbegriffs zurück.
Der Laissez-faire-Staat des alten Österreich bleibt seine Heimat – im Unterschied zu seinem Sohn Arnold, der Österreich als Heimat des ›Professors‹ verspottet und dem Deutschland, das »Land meiner Mutter« zur Heimat wird, dessen Menschen sich durch »eine so starke Denkkraft, eine so tiefe Empfindungs-Seligkeit, ein so gerades Herz« auszeichnen.
War dieses nationale Denken zwingend in ihren Vätern angelegt?
»Ich liebte Deutschland, hatte es immer geliebt«, schrieb Arnolt Bronnen im *Protokoll*, »Deutsch war mir immer ein heiliges Wort gewesen.« Deutschen Schwulst produzierte er auch in den *Rheinischen Rebellen*: »Sehnsucht hat mich besessen gemacht, Sehnsucht nach Deutschland. Ich fuhr durch Deutschland, habe Deutschland gesehen. Ich trank das Land, Dörfer betäubten mich, Städte kamen über mich wie rote Stiere, Berge drangen in meinen Leib ... Unser Leib ist dem Boden verpflichtet ... Unser Blut trank die großen Ahnen des Volkes ...«
Da war Ferdinand Bronner doch wesentlich nüchterner.
Als Ferdinand, schwankend noch, nach sechs Wochen erstmals wieder auf die Straße trat, war alles wie immer. Außer herumliegenden Patronenhülsen, Uniformstücken und abgerissenen Kokarden war vom Krieg nichts mehr zu sehen.

* * *

29. Der Sohn der Söhne

Mit dem Beginn der Republik Österreich enden abrupt die Apokryphen Ferdinand Bronners, mit einer Lobpreisung auf sein »herzgeliebtes, einziges Wien, das Gott vor allem Bösen beschützen möge!«
Sie ist ratlos. Hat sich an sein Vorhandensein gewöhnt. Hat seine Auslassungen geduldig nach bestem Wissen und Gewissen gefüllt. Folgte seinen Bewegungen und Gedanken. Und auf einmal erlöscht das Licht, sie sitzt im Dunkel.
Der Reiz dieses Schlusses ist ihr klar: Ferdinand steht gut da. Er hat alles für sein Vaterland getan, sogar einen Sohn geopfert. Und er muß in seiner Lebensgeschichte nicht von den existentiellen Nöten der Juden berichten. Denn: »was nun folgte, gehört in ein anderes Kapitel.«
Kapitel, die der erst Fünfzigjährige nie schrieb, das scheint ihr nicht ohne Bedeutung.
Für eine Weile überkommt sie Verzweiflung.
Warum erzählt er nicht weiter? Was hat es damit auf sich? Sie überlegt. Stimuliert ihre Vorstellungskraft.
Ein Gedankenschritt folgt dem anderen, und so entsteht eine Bewegung, die von Wort zu Wort führt, mit Pausen, Unsicherheiten, Schritten zurück, Zurückkommen auf frühere Gedanken, Neueinsätzen.
Ich schreibe die Geschichte fort, gestützt auf das, was ich herausbekommen habe und was mir Enkel, Urenkel und Archive sowie Arnolt Bronnen im *Protokoll* zur Verfügung stellen.
Nach Kriegsende wurde Ferdinand, gerade fünfzig Jahre alt geworden, wie viele seines Alters frühzeitig pensioniert, und bartlos, wie es die Mode war, nahm er Abschied

von vielem. Es wäre für ihn ohnedies eine deprimierende Aussicht gewesen, der Demokratie zu dienen, insofern war er erleichtert. Der österreichische Bundesstaat war nicht mehr sein Land. Viele Gebiete verloren, Tirol zerrissen. Seine Griensteidl-Kollegen hatte es in alle Himmelsrichtungen verschlagen. Viele hatten Österreich verlassen.

Verantwortungslos und bequem fand er das und feig dazu, in der Stunde der Not seiner Heimat zu entfliehen. Zum Glück hatte man ihm ohne Schwierigkeiten – sein immer noch weitgespanntes Freundesnetz machte sich wieder einmal bezahlt – einen österreichischen Paß ausgehändigt; von Rechts wegen wäre er nun Pole geworden.

Die inneren Unruhen im Land entsprachen seinem Zustand. Ein betrogenes, an der Nase herumgeführtes, bettelarmes Land ohne Zukunft.

Mußte die k. & k. Monarchie wirklich auf diese schändliche Weise aufgelöst werden? Ein Land, verstümmelt wie die frierenden, blinden und hungrigen Kriegsinvaliden, die Wiens Straßen bevölkerten. Das seine Alleinschuld am Ersten Weltkrieg blutend trug und dem man die Gliedmaßen amputiert hatte: ohne Tschechen, Polen, Italiener und Slowenen. Zudem hatten diese Staaten die alten österreichisch-ungarischen Banknoten durch eigene ersetzt und Österreich mit seiner alten Krone hängengelassen. Eine gigantische Inflation war die Folge, der Deutschland erst allmählich folgte, um dann das kleine Österreich rasant zu überholen.

Dennoch, er würde in Wien bleiben. Immerhin, sein Einakter *Der Supplent* war noch im Wiener Carltheater aufgeführt worden, allerdings mit wenig Resonanz. Ein Abend, an den er sich mit Schrecken erinnerte. Durch ein stockdunkles Wien hatte er sich zum Theater hingetastet, die stolpernde, halbblinde Martha, deren Augenleiden in letzter Zeit bedenklich voranschritt, hing schwer an seinem Arm. Und dann die Aufführung: Mittelmäßige Schauspieler gaben ihr Bestes, Geld hatte das nicht gebracht.

Den Boden unter den Füßen hatte er verloren. Hätte nicht sein Verleger ihm einen kleinen Posten als verantwortlicher Schriftleiter der *Mitteilungen des Bundes der Freunde Skandinaviens in Wien* vermittelt, den er bis 1933 innehatte, er wäre nach der Pensionierung ein bloßer »Privatier«. Der Höhepunkt dieser Tätigkeit waren die Reisen zu Selma Lagerlöf, die er verehrte. Er bewunderte an der Nobelpreisträgerin nicht nur, daß sie ihren Lehrerinnenberuf aufgeben konnte, um zu schreiben, sondern auch ihr soziales Engagement. In ihrer Heimatgemeinde war sie Mitglied der Armenverwaltung, beantwortete zahlreiche Bittbriefe und schickte Bedürftigen Geldbeträge. Zur Zeit der Weltwirtschaftskrise, als überall Arbeiter entlassen wurden, stellte sie auf ihrem Landgut Arbeiter ein, um die Not zu lindern. Wiederholt war er auf ihrem Gut Mårbacka zu Gast, dem Gut ihrer Familie, das sie zunächst wegen Schulden verkaufen mußte, später aber wieder zurückkaufen konnte.

Die Pension ermöglichte ihm und Martha ein äußerst bescheidenes Auskommen. Er schrieb kleine Artikel und Aufsätze, baute sein Freundesnetz aus und suchte Halt in seiner deutsch-nationalen Gesinnung. Er blieb Gefangener seiner Vergangenheit, das machte ihn anfällig für nationalsozialistische Tendenzen.

Zeigt sich hier nicht Ferdinands Kleinbürgerlichkeit – eine Mentalität, die sich in der nur scheinbaren Entfesselung seines Sohnes fortzeugte? Übertrug er nicht wie jener die Dif-

fusität seiner Biographie auf sein politisches Denken? Warum gab er der Demokratie keine Zeit, sich zu entwickeln, sondern schürte die Bereitschaft für einen neuen Krieg? Befremdlich für einen Menschen, der mehr als andere an den großen geistigen Impulsen seines Landes hing, der Schillers Freiheitsgedanken und die Klassik verehrte wie kein zweiter. Bald lag Ferdinand vor der neu erwachenden Volksbewegung auf den Knien.

Er versuchte, als Schriftsteller wieder Fuß zu fassen und erinnerte seinen Freund Max von Millenkovich-Morold, der gegen Ende des Ersten Weltkriegs kurz das Amt des Burgtheater-Direktors innehatte, an sein Versprechen, das Stück *Neues Leben* aufzuführen. Aus der 1940 erschienenen Biographie des Direktors, in der er stolz verkündet, die Aufführung eines bereits angenommenen Schnitzler-Stückes verhindert zu haben, läßt sich schließen, wie grob die Abfuhr war. Ob er allerdings von Ferdinands jüdischer Herkunft wußte, ist nicht auszumachen. Doch waren Denunziationen in Wien an der Tagesordnung.

Seit dem Ende des Krieges litt Ferdinand unter Schlaflosigkeit, die sich mit Arnolds Rückkehr aus der Gefangenschaft noch verstärkte. Ferdinand und Arnold waren sich ausnahmsweise einmal einig, daß der Schandfrieden von Versailles eine unausgereifte Lösung war. Arnold sprach gar von einem neuen Krieg.

Erst Ende September 1919 hatte man Arnold, auf Intervention eines seiner Freunde, nach viereinhalb Jahren Krieg und Gefangenschaft freigelassen. Auf der Rückreise brachte man ihn in einem luxuriösen Hotel am Comer See unter, in dem schon fünfzig Offiziere versammelt waren: »Es war das letzte Mal Altes Österreich mit Generälen, Exzellenzen, Grafen und Fürsten, ich als schlichter Fähnrich nur so zufällig dazwischen ... Hier sprach

man noch von Offiziers-Bewußtsein, Treue zu Habsburg, unverbrüchlicher Einigkeit, und das alles in verschiedenen Sprachen.« Doch das war längst verspielt.
Wie Ferdinand hatte es auch Arnold die nationalen Sehnsüchte keineswegs ausgetrieben. Das konnte dem Vater nicht entgehen, als er seinen Sohn, sechshundertsechzig Kronen Lohn des Vaterlands in der Tasche, am Westbahnhof auf der Heimkehrer-Zerstreuungs-Station Hietzing abholte. Auf dem Heimweg trat plötzlich ein Mann auf Arnold zu und nahm ihm seine Mütze vom Kopf: Das wollen wir doch mal vom Kopf herunternehmen, sagte er und riß die Offiziersrosette ab. Dann reichte er ihm die Mütze wieder. An Arnolds getroffenem Blick konnte Ferdinand wohl sehen, wie sehr er, der nie seinen Stolz auf die »nicht ganz offiziersmäßige Stellung« zugegeben hatte, der Rosette nachtrauerte.
Im Oktober war Arnold also endlich wieder zu Hause. Ein hochgewachsener, magerer junger Mann mit einem kleinen Schnurrbart über den schmalen Lippen, mit großen, umschatteten, blaugrauen Augen unter der Brille und einer Narbe am Kehlkopf, entkräftet, hustend, bleich, geschunden und unversöhnlich. Mit einer heiseren, brüchigen Stimme, die ihm etwas Pubertäres gab.
Der Haß des Vierundzwanzigjährigen auf die Väter war noch gewachsen. Schließlich, fand er, hatten die Alten den Jungen diesen Krieg eingebrockt. Seine eigene Kriegslust hatte er vergessen.
Er hatte es eilig gehabt, von Italien nach Wien zu kommen. Ein Brief von Gustav Wyneken, dem Leiter der Schulgemeinde Wickersdorf, hatte ihn Anfang September 1919 in Palermo erreicht. Der Brief war fast ein halbes Jahr alt und ihm von Cefalù, wo er in Einzelhaft saß – er hatte einen Kommandanten, absichtlich oder nicht, nicht ge-

grüßt – nachgeschickt worden. Inzwischen wurde Arnold in Palermo verhört.
Aufgewühlt von Wynekens Nachricht, versuchte er, aus dem heißen Palermo zu fliehen, kehrte aber wieder zurück und wurde am 25. September 1919 offiziell entlassen.
»Wie Sie sehen«, schrieb Wyneken, »habe ich nach 9jähriger Trennung unter Zustimmung der Schulgemeinde die Leitung von Wickersdorf wieder übernommen.« Zwei Jahre später mußte sich Wyneken einem Prozeß stellen, da er zwei nackte Knaben umarmt hatte. Doch blieb er seinem »pädagogischen Eros« treu und plädierte dafür, »deutlich den Eros zu bekennen«, so mußte er endgültig die Leitung der Schule niederlegen.
Wyneken rühmte in seinem Brief nach Cefalù Arnolds »unvergeßliches« erstes Stück und fragte nach dem Manuskript: ob es denn nicht endlich und zwar unverändert erscheinen könne.
Wyneken und Arnold hatten sich 1914 kennengelernt, als Wyneken vor dem »Sprechsaal Wiener Mittelschüler« Siegfried Bernfelds einen Vortrag hielt. Dem Sprechsaal gehörten auch Gerhart und Hanns Eisler und deren Schwester Elfriede an.
»Wo war mein Manuskript? Gab es das überhaupt noch?« fragte sich Arnold. Und wem sollte er schreiben? Die Mutter konnte ja nicht mehr lesen. »Dem Professor aber konnte ich doch unmöglich wegen meines Stückes *Vatermord* schreiben. Wenn ich an das alles dachte, wurde ich am ganzen Körper kribbelig.«
Arnold kam zurück, zwei Dramen im Rucksack, *Sturm gegen Gott* und *Exzesse*, in heißen Palermo-Nächten nach homosexuellen Annäherungen verfaßt.
Zu Hause, so Arnold, »war alles anders und schlechter«.

Ellida mußte in einem Büro arbeiten, um Geld zu verdienen. Der Bruder Günther studierte, »der Professor ließ studieren«. Alles war knapp, »jeder Bissen wurde berechnet«, ein Dienstmädchen gab es nicht mehr. »Aber ich fand meine Stücke wieder, das wog alles auf.« Er schrieb Tag und Nacht an der Bearbeitung des *Vatermords*.
Es hatte ein berührendes Wiedersehen des Sohnes mit seiner Mutter gegeben, bei dem sich Ferdinand schmerzlich ausgeschlossen fühlen mußte. »Daheim fand ich meine Mutter wieder, glücklich, sie eine kurze Zeit allein zu haben, unglücklich über ihr verlorenes Augen-Licht.« Eine rapide fortschreitende Netzhautablösung. Arnold war besorgt. Er führte sie sorgfältig durchs Zimmer, als habe er Angst, sie könne fallen und sich etwas brechen. Dabei bewegte sich Martha in den Räumen mit großer Sicherheit. Er kämmte sie am Morgen und brachte ihr abends den Shawl. Stundenlang nahm er Martha in Beschlag und besprach mit ihr Dinge, von denen Ferdinand nichts wissen sollte.
Die Ereignisse überstürzten sich. Nun kamen noch Zeilen von Max von Millenkovich-Morold, dem Ferdinand Arnolds im Gefängnis geschriebenes Stück *Sturm gegen Gott* – ein Stück ganz nach Ferdinands Geschmack – geschickt hatte, einen Einakter, der unter Kaiserjägern während einer Nacht im Schützengraben in den Dolomiten spielte.
Ferdinands Freund, der dessen neues Stück so brüsk abgelehnt hatte, bot in diesem Brief Arnold nicht nur einen Vertrag, sondern auch einen Vorschuß und den sofortigen Druck an. Das brachte Ferdinand nochmals zu Bewußtsein, daß seine Zeit vorbei war. Zudem wurden die beiden Erstlingsstücke Arnolds in Alfred Wolfensteins Jahrbuch *Die Erhebung*, und *Vatermord* als Buchausgabe bei S. Fischer herausgebracht.

Zuletzt bekam Ferdinand noch einen Brief seines Freundes Franz Servaes, der Arnold eine Wohnung und Arbeit bei einer Berliner Bank anbot. Auch Servaes rechnete also mit Arnolds Erfolg – das berührte Ferdinands wunden Punkt. Deshalb zog Arnold nach Berlin-Steglitz, wo Servaes wohnte! Er hatte keine Hemmungen, heimlich die Verbindungen seines Vaters zu nutzen.

Mit dem Vater gab es nur noch Streit. Gegen dessen Willen hatte sich Arnold statt in Jura in Deutsche Philologie und Philosophie immatrikuliert.

Arnold schrieb nachts bei Kerzenlicht, damit kein heller Schein im Flur sichtbar wurde. Außerdem wußte er, daß elektrisches Licht für den Vater ein Vorwand gewesen wäre, sofort die Tür aufzureißen, Licht aus! Strom ist zu teuer! Ferdinand liebte die notwendig gewordenen Sparmaßnahmen, sie erfüllten ihn mit tiefer Befriedigung und erinnerten ihn an seine Herkunft. Er war aus Not geizig geworden und registrierte jeden Bissen, den einer zuviel nahm.

Die Fotos. Seitdem Arnold aus dem Krieg heimgekehrt war, hingen noch mehr Fotos von Rudi an den Wänden. Eine Vergrößerung zeigte ihn in Uniform. Bilder vom Neugeborenen bis zum Soldaten, in dessen Zügen er die eigenen wiederfand. Immer dieses Gefühl, gegen Rudi nicht anzukommen.

Er war froh, seine Familie endgültig verlassen zu können. Er würde ein freier Mann sein, ab dem 1. März als Kommis im Kaufhaus Wertheim sein erstes Geld verdienen.

Schon 1910, »in den letzten Jahren der sterbenden Donau-Monarchie«, ausgelöst durch die großbürgerlichen jüdischen Mitschüler, die »Goldberger de Buda« oder »Engel von Janossi« hießen, hatte der Obergymnasiast Arnold

Bronner lange über seinen Namen nachgedacht, der ihm »so wenig gefiel wie mein Gesicht«. »Ich trug meinen Namen lange in mir, ehe ich ihn das erste Mal niederschrieb: Bronnen. Und dazu meinen Vornamen änderte, erst in Arne, dann in Arnolt. Von da an wußte ich, daß dies mein Name war.«
Nun, da er Schriftsteller war, benutzte er diesen Namen. Die offizielle Namensänderung nahm er allerdings erst 1945 vor.
Arnold sagt sich los. Vom Elternhaus, vom Vater, von seinen Verpflichtungen, vom Judentum. Vom Namen. Schneidet sich von der genealogischen Kette ab – wie zuvor Ferdinand.
Weiß er jetzt, wer er ist?
Die *Wiener Sonntags- und Montagszeitung* 1935: »Der talentierte Knabe begann seine literarische Laufbahn damit, daß er die Endbuchstaben seines Vor- und Zunamens maskierte. Aus Bronner wurde das von romantischer Poesie umwobene schöne deutsche Wort Bronnen, aus dem gewöhnlichen Arnold ein gehärteter Arnolt. Durch dieses t machte sich der junge Literat bei der ›Asphaltpresse‹ zwar verdächtig, aber die Art seiner schriftstellerischen Produktion beseitigte den Verdacht. Denn was er dichtete, war Kulturbolschewismus in Reinkultur.«
Über die Einfachheit der Verwandlung ist sie verblüfft: statt Arnold Arnolt, statt Bronner Bronnen. Zwei Buchstaben reichen zur Verneinung.
Ein simpler Trick. Und zugleich ein wirkungsvolles Symbol für die Selbstgeburt.
Ein Vatermord, der an zwei Buchstaben hängt.
Nicht Arnold Bronner, sondern Arnolt Bronnen hatte Freunde mit einer vornehmen Karte für den 14. Mai 1922 nach Berlin zur Premiere seines neuen Stücks im Deut-

schen Theater eingeladen; Ferdinand fuhr nicht hin. Zwar war Reisen damals billig, aber umständlich, und für Martha zu beschwerlich. Außerdem, Martha würde nichts sehen können, sie war fast blind.

Möglich aber, daß Ferdinand gar nicht kommen wollte. Arnolt hatte es nicht gewagt, seinem Vater den Text zu zeigen, an dem er seit seinem achtzehnten Lebensjahr gearbeitet hatte. Daß sein Sohn ihn nicht in seine Arbeit eingeweiht hatte, dürfte Ferdinand getroffen haben. Nie hat er sich dazu geäußert, nie mit seiner Familie darüber gesprochen.

Außerdem, jenen Arnolt in seinem eleganten grauen Anzug, ein hellblaues Monokel im linken Auge, der für einen Kommis im Warenhaus Wertheim eine zu gute Figur machte, der, ohne Geld zu haben, sich teuren Vergnügungen hingab, den mochte er wohl nicht. Arnolt kannte alle Welt, hatte, was man Beziehungen nannte, und führte offenbar ein süßes Leben. Als er die Eltern kurz in Wien besucht hatte, ließ er in lässigem Ton berühmte Namen fallen, deutete verschiedene Affären mit Frauen an und sprach von Empfängen in berühmten Salons.

Ein Großsprecher, ein Angeber, ein Bonvivant. Der hinter dem Monokel seine Unsicherheit verbarg, eine exaltierte gepflegte Gestörtheit. Der einen teuren »Wanderer« fuhr, Frauen und seine Dogge neben sich. Einer, der beim kleinsten Zwist in den Wäldern verschwand, wo er heisere Proteste gegen die Herrschaft der Alten losließ. Ein Anarchist, der die geringste Ordnung als Zwang verstand. Und doch hatte der Krieg aus ihm einen Dichter gemacht.

Außerdem, wie gebückt und armselig sie beide wirken würden, er in seinem abgetragenen Anzug, Martha in einem alten Seidengewand. Was für ein Unterschied zu den eleganten, trotz aller Not modisch gekleideten Berliner Gestalten! Er würde sich provinzlerisch vorkommen, kleinbürgerlich, ein grauer Schatten seines früheren Selbst wie sein Land, das seit Kaisers Tod in den letzten Zügen lag.

* * *

30. Ein Sohn tötet einen Sohn

Vatermord. Ein Bühnenstück von Arnolt Bronnen, konnte Ferdinand auf dem Programmzettel lesen. Mag sein, daß er schreckliche Bilder an sich vorüberziehen sah, Söhne mit Messern, Gewehren, Beilen, die ihre Väter mit unbegreiflicher Grausamkeit attackierten. Dunkles, das in Arnolts Innerem lange Zeit geschwelt haben mußte.
Vatermord, die verzweifelte Problematik seines Lebens, die Bronnen gleichzeitig Auftrag war. Die Rolle des Sohnes Vater wie Sohn eingeschrieben.
Bestimmt hat Ferdinand den *Vatermord* gelesen, dazu fühlte er sich doch zu verstrickt. Er kannte die Motive, ob aus seiner *Familie Wawroch* oder aus Arnolts frühem Stück *Recht auf Jugend*. Auch aus der Realität. Aber wie genial war Arnolt vorgegangen! Diese Sprache, diese dramaturgische Brillanz!
Vielleicht verspürte Ferdinand eine gewisse Bitterkeit. Dreißig Jahre lang hatte er sich gequält, dann zeigte ihm sein Sohn, wie man das machte! Denn so verblendet war der Literaturwissenschaftler nicht, daß er nicht gesehen hätte, wie hervorragend das Stück war. Möglich, daß er Arnolt um seine Freiheit beneidete, die bürgerlichen Fassaden niederzureißen, der ohne Rücksicht seinen Vaterhaß austobte: »Du Teufel Henker Herr Erzeuger Hund.« Der animalische Gefühlsausbruch, der sich von der Haltung Ferdinands in *Familie Wawroch* unterschied, mußte den Vater erschrecken.
Sie stellt sich vor, wie Ferdinand in dem Buch las, die Seiten umschlug und auf den Augenblick wartete: Jetzt bringt er ihn um, den Vater, wie ihn das erschüttert haben mußte.

Verstörte Ferdinand der Gedanke, daß er damals, mit seiner Familie Wawroch, eine ähnliche Untat verübt hatte? Wußte er nicht selbst ganz genau, wie es schmerzt, wenn man seinen Vater nicht lieben kann?
Oder ihn zu sehr liebt.
Der Vatermord verwandelte Ferdinand in Vater und Sohn zugleich. Bei ihren Vätern fand ein ständiger Rollentausch statt, immer wechselten sie die Position. Das macht das Ganze so unentwirrbar, weil jeder sich mit jedem verwechselt und nicht mehr unterscheidbar ist, wo der eine anfängt und der andere aufhört, wo einer Vater ist und wo Sohn.
Am Tag der Premiere war die Kasse umlagert. Viele junge Leute, die Männer bartlos mit geglättetem Haar, die jungen Frauen mit frechen Frisuren.
Der Zuschauerraum des großen Theaters war voll besetzt.
Stille trat ein, es ging los. Das enge Zimmer, in dem sich der Kampf zwischen Vater und Sohn abspielte. Da war der Vater, ein Trinker, der seine Familie schlug und unterjochte, ein kleiner Büroangestellter, Sozialist, ein Kleinbürger voll Subalternität. Da war der revoltierende Sohn, »vom Vater gedrillt zu einem Werk-Zeug des sozialen Aufstiegs«, so Bronnen im *Protokoll*, der frei sein will, sein eigenes Leben leben will. Das verzweifelte Ringen zwischen den beiden, das auch die Frau erfaßte, war eng an den Sohn gebunden, eine blutschänderische Beziehung voller Wut, sexueller Erregung und Gewalt.

Walter: Vaterland ist das Land der Väter.
Fessel: Vaterland ist das Land, wo die Väter fronen für ihre Söhne.
Walter: Und sie prügeln.
Fessel: Und sie ernähren.

Walter: Und sie einsperren.
Fessel: Und sie kleiden.
Walter: Und sie knechten.
Fessel: Und sie erziehen.
Walter: Und sie hassen.
Fessel: Und für sie besorgt sind.
Walter: Und sie zertreten, wenn sie können.
Fessel: Und sie zertreten, wenn sie wollen.
Walter: Will!

Der verrückte und vermessene Versuch, alles, die Väter, die Ordnung, den Staat, die Welt, die gesamte Menschheit zu zerstören.
Von der Bühne kam ein brünstiges Röcheln, die inzestuöse Vereinigung hatte die Mutter zur Frau des Sohnes gemacht. Der Sohn nimmt sich das letzte, was dem Vater gehört: die Frau.
Niemand vor mir niemand neben mir niemand über mir der Vater tot / Himmel ich spring dir auf flieg / Es drängt zittert stöhnt klagt muß auf quillt sprengt fliegt muß auf muß auf
  Ich
  Ich blühe

Der nackte Jüngling in mächtiger, von oben herabstürzender Helligkeit, der erstochene Vater in dunklem Blut am Boden. Im Augenblick des Orgasmus bricht das Stück ab.
Die Erlösung.
Als Mörder und Ermordeter, Sohn und Vater, Walter und Ignaz Fessel erschöpft niedersanken, sank auch Arnolt erschöpft im Sitz zurück.
Schweißgebadet saß er da und rang nach Luft, »mit den

übersteigerten Sinnen, die einem solche Momente verleihen«.
Zeugung und Geburt, Phallus und Mutterschoß.
Und dieser Haß.
Er lockerte seinen Kragen.
Niemand vor mir, niemand über mir.
Bronnen empfand die Inszenierung – Berthold Viertel hatte die Nachfolge Bert Brechts als Regisseur übernommen – als »unheimlich«: »Ich empfand meine eigene Arbeit wie einen Tiger, der rastlos hinter viel zu schwachen Eisen-Stäben hin und her geht. Die Bühne war ein Menschen-Käfig. Der Ausbruch mußte etwas Furchtbares sein.«
Der Ausbruch entlud sich im Publikum. Erst beklemmende Stille im Zuschauerraum, dann Pfiffe, Schreie, Beifall. »Die zwei Stunden lang gemarterten Nerven verlangten diese Eruption, die immer tumultöser wurde. Der Tumult dauerte eine halbe Stunde lang«, notiert der Autor später.
Alfred Döblin, Rezensent des *Prager Tageblatts*, registrierte Schläger und antisemitisches Gebrüll: »Ein junger kräftiger Graf mit Schmissen, ruhiges Assessor- oder Bankbeamtengesicht, hat ›Saujude‹ gegen einen klatschenden kleinen Herrn gerufen, der nun wie ein Stier gegen ihn anrennt, ihn stößt und packt.« Carl Zuckmayer sah »Fünfzehnjährige, die in Begeisterung schäumten, daß man für ihre Väter ernstlich fürchten mußte«. Es war, als hätte der Aufstand gegen die Väter den ganzen Saal erfaßt.
»Ich hatte einen Zorn, ich weiß nicht gegen was, mag sein gegen alles; ich verstand den Löwen, der seine eigenen Kinder frißt.« Bronnen. Die Sicherheitspolizei erschien, Trillerpfeifen, ein Leutnant komplimentierte die Zuschauer hinaus.

Als Bronnen hinaustrat, tauchte mit ausgebreiteten Armen Ernst Rowohlt auf: »Wollen Sie mein Autor werden, mit allem, was Sie schreiben? Ich biete Ihnen einen Jahres-Vertrag mit 50 000 Mark im Jahr.«
Ohne Skandal kein Erfolg.
Ein Stück, das als Meisterwerk des Expressionismus in die Literaturgeschichte eingegangen ist.
In seinem *Protokoll* beurteilt Bronnen später den umjubelten *Vatermord* von 1922 skeptisch. Das Stück war neun Jahre vor der Aufführung entstanden. Der *Vatermord* von 1913 sei »eine wirklich revolutionäre Tat« gewesen, doch der Mord von 1922 ein »Mord an progressiven Kräften«: »So führt auch ein direkter Weg von Ihrem *Vatermord* fünf Wochen später zum Rathenau-Mord«, läßt er seinen fiktiven Richter im *Protokoll* sagen.
Arnolt Bronnens Quelle der dichterischen Inspiration ist das Dagegen-Sein; erst am Gegner entzündet sich seine Kreativität, die ihm Lust verschafft. Fehlen ihm die Gegner, erschafft er sie sich, so, wie er auch im Privaten aus Nichtigkeiten Skandale entfesselt.
Kann er mit diesem Zorn weiterleben?
Wie Ferdinand Bronner arbeitet er an einem künstlichen Lebensgebäude, wobei Bronnens Fundament die Jugend ist. Ein Gegner ist von Anfang an das Alter, verkörpert im Vater: »Ich konnte es nicht erkennen, nur fühlen. Und ich fühlte es auf die primitivste, auf die egoistischste Weise, ich fühlte mich jung, ich glaubte, alles, was echt, ehrlich, gut sei, wäre das Junge; was aber verlogen, falsch, schlecht sei, wäre das Alte.« Für ihn steht Jungsein gegen Erwachsensein wie Leben gegen Tod, Zukunft gegen Vergangenheit.
Nur der Jugendliche besitzt in seinen Augen die Fähigkeit, den Verstand auszuschalten und auf die Stimme sei-

nes Herzens und seiner Gefühle zu hören, da sich rationales Denken erst durch Erziehung und Alter entwickle. So ist auch sein frühes, politisch unvernünftiges Verhalten zu erklären: Er will sich nicht durch autoritäre Verbote das Vorrecht auf jugendliche Gefühle austreiben lassen. »Da vorn liegt das sogenannte freiwillige Glück – die herrliche Kultur – wie ihr sie nennt – eine Vereinigung von allen möglichen Gemeinheiten – da liegt sie – und vorne steckt ein Wegweiser –«, heißt es im 1913 entstandenen *Das Recht auf Jugend*, in dem *Vatermord* und *Geburt der Jugend* verschmolzen sind, »Und hinten, ganz hinten – da liegt es – mein Land – das ich ersehne – das ich fühle – das helle – lichte – Land der Jugend – man sieht es so wunderlich hell und deutlich – wie ein Märchen.«

Er beschwört einen geistigen Raum, in dem die Jugend ohne Druck, vor allem: ohne Eltern und Schule, einer Sehnsucht frönt, die vage mit einer Freiheit des »Urmenschen« zu tun hat – im Grunde eine rechte Vernebelung. Der Kampf der Jugend gilt der Vernunft, dem »ärgsten Feind«, der nur »vergifte«. Eine Jugend, die gegen eine Gesellschaft revoltiert, die »uns gewaltsam zu Puppen machen will – zu denselben Trotteln, wie es unsere Eltern waren«.

Die bloße Vorstellung, alt zu werden, vor allem geistig, versetzt Bronnen in Panik. Die Hilflosigkeit angesichts dieses unausweichlichen Prozesses zieht sich durch sämtliche Stücke. Seine Helden sind jung und leben im Gefühl, betrogen worden zu sein. Eine national denkende Jugend, die er im Oberschlesienroman *O. S.* 1928/29 verklärt. Seine Liebäugelei mit den Nationalsozialisten (»mein alter Versuch, mit einem nur wenig veränderten politischen Sinn«) und sein Eintritt in die Kommmuni-

stische Partei 1945 lassen seinen Traum von einem Neuanfang und einer anderen Welt lebendig werden.
Das Lesen des Protokolls beginnt sie zu ermüden. Immer diese Selbststilisierung als rebellischer Sohn.
Warum tut er das, fragt sie sich.
Der *Vatermord* ist kein realer, er ist ein mythischer Mord. Und doch sollte der Vaterverrat und Bühnenmord reale Folgen im Leben Arnolt Bronnens und Ferdinand Bronners nach sich ziehen, gipfelnd in einem schmählichen Justizfall. Der auf der Bühne ermordete Vater wird vom Sohn gleichsam wiedererweckt, um gegen ihn einen Vaterschaftsprozeß zu führen.
Vater und Schuld. Für Bronnen fast ein Synonym. Nie wird er es lösen, *das schreckliche Schlangenknäuel der Bande des Bluts*, wie Eluard in einem Gedicht schrieb. Er verharrt im narzißtischen Selbstbild.
Nach dem *Vatermord* seines Sohnes in Berlin wird Ferdinand Bronner in Wien kein Stück mehr schreiben.
Hat der Sohn mit dem Vatermord *den Vater mundtot gemacht?*
In einer Kritik Alfred Kerrs liest er später Zeilen, die an ihn persönlich gerichtet sind:
»Was sagen Sie zu dem Jungen? Kommen Sie nicht im *Vatermord* vor? Das hat man davon. Wiedersehen, Bronner. ›Wohl dem, der seiner Väter gern gedenkt.‹«
Bronnen blieb seinem Haß treu.
Weil er für die Ablösung der Alten plädierte und nun ratlos ist, was mit der Welt, die seine Generation übernimmt, zu tun wäre? Weil ihn die Leere seines Lebens frustriert? Weil ein Leben ohne Übertretungen leer sein würde?
Eine überzeugende Antwort findet sie nicht.
Mit dem *Vatermord* begann das Schweigen in Ferdinands Familie, Martha schwieg, Ellida schwieg, Günther

schwieg – ein anklagendes Schweigen. Über Arnolts Konflikte mit seinem Vater sprach man nicht.
Wahrscheinlich dachte Ferdinand nicht gern an Arnolt, denn was er in den folgenden acht Jahren aus Berlin hörte, war beunruhigend und chaotisch. Nicht nur, daß Arnolt in den Resten seiner Militäruniform durch die Stadt gezogen war, wenn auch ohne Offiziers-Rosette. Er gebärdete sich als Nationalist, Antibolschewist und Antisemit, sprach von »revolutionärer Umgestaltung unseres Daseins nach rechts« und forderte in einer spektakulären Rundfunkrede, die auch in der Wiener Presse zitiert wurde, jenen Männern Platz zu machen, die bereit seien, die Zukunft neu zu gestalten, »im Dienste der Nation«.
Im Oktober 1930 störte er Thomas Manns *Deutsche Ansprache* im Beethoven-Saal zusammen mit Nationalsozialisten durch Zwischenrufe. Zuvor hatte Bronnen Ernst Jünger angerufen, und zu fünft verabredeten sie sich, die Veranstaltung zu besuchen. Da erfuhr er, daß Joseph Goebbels, den er im selben Monat kennengelernt hatte, zu seiner Unterstützung zwanzig SA-Männer im Frack in den Saal schicken würde. »Ich ging etwas gedrückt in den Beethoven-Saal«, schreibt Bronnen, »denn ich fürchtete, die SA-Rabauken würden wer weiß was für einen Zauber aufführen.« Es kam zum Tumult. Bronnen wurde von der Polizei abgeführt – und durfte wieder an der Veranstaltung teilnehmen.
Wie die *Deutsche Tageszeitung* berichtete, appellierte Thomas Mann in seiner *Deutschen Ansprache* »müde und heiser« an die Vernunft der Deutschen. Nie, sagte Thomas Mann, hätte der Nationalsozialismus die Macht gewinnen können, wenn nicht Germanistenromantik, Biedersinn, bündische Ideale und nordische Anbetung das Zuströmen pseudogeistiger Kreise verursacht hätten: Der

Wunsch ginge nach einem Hacken zusammenschlagenden, strammstehenden Deutschland. Er sagte geradeheraus, der politische Platz des Bürgertums sei an der Seite der Sozialdemokratie.
Vernunft: ein Reizwort für Bronnen. Seine Zwischenrufe: ein Skandal, der auch durch die Wiener Presse ging. Der *Völkische Beobachter* bezeichnete in einem hämischen Artikel Thomas Manns Rede als »marxistische Werberede«.
Die Atmosphäre jener Zeit, von Extremen gezeichnet – SA-Schlägereien mit Kommunisten, von Goebbels hochgeputschter Antisemitismus –, kam Arnolt Bronnen zupaß. Alles, was normal oder moderat gewesen wäre, lehnte er ab. Er agierte wild, extravagant, politisch unentschlossen, verkündete heiser patriotische Sprüche und lebte in ständiger Spannung, die sich auch in seinen Stücken entlud. Immerhin machte er damit Furore, er war der meistgespielte Autor auf deutschen Bühnen. Vom frühen Erfolg wie berauscht, schrieb er den umstrittenen Freikorps-Roman *Roßbach* und den nationalen Oberschlesien-Roman *O. S.*, erstmals im Mai 1929 erschienen, 1995 in einer Neuauflage wiederveröffentlicht. Goebbels rühmte *O. S.* im »Angriff« als Roman »für uns alle«, an dem »jeder von uns« mitgeschrieben habe und in dem »aus einer Hingabe heraus, die im Blute entstand und zur Nation durchbricht«, ein »junger Könner nach Irrungen und Wirrungen« seine künstlerische »Auferstehung« feiere. Es sei »der erste nationalistische Roman großen Stils«.

* * *

31. Mundtot

Bronnens »Hingabe, die im Blute entstand«, fordert den NS-Ideologen Alfred Rosenberg heraus, der mit dem *Mythus des 20. Jahrhunderts* im Jahr 1930 die pseudowissenschaftliche Begründung des Nationalsozialismus lieferte, und regte ihn an, im von ihm herausgegebenen *Völkischen Beobachter* einen Vierspalter gegen Bronnen zu lancieren. Eine Polemik gegen den »Halbjuden«, »der in seinen Werken die geschlechtliche Revolution predigt«, der also trotz O. S. ein »Schädling für deutsches Volkstum« sei. Der anonyme Verfasser bezieht sich auf Herwig Hartner-Hnizdos Werk *Erotik und Rasse*, berichtet vom »Mischjuden« Bronnen und dem Bühnenstück *Schmelz, der Nibelunge* des »Assimilationsjuden« Adamus-Bronner.
Es war heraus. Bronnen, der Halbjude, Sohn eines Juden. Daraus konnte nichts Gutes kommen.
Doch anstatt sich zurückzuziehen und stillzuhalten, kippte Bronnen ins Gegenteil und nutzte die Möglichkeiten, die ihm der Nationalsozialismus verschaffte, sich als Revolutionär zu gebärden. Fäuste und Gummi-Knüppel, SA-Männer im Leihsmoking unter dem Publikum, Presse-Angriffe und parlamentarische Anfragen. Man bezeichnete Bronnen als Führer eines literarischen Rollkommandos.
Was Ferdinand Bronner alias Franz Adamus in Wien über die Vorgänge in Berlin zu hören bekam, war beunruhigend. Die öffentliche Bekanntgabe seiner jüdischen Herkunft muß ein Schock für ihn gewesen sein.
Inzwischen glaubte zwar auch er, daß der Faschismus eine gerechte Sache verfocht, doch besser war es in je-

dem Fall, sich nicht zu exponieren – daran hat er sich stets gehalten. Denn der Antisemitismus wurde immer dreister von Jahr zu Jahr, und jede spektakuläre Aktion war dazu angetan, auf das Judentum hinzuweisen, das er so lange geschickt verborgen hatte. Außerdem, konnte man wissen, wie das weiterging? Er hatte schon zu viele Katastrophen erlebt. Als Jude, soviel hatte er begriffen, mußte man sich immer hinten anstellen.

Nein, Arnolt machte einen groben Fehler, wenn er sich so vehement von der Masse abhob. Es galt, das normale Empfinden zu kultivieren. Sich langsam vorzufühlen, Schritt um Schritt. Die Erkenntnis, daß Millionen anderer Menschen an das gleiche glaubten, das war es, was verband und Gemeinschaft schuf.

Carl von Ossietzky und Kurt Tucholsky wenden sich scharf gegen Bronnen. Noch brisanter in seiner Wirkung ist Walter Kiaulehns Artikel »Bronnen und Roßbach« in der *BZ am Mittag*. Nach seiner provozierenden Rede bei der Tagung der Reichsrundfunkgesellschaft auf der Kasseler Wilhelmshöhe auf längere Zeit vom Rundfunk beurlaubt, hatte Bronnen sich in einem Buch des Freicorpsführers Roßbach angenommen. Schon mit *O. S.* hatte er »eine Lawine losgetreten«, nun kam es ihm vor, als sei er dafür »mit Unfruchtbarkeit gestraft worden«, ehe er auf *Roßbach* kam, der bei den Rechten Anklang fand. Kiaulehn bezeichnet Bronnen in seinem Artikel als »jungen Juden«, der besser daran täte, sich zionistisch und nicht deutsch-völkisch zu betätigen.

Bronnen verbittet sich in seiner Rechtfertigungsschrift »Wie es war – und wie es ist« ausdrücklich – es ist das einzige Mal, daß er zum Judentum Stellung nimmt – jegliche Unterstellungen seine jüdische Herkunft betreffend: »Tatsache ist, daß sich aus keinem meiner Bücher und aus keinem meiner Worte irgendeine Stellungnahme zum Judentum herausdeuten läßt. Es gehört das nicht zu meiner Aufgabe, und es werden andere kommen, die diese Aufgabe lösen werden; wie, das wird wesentlich vom Judentum selbst abhängen. Im übrigen interessiert mich dieser Fragenkomplex zu wenig, trotz der fast schmeichelhaften (...) Zähigkeit, mit der das Judentum mich als zu ihm gehörig reklamiert. Ich bin (...) Deutscher (im rassischen, nicht nur im staatsbürgerlichen Sinne) und deutscher Abstammung.« Was einerseits heftig, andererseits aber, bedenkt man, wie andere, etwa Hofmannsthal, auf solche Pressemeldungen reagieren, keineswegs judenfeindlich klingt. Aber es ist nicht wahr.

Später, im *Protokoll*, wird er schreiben: »Vor den Leistungen des Judentums, vor seiner ungewöhnlichen Begabung, vor seiner Haltung, vor seiner sicheren und unbeugsamen Menschlichkeit, hatte ich immer den größten Respekt. Aber es gab nicht einen Tag in meinem Leben, an dem ich mir gewünscht hätte, der Professor möge mein Vater sein«, womit er gleichzeitig jeglichen Zusammenhang zwischen dem Judentum des Vaters und seinem Vaterhaß leugnet.

Ferdinand konnte sich beschwichtigen: Immerhin war er im Besitz amtlicher Papiere, es war verbrieft, daß er Österreicher war, er hatte einen christlichen Vornamen und eine christliche Religion, bezog als ehemaliger Staatsbediensteter eine Pension – er hätte beruhigt sein können. Aber ganz traute er dem neuen Staat nicht. Mit dem rasant schwindenden Geld hatten sich auch die Werte verflüchtigt, die das Land zusammengehalten hatten. Es herrschte eine eigentümliche Überhitztheit auf allen Gebieten, besonders, was die »Rasse« betraf, die ihn irritierte, und er ahnte vielleicht, daß der Friede nicht von Dauer sein würde. Judenverachtung, Putschversuche, kommunistische Aufstände, Blut war geflossen, und das Ende der Inflation hatte ein verbittertes, verarmtes Volk hinterlassen. Bei einem Besuch in Verona hatte er eine kleine Gruppe militanter junger Faschisten gesehen, die über die Piazza dell' Erbe schritten und ein Marschlied sangen – seitdem fühlte er, daß irgend etwas bevorstand, wenn er auch nicht wissen konnte, was es war.

»Westwärts über den flimmernden Hügeln, bis zu den blauen Meeren, zu blauen Gebirgen, lag wartend das Reich. Geduldig und gedemütigt, verhaßt, getreten lag es da ... sichtbar, doch unaussprechbar das Land, nie geformt, nie bestimmt, mit den fließenden, umkämpften Grenzen, Deutschland, ein Gefühl, mehr als das alles, ein Gefühl des Geistes ... Menschen, stützend, tragend dasselbe Gewölbe, gespeist aus denselben Quellen der deutschen Vitalität. Über die Annaberg Kämpfer hinweg, wie sie standen auf polnischem Bauernland, ging hochgeschwungen der Bogen ...« Völkische Töne in Bronnens Oberschlesien-Roman *O. S.*

Wer sich so weit vorwagt, müßte eigentlich, dem Gebot der Stunde folgend, »reinrassig« sein. Ihm aber fehlte der Ariernachweis, das bringt Bronnen bald in Schwierigkeiten. Weshalb er auch in die Neuauflage des Buches *O. S.* den Vermerk drucken ließ, er wäre »Deutscher und deutscher Abstammung.«

»Ich wollte nun selbst Klarheit haben«, schreibt Bronnen im *Protokoll*. Er will wiederauferstehen, als wahrhaftiger und reiner Germane. Zutiefst in seinem Selbstbild verletzt, arbeitete er eine Klage gegen Kiaulehn aus und wollte gegen ihn vor Gericht ziehen. »Dann fiel mir ein: kann ich das ohne meine Mutter?«

Gut, daß ihm die Mutter noch eingefallen ist, denkt sie.

Hatte er nicht bereits im Sommer 1927 von seiner Mutter einen grotesken Brief erhalten, in dem sie schrieb, er sei nicht der Sohn Ferdinands, sondern Produkt eines vorehelichen Seitensprungs mit dem Pfarrer Wilhelm Andreas Schmidt? So steht es im Protokoll, *doch dieser Brief ist nicht erhalten.*
Sie ist irritiert. Warum soll Martha so früh, ohne sichtbaren Anlaß, diesen verletzenden Brief an ihren geliebten Sohn, gerade auf Urlaub in Südtirol, geschrieben haben? Dessen erster Gedanke war, sofort zur Mutter zu fahren, um sich »bei ihr auszuweinen«?
War es aus Rachsucht gegen ihren Mann, mit dem sie in Auseinandersetzungen verstrickt gewesen sein soll? Plausibel erscheint ihr das nicht.
Das bestärkt sie darin, daß Arnolt Bronnen seine Vergangenheit umgeschrieben hat, um den angeblich von Kindheit an gepflegten Vaterhaß zu motivieren.
Doch aus welchem Grund? Um sein Verhalten einsehbar erscheinen zu lassen?
Nun also der zweite Vorstoß. So schrieb er seiner Mutter »nach einigem Zögern«, warum er sich genötigt sähe zu klagen, und »bat sie um Verständnis«.
Konnte sie, fast blind, den Brief selbst lesen? Oder mußte Ferdinand ihn ihr vorlesen, wäre also Mitwisser?
Am 18. November 1930 gab seine Mutter vor dem Wiener Notar Dr. Franz Wittmann die eidesstattliche Erklärung ab, die besagte, »daß ich christlich-deutscher Herkunft und daß Dr. Ferdinand Bronner nicht mein natürlicher Vater sei«, so Bronnen im *Protokoll*.
»Wie aber kam Ihre Mutter dazu«, läßt Bronnen seinen Richter im *Protokoll* fragen, »eine solche Erklärung abzugeben, die von vielen als absurd angesehen wird? Kann man nicht (...) annehmen, daß Ihr Einfluß auf Ihre Mut-

ter doch größer war, als Sie dachten, und auf jeden Fall intensiver, als Sie uns heute den Fall darstellen?«
Unbeantwortete Fragen, die in ihrem Kopf zu kreisen beginnen.
Traut sie ihm zu, den eigenen Vater an den Pranger zu stellen? Wenn ja: war es bodenlose Niedertracht oder rechthaberischer Wille, der Öffentlichkeit seine ›arische‹ Herkunft zu beweisen? War er gar im Recht, wie es seine Mutter bezeugte? Noch schreiben wir das Jahr 1930, noch geht es nicht um Leben oder Tod, nicht um die ›Endlösung‹ der Judenfrage.
Arnolt braucht Helfer. Nutzt er dazu die nahezu erblindete Martha aus? Wie liest und beantwortet sie seine Briefe ohne fremde Hilfe?
Ihr beginnt zu dämmern, daß es hier um viel mehr geht, als sie es sich im Moment vorzustellen vermag.
Über meine Großmutter Martha weiß ich nicht viel. Sie war wohl eine bescheidene, zurückhaltende Frau, verdiente ihr Geld als Gouvernante, dann heiratete sie und bekam vier Kinder. Sie sprach Englisch und Französisch, schrieb flüssige Briefe, hatte Freunde und Interessen und lernte zweifellos, was es für die Frau eines Professors und Schriftstellers zu lernen gab. Sie füllte die Rolle der perfekten Hausfrau zu aller Zufriedenheit vollständig aus, und sie war wohl auch eine reizvolle Frau, die vielerorts verehrt wurde. Vielleicht war sie naiv, ihr Enkel Hans und Urenkel Günther aber bezeichnen sie als gescheit und lebensklug. Ihr Verhältnis zu Ferdinand war sicher ambivalent, und ich halte es nach Aussagen von Renate Bronnen – die allerdings von Arnolt selbst stammen können – nicht für unmöglich, daß auch sie antisemitisch angehaucht war. In jedem Fall liebte sie Arnolt.
Für eine Frau wie Martha jedenfalls mutet diese eides-

stattliche Erklärung seltsam an, aber »es muß ja leider sein«, heißt es in einem beigelegten, nicht minder befremdlichen Brief, teils auf der Schreibmaschine, teils mit der Hand geschrieben. Umständlich und ungelenk beschreibt sie den Tag vor ihrer Hochzeit in Görz, als Ferdinand sein Kommen wiederholt verschoben hatte und eines Tages morgens um zehn Uhr schließlich dort eintraf, ohne Martha aufzufinden.
Holprig beschreibt sie den Polterabend. Er, Ferdinand, habe sie geächtet. Unter Tränen habe sie ihr Essen heruntergewürgt, keines einzigen Wortes habe er sie gewürdigt. Des Nachts, froh, endlich allein zu sein, habe sie so geweint, »tot weinen« wollte sie sich.
Ratlos sitze ich über den Sätzen. Warum diese Sentimentalitäten? Martha war doch sonst nicht so weinerlich? Wie ging diese Geschichte weiter?
»Er schlief bei den Alten, ich ging mit den Jungen hinüber, war froh, endlich allein zu sein ... Plötzlich war der Schmidt drin, er redete mir zu, er streichelte mich, er beruhigte mich so, daß ich einschlief ... und gleich wieder aufwachte, wodurch, das überlasse ich Dir es auszudenken, dabei schlief nebenan die Frau.« Und dann heißt es: »Später sagte ich mir, daß er mich hipnotisiert hat, denn wie ich aufwachte, wußte ich, daß er mich mißbraucht hat.«
Ein paar Zeilen später bat sie ihn, über das Geschehene zu schweigen, denn: »... ich hoffe, Du wirst keinen Stein auf mich werfen was aber wird Papa sagen ich kann es ihm nicht sagen so lange Zeit ist verstrichen, kein Mensch denkt so etwas und wenn ich Dir schon alles beichte, laß es doch ein Geheimnis zwischen uns bleiben.«
Bronnen kann im *Protokoll* nicht leugnen, daß der Brief »in primitiver Form und in Ausdrücken, welche keines-

wegs der nationalsozialistischen Ideologie oder Nomenklatur entsprachen«, abgefaßt ist.
Ohne Vermutungen anzustellen: diesen kunstvoll dilettantisch abgefaßten Brief kann die nahezu blinde Martha kaum selbst verfaßt haben. Wer aber hat ihr dabei geholfen, den Brief zu tippen und bei den krausen handschriftlichen Zusätzen die Hand geführt?
Nirgendwo in den Erinnerungen Ferdinands habe ich etwas Konkretes gefunden, das auf einen Konflikt mit Martha hinweist. Nur eine einzige Andeutung aus der Zeit seiner Eheschließung weist auf Beschwerliches hin: »Denn allen Bitternissen und Enttäuschungen, die auch unserer Ehe nicht erspart geblieben sind, (zum Trotz, BB) hat dieser Bund treulich standgehalten und ist aus den schlimmsten Prüfungen nur noch gefestigter hervorgegangen.« Zweifellos war die Abstammungsklage seines Sohnes für Ferdinand die »schlimmste Prüfung«.
Die Zweifel bleiben. Imitiert Arnolt die Herkunftsverschleierung seines Vaters?
»Die Klage begann zu laufen, der Anwalt sammelte Unterlagen für meine arische Abstammung, vor allem indes Prozeß-Vorschüsse ein, während ich plötzlich mein Lebens-Schifflein in eine ganz andere Richtung getrieben sah. Olga hatte sich auf eine mir nie ganz klargewordene Weise mit mir verlobt, und sie begann mit überraschender Ziel-Strebigkeit auf eine baldige Festsetzung der Hochzeit zu drängen.«
Er »ließ die Sache treiben«.

* * *

32. Die Hochzeit

Olga Schkarina, seine neue Geliebte.
Wollte er damit sagen, daß er mit sehr viel Wichtigerem beschäftigt war als mit dieser Klage?
Er ließ es also treiben und schrieb, er gibt es zu, »ethischen Seim«.
Erst kurz vor der Hochzeit am 17. Dezember 1930 erfuhren Ferdinand und Martha Bronner in Wien, daß Arnolt heiraten würde. Die Braut hieß Olga und war russischer Herkunft, mehr wußten sie nicht. Aufgeregt packten sie die Koffer und nahmen den Nachtzug nach Berlin, fuhren dort zum Blau-Weiß-Club und trafen kurz vor dem Hochzeitsmahl ein. Martha trug vielleicht ihr von der Reise noch zerknittertes Seidenkleid, Ferdinand zum dunklen Anzug und dem gestärkten weißen Oberhemd eine edle Seidenkrawatte, auch der Zylinder durfte nicht fehlen.
Was sie erwartete, war eine grotesk inszenierte Komödie.
Wer war diese ominöse Olga, die Arnolt ein Jahr zuvor im Blau-Weiß-Club kennengelernt hatte, wo er jetzt Hochzeit mit ihr feierte?
Der Nachnamen führte Olga drei (Schkarina, Prowe, Förster), und sie gab sich als Nachfahrin von Don-Kosaken aus. In Moskau war sie als Adoptivtochter in einer russisch-deutschen Familie aufgewachsen und nach der bolschewistischen Oktober-Revolution mit den Eltern nach Berlin emigriert. Den Haß auf den Kommunismus hatte sie wohl mitgebracht, und so wundert es nicht, daß sie als Schauspielerin in einem Theater auftrat, das der

NSDAP-Gauleiter Joseph Goebbels mit ein paar stellungslosen Schauspielern als Volksbühne in der Klosterstraße gegründet hatte, eine Versuchsbühne der Berliner NSDAP, um dem »verjudeten« Berlin den Kampf anzusagen. Im »Angriff« war zu lesen, daß die NS-Weltanschauungs-Volksbühne gegen das »ideenlose Theater der Amüsierindustrie« stand.
Die Saison 1928 wurde im November mit dem Goebbels-Stück *Der Wanderer* eröffnet – mit mäßigem Anklang. »Das Theaterchen«, so Bronnen, »schleppte sich mühsam dahin, Gagen wurden prinzipiell nicht bezahlt, und als Zuschauer kamen nur jüdische Mitbürger, die wenigstens über etwas beim Nationalsozialismus lachen wollten.« Von Goebbels' Seite war zu erfahren, daß es »kein Publikum, sondern eine Gemeinde« hatte, nicht amüsieren, sondern »aufrütteln und erheben« wollte; den hier gespielten Stücken gehe es um Gehalt, Idee, das Bleibende am Kunstwerk, das von allen reifen Menschen verstanden werde: »Wer nicht zu uns kommen will, mag abseits stehen bleiben.
Wir marschieren.«
In Bronnens Augen war Olga ein »ausgesprochen rassiges, schönes Geschöpf«; »mittelgroß, vollschlank, mit kräftigen, temperamentvollen Bewegungen«. Daß Goebbels auch mit ihr eine Affäre hatte, verwundert bei seiner allseits bekannten Vorliebe für Schauspielerinnen nicht. Gretha von Jeinsen, die mit ihrem Mann Ernst Jünger ebenfalls zu den Hochzeitsgästen gehörte, charakterisiert sie »als das wildeste, ungezähmteste Geschöpf der Natur, das mir jemals beggenen sollte, von nie gesättigtem Hunger nach dem Leben«. Allerdings: »Die Tiefe fehlte, das leidenschaftliche Herz: sie war nur Verführerin und Bacchantin, ein Mensch der Sinne.«

Als Ferdinand und Martha den Blau-Weiß-Club betraten, dürften sie Arnolt – hellblaues Monokel im Auge, zwischen den Zähnen eine erkaltete Zigarre – in einer Art Opernkulisse vorgefunden haben, inmitten von silbernen Kandelabern, Blumenvasen und Statuetten. Die Braut war noch nicht erschienen, was ihn höchst nervös zu machen schien.
Sie begrüßten Dagny Servaes, die Tochter von Ferdinands altem Wiener Freund Franz Servaes, und ihren jüdischen Ehemann. Unauffällig bedeutete sie den beiden Alten, denen unbehaglich zumute war, wer unter den Gästen welchen Rang einnahm, Ernst Jünger, Arnolts Verleger Ernst Rowohlt, die Prominenz von Bühne, Rundfunk und Film.
Alle warteten auf das Eintreffen der Braut.
Olga machte daraus einen großartig inszenierten Bühnenauftritt: In einem edlen Spitzengewand, das sie vorne kühn schürzte, schritt sie herein, die hinter ihr her wehende lange Schleppe trug ein blonder Knabe, Ernst Jüngers kleiner Sohn Ernstel, den Seitenscheitel mit Zuckerwasser gefestigt.
Kaum war sie da, erschien Joseph Goebbels in SA-Uniform, gefolgt von seinem Stab, und überreichte Olga einen riesigen Rosenstrauß. Im *Protokoll* wird Bronnen später schreiben, Olga hätte auf dem Erscheinen von Goebbels bestanden (was er unter der Bedingung erlaubte, daß sie Goebbels mitteilte, auch seine jüdischen Freunde wären eingeladen; seinen Vater erwähnte Bronnen dabei nicht).
Goebbels hielt Hof, umschwärmt von Liebedienern und Speichelleckern. Olga nahm eine der Rosen aus Goebbels' Strauß und heftete sie an ihre Brust. Dann, als er mit seinen Satrapen aufbrach, überreichte sie ihm feierlich ebendiese Rose.

Während der Hauptgang aufgetragen wurde, erhob sich Generaloberstabsarzt Schelle, Bronnens Onkel, der Bruder von Marthas Vater, um eine kurze Tischrede zu halten. Die Anrede »Mein lieber Neffe Arnold Bronner« löste unter den Gästen Getuschel aus, in der späteren Schilderung Bronnens war es ein bösartiger Affront gegen den Bräutigam, verursacht von einem aus Marthas deutschstämmiger Familie.
Nicht zuletzt auch ein Affront gegen Ferdinand?
Hätte der Onkel nicht längst wissen müssen, daß sein Neffe nicht der leibliche Sohn des assimilierten Juden Ferdinand Bronner sein wollte? Wollte Schelle den Ruf des berühmten deutschen Dramatikers Bronnen ruinieren?
Am nächsten Morgen erschien Arnolt früh bei Martha, nahm sie mit in seine Wohnung, er habe etwas mit ihr zu besprechen. Es ging wohl um die Abstammungsklage, doch davon im *Protokoll* kein Wort. Ferdinand machte sich vielleicht früh auf den Weg, um alte Berliner Freunde zu treffen.
Gauleiter Goebbels, sagte Arnolt, habe mitten in der Nacht angerufen und Olga zu sich zitiert.
»Ich dachte nichts Übles und widmete mich meiner lieben, greisen Mutter, froh, sie für ein paar Stunden für mich allein zu haben.« Es wurde Mittag, es wurde dämmrig, und immer noch keine Spur von Olga. Erst um elf Uhr nachts sei sie von Goebbels zurückgekommen.
Bronnen hatte seinen Skandal, der schnell die Runde machte – auch wenn er ihn vielleicht selbst erfunden hatte. Er konnte nicht wissen, daß Goebbels akribisch Tagebuch führte, auch über seine Frauenaffären. Goebbels hatte längst die Jüdin Ruth Hetzel als nächste Geliebte im Visier.
Erdachte sich Bronnen Olgas Verschwinden in der Hoch-

zeitsnacht, um sich gegen den Schwerenöter Goebbels als liebevoller Sohn in Szene zu setzen? Inzwischen hält sie alles für möglich.

Die nähere Bekanntschaft mit Goebbels liegt zwischen 1930/1931 und dauerte nur ein halbes Jahr. »Der kleine, nicht ohne eine gewisse Grazie hinkende Mann mit den seltsam schief angewachsenen Ohren, dessen lüsterner und verlogener Mund gegen die groß wirkenden, klugen, wohl eher scharf als tief blickenden Augen kontrastierte«, begann Bronnen zu faszinieren. Wiederholt nahm Bronnen Goebbels in seinem Wagen von Wilmersdorf mit, wo der Judenhetzer noch als möblierter Untermieter wohnte, und fuhr ihn auf dem Weg zum Funkhaus zur Potsdamer Straße.

Bronnen bescheinigt Goebbels, »ein grandioser Menschen-Kenner« zu sein, »der seine Kenntnis mit sofort griffbereiten Gebrauchs-Anweisungen verband«. In seiner Gegenwart wurde Bronnen »zu einem schwachen und subalternen Kopf«, bildete sich aber das Gegenteil ein und hielt den rowdyhaft sich gebärdenden braunen Revoluzzer »für ein wunderbares politisches Werkzeug, das nunmehr darauf wartete, in die rechte Hand zu kommen«.

Goebbels wiederum schätzte Bronnen und seine Werke; in seinem Tagebuch notierte er, Arnolt Bronnen hätte ihm nachgewiesen, kein jüdisches Blut zu haben. »Das ist sehr erfreulich. Er ist ein ordentlicher Kerl! Ehrlich, charaktervoll, kann etwas, treu und begeisterungsfähig. Ich mag ihn.«

Die Skandalsucht Bronnens kostete ihn die Gunst Goebbels', derer er später, nach der Machtergreifung der Nazis, so dringend bedurft hätte. Ihm war es wichtiger, sich als braven deutschen Muttersohn darzustellen.

Von diesem Hintergrund freilich ahnten Ferdinand und Martha nichts. Die Hochzeit in dem chaotischen, verrückten, neurotisch überspannten Berlin jener Zeit und die Flucht Olgas kann kaum Freude bei ihnen ausgelöst haben, eher starke Zweifel, ob es mit dieser Ehe gutgehen würde. Aus der Wiener Skandalpresse konnten sie später erfahren, daß Olga sich in Berlin den Titel »Herrin der weißen Mäuse« erworben hatte, indem sie bei der Premiere der Bühnenfassung von Remarques *Im Westen nichts Neues* weiße Mäuse im Nollendorf-Theater losgelassen und damit im Publikum eine Panik ausgelöst hatte. In der Zeitung hieß es, Bronnen hätte die Tobsüchtige einmal sogar aus einem Käfig der Polizei herausholen müssen, dort habe sie wie eine Tigerin getobt und gefaucht.

Das Verhältnis zwischen Olga und Arnolt blieb, so Bronnen im *Protokoll*, nach der Hochzeit »mit Hochspannung geladen«, das »trieb meine Mutter bald wieder nach Wien zurück. Ich hatte sie noch wegen der schwebenden Klage interpelliert. Sie war, wie immer, äußerlich gleichmütig und überlegen: ›Klag, wenn es sein muß, klag nicht, wenn es nicht sein muß.‹ Ich hatte nun wahrlich für den Augen-Blick Sorgen genug.«

Arnolt Bronnen fand mit einemmal, daß der Prozeß zu vernachlässigen war. »Die Behauptung, Sie wären ein junger Jude, enthielt, was Ihnen wohl bewußt war, nichts Unehrenhaftes. Auf was hin wollten Sie eigentlich klagen?« fragt der Richter im *Protokoll*. Er stornierte am 1. Januar 1931 die fälligen weiteren Zahlungen an den Rechtsanwalt. Woraufhin die Klage, »ohne direkt zurückgezogen worden zu sein, auf irgendein Nebengeleise geriet und dort allmählich verschimmelte«.

Befremdlich findet sie das. Sollte sich seine von Jugend an gehegte Abneigung gegen das Judentum verflüchtigt ha-

ben, sich gar in Gleichgültigkeit verwandelt haben? Oder reagiert er tatsächlich »wie Lackmuspapier in den Strömen der Zeit«, wie Axel Eggebrecht es nannte?

Einem Menschen, dem feste Kriterien zur ›Rassenkunde‹ fehlen mußten, da es sie nicht gab, kam die Zeit der 20er und 30er Jahre zupaß, in der es große Unterschiede zwischen Selbst- und Fremdbestimmung gab. Die Begriffe »Deutscher« und »Jude« sind keineswegs klar zu definieren. Auch das Verhalten der Umwelt war demnach schwankend. Gilt doch in einer antisemitischen Umwelt nicht nur der als Jude, der wirklich einer ist, sondern auch der, den die anderen für einen halten.

War der Blick der anderen für ihn kein Problem mehr oder sah er sich selbst mit anderen Augen, weil er Karriere machte?

Die Sache mit dem Ariernachweis, für den er einen Prozeß führen wollte, scheint sich also erledigt zu haben. Doch 1935, zwei Jahre nach Hitlers Ernennung zum Reichskanzler, erwischt es ihn: Kündigung, 1935 wieder eingestellt, 1937 wieder gekündigt, aus der Reichsschrifttumskammer ausgeschlossen, 1939 Berufsverbot, 1940 als politisch unzuverlässig eingestuft.

Seine Ehe mit Olga wurde nach kurzer Zeit zu einem »nackten Macht-Kampf« (*Protokoll*), der bald den privaten Bereich verließ und in den politischen übergriff: Goebbels entdeckte die besondere Zugkraft der entfesselten Kosakin und lud sie zu Aufmärschen und Reden ein. Sie wurde zu einer lokalen Berühmtheit, deren Exzesse durch die Presse gingen.

Zudem waren Arnolts Ersparnisse geschmolzen, Olga dachte nicht daran, zu sparen, und forderte einen neuen Wagen. Bronnen kaufte ihn, vom letzten Geld, das er dem einen Tag später bankrott gehenden Ernst Rowohlt abluchste.

Eine bedrohliche Zeit, dazu von extremer Kälte. Die Arbeitslosigkeit nahm zu. An seine eigene Arbeit glaubte Arnolt nicht mehr. Innerlich begann er, sich allmählich von der NSDAP zu lösen: »Tag für Tag löste ich mich selben (sic) mehr von den Nationalsozialisten ab«, schreibt er. »Aber Tag für Tag erkannte ich mehr, daß der Nationalsozialismus herannahte wie ein Fatum. Ich nahm ihn hin. Ich fand mich mit ihm ab.«
Eine seltsame Aussage. Echt oder vorgegeben, um Fehlverhalten zu verbrämen?
Die Nachrichten überstürzten sich. Die Lage spitzte sich zu.
Zwei Jahre nach der Heirat mit Olga hatte Bronnen im Sommer 1932 in den Armen der blonden, blauäugigen, arischen Hildegard von Lossow, meiner Mutter, Schutz gesucht. Sie war keine Provokateurin wie Olga, sie litt unter der anfänglichen Dreierkonstellation. Erst im Alter erkannte sie darin System und nannte sich sein »arisches Alibi«: »Er saß immer zwischen zwei Stühlen, menschlich und auch politisch.« Sie vergötterte Arnolt mehr, als er damals ahnte, und machte ihn zur Liebe ihres Lebens, durch nichts und niemanden zu ersetzen.
Olga erfährt Ende 1933 von Bronnens Affäre mit Hildegard und schäumt vor Eifersucht. Sie nimmt den Kampf auf.
Dem *Protokoll* ist zu entnehmen, daß Bronnen die Situation genossen hat und sogar Treffen beider Frauen arrangierte, um als Außenstehender alles zu betrachten.
Der Schriftsteller-Voyeur.
Am 11. April 1935 brachte sich Olga um. Mit Gas.
Wegen Hildegard? Aus Liebe zu Arnolt? Weil Arnolt ihre Ehebrüche aufgedeckt hat? Weil er sich ihr gegenüber, um Goebbels zu zitieren, »wie ein Trottel verhält«? Weil Goeb-

bels sich nicht mehr für sie interessierte? Hat man sie als Spionin für die Russen entlarvt? War das Aufdrehen des Gashahns ein Hilfeschrei? Wollte sie gar nicht sterben?
Bronnen wurde von der Polizei verhört: »Sie lebten in einer sehr unglücklichen Ehe. Ihre Frau wollte sich nicht scheiden lassen. Sie liebten eine andere Frau. Sie wollten daher von Ihrer Frau loskommen, koste es, was es wolle.«
»Das ist nicht wahr.«
Olga hatte einen Brief hinterlassen, in dem sie meine Mutter verfluchte. Für meine Mutter, die abergläubisch und fatalistisch war, eine Katastrophe. Die Heirat 1936 stand für sie unter einem Unstern. Später führte sie die Scheidung von meinem Vater auf Olgas Brief zurück.
Arnolts Drahtseilakt zwischen Leben und Tod, ständig beobachtet von der Gestapo. Im Röhm-Putsch steht er auf der Schwarzen Liste – hätte ihn die SS aufgefunden, notiert er, hätte man ihn liquidiert.
Er schreibt unter den Namen seiner Mutter und Großmutter: Schelle-Noetzel.
Das Gauamt für Sippenforschung in Wien verzeichnet Bronnen als »jüdischen Autor« und bittet in einem Schreiben an das evangelische Pfarramt in der Dorotheergasse um den Geburtsschein Bronnens »zum Zwecke parteilicher Überprüfung benötigter Matrikelscheine«.
Die Erklärung, er sei politisch unzuverlässig, war, fand er, »nicht viel besser als ein Todesurteil«. Politische Unzuverlässigkeit bedeute Überstellung in Schutzhaft, Verschickung ins KZ, schreibt Bronnen im *Protokoll*.
Arnolt Bronnen übertreibt, wenn er angibt, dies genüge, ihn ins KZ zu bringen. Doch er hatte wahnsinnige Angst.
Bestandsaufnahme im Funkhaus, ein Fragebogen nach dem Reichsbeamtengesetz, der sich auf Vater und Mut-

ter erstreckte, »die erste jener eigenartigen ›rassischen‹ Entscheidungen«.
Er gibt Dr. Ferdinand Bronner, den eingeösterreichten Deutsch-Nationalen, als »leiblichen Vater« an – nicht aus Loyalität zum Vater, sondern ›aus Trotz‹.

* * *

33. Tabula rasa

Auch in Wien ging es blutig zu. 1934 wurde bei einem Putschversuch von Nationalsozialisten der österreichische Bundeskanzler und Mussolini-Genosse Engelbert Dollfuß angeschossen. Er verblutete, weil man ihm ärztliche Hilfe verweigerte. Mehr und mehr verlor Österreich seine Unabhängigkeit.
Ferdinand ging vielleicht in aller Seelenruhe ins Griensteidl, um seinen Kaffee zu trinken und wunderte sich, warum Gardisten um die Hofburg standen. Dabei wurde längst in den Vorstädten geschossen. Als er nachträglich davon erfuhr, waren die Unruhen längst vorüber.
Was tat Ferdinand, was tat Arnolt, als die Nationalsozialisten die Bücher verbrannten? Was taten sie am 9. November 1938, als die Synagogen brannten? Was haben sie empfunden? Hat sich Ferdinand an die kleine Synagoge in Auschwitz erinnert, an seine Schwester und ihre Familie, seine jüdischen Freunde? Und Arnolt, hat er wenigstens an seinen Vater gedacht?
»Konnte Sie denn das ganz gleichgültig lassen?« fragt Bronnens Richter im Protokoll. »Juden waren Ihre Verwandte, Ihre Freunde, waren Ihre Bewunderer gewesen.«
Viele Antworten sind möglich, doch die richtige weiß sie nicht. Denn Bronnen beantwortet das nicht.
Der Antisemitismus war salonfähig geworden, die Sanktionen nahmen zu. Jüdische Kollegen – siebenundneunzig Prozent der Lehrerschaft waren nationalsozialistisch eingestellt – traten »freiwillig« vom Lehramt zurück. Unzählige Juden emigrierten aus Österreich. Er wußte, was sich da zusammenbraute. In den Kaffeehäusern, den Gast-

häusern, den Amtsstuben. Wiener Bürger protestierten in den feinen Cafés gegen die Anwesenheit jüdischer Bürger. Ganz zu schweigen von den Netzwerken, die er ganz gut kannte und für seine Zwecke nutzte, soweit es noch ging.
So mischte er bei der Nationalsozialistischen Volkswohlfahrt (NSV) mit, vielleicht, weil er durch seine Verpflegertätigkeit im Ersten Weltkrieg beste Verbindungen zu den »Hilfsküchen« hatte. Rührig wie er war, bot sich der »Blockwart« (Bronnen im *Protokoll*) für verschiedene Ämter an, und es ist anzunehmen, daß eine der Aufgaben im Nationalsozialistischen Lehrerbund oder im Reichsnährstand lag.
Eine miese Gesellschaft. Die NSV war von Anbeginn an von rassebiologischen Selektionskriterien bestimmt.
Warum ist er dabeigewesen? War es wieder die Angst vor dem Ausgeschlossensein, die ihn kritiklos mitmachen hieß?
Doch Ferdinand hatte, schreibt Bronnen, »nicht mit der Denunziations-Freudigkeit seiner Volksgenossen gerechnet«. Vier Jahre später, Arnolt war gerade zu Besuch, erfuhr Ferdinand vom Brief des Gauhauptstellenleiters Mixa vom 23. Oktober 1939 an die NSV-Ortsgruppe »Gatterburg«. Mixa forderte, Ferdinands Mitgliedschaft zu löschen.
»Seine Angaben, daß er Mischling I. Grades sei, sind unrichtig«, schreibt Mixa.
Warum war Arnolt bei ihm? Hat Ferdinand ihn zu Hilfe gerufen? Hielten sie in der Gefahr zusammen?
Ein Glück für Ferdinand, daß er als ehemaliger österreichischer »Professor« pensionierter Beamter war, noch dazu mit einer »Arierin« verheiratet. Doch die Zeiten wurden härter, und Ferdinand begriff, daß man sich nicht mehr auf das Recht berufen konnte.

Vom Gauamt bereits als »jüdischer Autor« verzeichnet, fehlte Ferdinand der gesellschaftliche Anschluß; er saß zu Hause und fror bei 22 Grad Kälte ohne Kohlen. In Hungerzeiten bewies er wohl seine Findigkeit und wandte sich an die früheren Kollegen von der Heeresverpflegung, zweigte da und dort ein wenig Essen ab.
Seit dem Gewaltakt der Österreichannexion 1938 wehten überall die Fahnen, Glockengeläut, stundenlang, Fakkelzüge zogen durch eine Stadt mit illuminierten Fenstern.
Arnolt, der österreichische Staatsbürger in Berlin, machte sich Sorgen um sein letztes Schlupfloch, das okkupierte Österreich, und um seine Mutter. Seine Briefe an sie rissen nicht ab: »Österreich war verloren und ich saß in der Falle«, schreibt er im *Protokoll*.
Sie fragt sich immer wieder: Wer hat der Großmutter die Briefe vorgelesen?
Arnolts Traum, in Wien zu sein, »ohne Mikrophone, ohne Parade-Märsche«, war ausgeträumt. Die österreichische Staatsbürgerschaft nützte ihm nichts mehr.
Als es 1938 erste Meldungen über einen drohenden Krieg gab, reagierte Ferdinand wie 1914: Er verdrängte und packte die Koffer, um mit Martha ins Salzkammergut zu reisen.
Er kehrte nach Wien zurück, um zum PEN-Kongreß nach Stockholm zu reisen, doch als sich die Meldungen über die Aufrüstungen bestätigten, verzichtete er auf die Reise. In Schweden hätte er als feindlicher Ausländer festgehalten werden können.
Der österreichische Staat schützte seine jüdischen Bürger nicht mehr. Der Rassenwahn eskalierte. Die Ausgrenzung nahm zu. Die Ausgehzeit für Juden wurde eingeschränkt. Kurz nach Kriegsbeginn fand eine große Ver-

haftungsaktion statt, die sich gegen Juden polnischer und ehemals polnischer Staatsangehörigkeit richtete. Der »Polenfeldzug« wurde in der Presse gefeiert, »ewig denkwürdig als eine der bedeutendsten Kriegshandlungen aller Zeiten, als die vollkommenste Verwirklichung des Gedankens der Vernichtung, deren die Welt jemals Zeuge wurde«.

Pogromstimmung. Baldur von Schirach machte in Wien tabula rasa und bereitete den »Zusammenbruch der Mitmenschlichkeit« (Helmut Walser Smith) vor. In der Wiener Presse zirkulierte ein anonymer Artikel: »Bis zum Jahre 1942 muß das jüdische Element in Wien ausgemerzt und zum Verschwinden gebracht sein. Kein Geschäft, kein Betrieb darf zu diesem Zeitpunkt mehr jüdisch geführt sein, kein Jude darf irgendwo noch Gelegenheit zum Verdienen haben.«

Mit gemischten Gefühlen muß Ferdinand gesehen haben, wie Juden mit dem gelben Stern durch die Straßen schlichen.

Im Frühjahr 1935 veröffentlichte Ferdinand Bronner in der *BZ am Mittag* ein Demento, in dem er energisch bestritt, sich jemals als »Juden« bezeichnet zu haben. Dokumentarische Unterlagen würden beweisen, daß sein Vater, ein Findelkind, in Dominikowice in Westgalizien geboren wurde und keinesfalls jüdischer Abstammung gewesen sei.

Froim Fischel
Eliezer Bronner
Elieser Feiwel
Eliezer Feivel Bronner
Ferdinand Bronner
Dr. Ferdinand Bronner nach der Taufe und Promotion
Franz Adamus, wie er sich als Schriftsteller taufte

Ferdinand Wilhelm Israel Bronner 1941:
Ein Stück unserer Geschichte.
In den Wiener Zeitungen wurde der Fall hämisch diskutiert, und Ferdinand umgehend Ziel antisemitischer Angriffe. In der *Wiener Sonntags- und Montagszeitung* erschien am 6. Mai 1935 unter der Schlagzeile »Arnolt Bronnen macht Karriere« ein umfangreicher Artikel über Vater und Sohn, Bronner und Bronnen. Abgedruckt wurde ein Auszug aus Ferdinands Komödie *Schmelz der Nibelunge* mit dem Hinweis, daß hier »mehr als jede Schilderung die Gefühle zwischen Vater und Sohn« zum Ausdruck kämen. Veröffentlicht wurde unter anderem die Bescheinigung des Magistrats Wien von 1886, in der Ferdinands Austritt aus dem mosaischen Glauben festgehalten ist: »Ferdinand Bronner, der Vater des hoffnungsvollen Arnolt, war eine der angesehensten Persönlichkeiten des früheren literarischen Wien.« Warum die Redaktion, angeblich »weit davon entfernt, Menschen nach ihrer Rasse zu beurteilen«, bei Arnolt Bronnen eine Ausnahme macht, wird damit begründet: »Weil es uns wundert, daß ein solcher Mann es im Dritten Reich so weit bringen« könne.
Vor fünfundzwanzig Jahren geschrieben, habe Ferdinand in seinem Stück *Schmelz, der Nibelunge* die Wandlung eines jüdischen Sohnes in einen deutschnationalen Studenten vorweggenommen. Zum Beweis dafür wurde die erste Szene des III. Aktes abgedruckt, jene Szene, in der sich der Sohn eines jüdischen Vaters des Namens »Schmelz« schämt, sich in Franz Wilhelm verwandelt und den Couleurnamen Hamlet zulegt: »Hamlet, Franz Wilhelm oder Wilhelm Schmelz – man könnte auch sagen Arnold Bronner – führt das große Wort«, leitet Willi Frischauer den Artikel ein.

Ebendieser Willi Frischauer, Romanautor und wendiger Mitarbeiter der *Wiener Sonntags- und Montagszeitung*, stand eines Tages unerwartet vor der Wohnungstür der Bronners in Döbling, um ein Interview zu führen. Ferdinand bat ihn hinein.

In genüßlichem Unterton berichtete Frischauer von diesem Besuch – endlich war nicht nur Indiskretion, sondern auch Anprangern gesellschaftsfähig –, bei Juden erübrigte sich jede Rücksichtnahme.

Ferdinand entschuldigte sich höflich, weil er gerade mitten im Unterricht sei, und rief Martha. Er war nach dem Krieg pensioniert worden und besserte seine schmale Pension mit Nachhilfestunden auf.

Daß Ferdinand gerade einen Schüler in der Wohnung hatte, dürfte ein Glücksfall für ihn gewesen sein. Hätte er die Beherrschung verloren, wäre das für Frischauers Artikel eine delikate Bereicherung gewesen. So aber erhielt er auf seine Suada, der Verfasser des Stücks *Schmelz, der Nibelunge* wisse mehr als jeder andere von der Tragödie eines Vaters, den sein eigener Sohn verleugne, nur die höflich bedauernde Antwort, ein Schüler warte auf ihn.

Ich stelle mir vor, wie Frischauer hartnäckig fortfährt: Es sei ja verständlich, daß die Frage der Provenienz seines Sohnes um so rascher auftauche, als er im nationalsozialistischen Fahrwasser zu segeln begann und, von den Machthabern des Dritten Reiches aufs Schild gehoben, die Karriereleiter bestieg. Und im Zusammenhang mit dem Vatermord, da habe der Sohn Arnolt Bronnen öffentlich eine Erklärung für seine Abstammung abgegeben, eine Entschuldigung quasi, die er als »Einlaßschein« in die Karriere-Gefilde des Dritten Reichs benutzt habe.

Mit einer knappen Entschuldigung schob sich Ferdinand

in dem engen Flur an Frischauer vorbei und verschwand in seinem Arbeitszimmer. Sofort kam Martha aus dem Schlafzimmer und bereitete einen Kaffee zu. Bewundernswert ihre stoische Haltung, die sie dem unangenehmen Überraschungsgast gegenüber aufbrachte.
Frischauer setzte sich ins Wohnzimmer, rührte in seinem Kaffee und blickte Martha an, deren Gesicht, wie er fand, »immer noch eine gewisse Schönheit verriet«.

Überzeugt vom »Schmerz des vom Sohn mißbrauchten Weibes«, gab Frischauer seine Geschichte vom Mutterherzen zum besten, das der Sohn der Mutter aus dem Leib gerissen und sich dabei verletzt habe: »Da zuckte das Mutterherz zum erstenmal auf«, sagte Frischauer und sog an seiner Zigarre, »hast du dir wehgetan, mein Sohn? fragte es.«
So, er lehnte sich zurück, mag es Ihnen zumute sein.
Doch Martha ließ sich nicht aus der Ruhe bringen.
»Wenn mein Sohn etwas behauptet«, versicherte sie kühl, »wird er schon wissen, warum. Ich kann dazu nichts sagen. Ich bin ein Feind all jener, die meinem Sohn schaden wollen und die versuchen, seine Stellung zu erschüttern. Für mich ist es wichtig, daß er sich eine Position geschaffen hat. So einfach ist das.«
Ist es nicht, meinte Frischauer. »Ich bin nicht der Sohn meines Vaters! schreit Arnolt Bronnen in die Welt hinaus, ich wurde in einem ehebrecherischen Verhältnis meiner Mutter mit einem Bauernsohn gezeugt! Es begann mit einem Vatermord und sicherte die Fortsetzung mit dem moralischem Muttermord. Mußte dazu der Arierparagraph geschaffen werden? Wie können Sie noch miteinander verkehren, Eltern und Sohn?«
»Wir sind in ständiger Verbindung«, sagte Martha kühl,

»Arnolt schreibt mir wie meinem Mann und wir freuen uns, daß es ihm gutgeht.«
»Hat je ein Sohn seine Mutter mit einem ähnlichen Vorwurf beleidigt«, fragte Frischauer scharf, »je die Ehre seiner Eltern in dieser Form angegriffen?«

Martha stand auf. »Ich werde doch nichts sagen, was meinem Kinde schaden kann.«
Gewiß, setzte Frischauer noch flink hinzu, um Martha zu provozieren, gewiß ist Ihr Leben, Ihre Ehe schwer, vielleicht sogar eine Plage?
Martha öffnete die Haustür. Das muß ich mir von Ihnen nicht sagen lassen. Wir sehen unserer Zukunft getrost entgegen.
Als Frischauer sich verabschiedete, hörte er aus dem Nebenzimmer die Kinderstimme: Aurea prima sata est ..., und dazu Ferdinands Bleistift, der auf dem Schreibtisch trommelte.
Draußen, im Park, nahm Frischauer vielleicht seinen Stift und notierte in sein Heft, was anderntags in der Zeitung stand: »Er will von Politik nichts wissen, der alte Professor Bronner, und nichts von Rassenkunde. Wenn es dem Jungen da draußen, in Deutschland, nur gut geht. Das Übrige soll er mit seinen Vorgesetzten, mit seinem Gewissen, abmachen.
Der Preis, um den sich Arnolt Bronnen seine Stellung erkauft hat, ist hoch.«
Als wäre es das Resümee seines Interviews, beschließt Frischauer seinen Artikel mit der unsäglichen Behauptung:
»Eine Mutter faltet die Hände müde im Schoß ...«
Sie ist überrascht. Hier zeigt sich ihr eine Martha, die sie

noch nicht kannte. Ihr Verhalten zeugt von taktischer Intelligenz, ihre Sprache ist von trockener Klarheit. Von Tricks des Journalisten läßt sie sich nicht überlisten, und es gelingt ihm nicht, sie mit sentimentalen Floskeln zu beeindrucken. Sie bleibt sachlich und läßt sich nicht korrumpieren. Von Ferdinand vorgeschickt, bleibt sie Herrin in dieser unerwarteten Situation. Instinktiv und pragmatisch zugleich, macht sie keinen Fehler.
Auf geradezu unverschämte Weise ist sie sich ihrer Sache sicher. Woher rührt diese erstaunliche Souveränität? Welches Geheimnis hält sie in sich verschlossen?

* * *

---

* Sämtliche in Anführungszeichen gesetzte Zitate aus dem genannten Artikel.

34. Der Prozeß

Arnolt Bronnen »litt um Deutschland«, bis er sich der Meinung der Partei anschloß und fand, es sei keine Zeit für persönliche Empfindlichkeiten. Er überlegte, ob er das Verfahren gegen Ferdinand weiterlaufen lassen sollte.
Im *Protokoll* liest sich das so:
»An einem Morgen klingelte das Telephon: ›Hier Oberregierungsrat Dr. Schröder, Büro des Reichsmarschalls. Sie sind in Not-Lage? Die Reichs-Rundfunk-Gesellschaft hat sie wegen politischer Unzuverlässigkeit gekündigt? Was liegt vor gegen Sie?‹
Ich: ›Ausschluß aus der Reichs-Kultur-Kammer.‹
Dr. Schröder: ›Aha. Arier-Nachweis?‹
Ich: ›Ich glaube, ja.‹
Dr. Schröder: ›Haben Sie mit dem Reichs-Sippen-Amt gesprochen?‹
Ich: ›Nein. Ich möchte das nicht. Ich weiß nicht, ob ich da irgend etwas tun soll, tun darf. Der Fall ist zu diffizil.‹
Dr. Schröder: ›Alle diese Fälle sind diffizil. Es geht nicht darum, was Sie möchten, sondern was wir möchten. Das ist keine Situation für persönliche Empfindlichkeiten. Verstehen Sie mich?‹
Ich: ›Jawohl.‹
Dr. Schröder: ›Also. Es ist zu veranlassen, daß der Generalstaatsanwalt Klage gegen Sie erhebt, um Sie als unehelich zu erklären. Gleichzeitig begeben Sie sich zu Herrn Johannsen, Reichs-Innenministerium. Er wird mit Ihnen zum Präsidenten des Reichs-Sippen-Amtes, Herrn Dr. Mayer, gehen. Wenn etwas nicht klappen sollte, informieren Sie mich. Heil Hitler!‹«

Ich könnte von Ahnungen sprechen, von Gerüchten, den Andeutungen meiner Großmutter mütterlicherseits, Else von Lossow, die in München gute Informanten im Braunen Haus hatte. Möglicherweise hatte sie in München nicht nur Informanten, sondern auch Helfershelfer in der Hinterhand. Wenn auch manchmal die Betroffenen mit den Staatsbeamten in Verbindung traten – die Sache scheint zumindest ungewöhnlich, angesichts der Radikalität, mit der die »Endlösung der Judenfrage« von deutschen Instanzen betrieben wurde. Über die Anwendung der Nürnberger Gesetze auf Personen, deren Abstammung unklar oder strittig war, sowie über das Problem der sogenannten »Mischlinge« entschieden keineswegs nur Hitler und seine Kanzlei – wichtige Exekutive war das seit 1940 bestehende »Reichssippenamt« mit der Gestapo.
Die Entscheidung zur Abstammung war Sache des Staates, der »Gnadenweg« so gut wie blockiert. Die Volksgemeinschaft mußte schließlich dafür sorgen, daß Kinder, »die unzweifelhaft deutscher Abstammung sind«, ihr nicht verlorengingen.
Wer aber sollte veranlaßt haben, daß man sich unter den vielen in den Medien Beschäftigten, die jüdische Väter und Verwandte hatten, ausgerechnet um das schwarze Schaf Bronnen sorgte? Bei Goebbels war er in Ungnade gefallen. Die Vollblutnazis, die mit Abstammungsfragen befaßt waren, gingen in der Regel grobschlächtig und brutal vor, keinesfalls rücksichtsvoll, gar vorsorglich.
Es sei denn, Bronnen hatte etwas in der Hinterhand, wovon wir nichts erfahren. Vielleicht gab es irgendwo den großen Unbekannten. Sollte es der besorgte Schröder gewesen sein? Warum schweigt ihr Vater? Warum weiß sie nichts?
Arnolt Bronnen schrieb an seinem *Protokoll* ab 1948, un-

ter den Bedingungen eines neu entstehenden demokratischen Staatswesens; das Buch erschien 1954. Er schrieb seine Lebenserinnerungen als Rechtfertigung für seine politischen Irrwege und nicht zuletzt zur Verteidigung seines »Vatermords« durch den Vaterschaftsprozeß. Die politischen Abirrungen teilte er mit vielen, doch mit dem Vaterschaftsprozeß ging er zu weit, was eine vernichtende Beurteilung der Öffentlichkeit zur Folge hatte. Um dem die Spitze zu nehmen, führte er den Haß auf seinen Vater auf ein Kindheitserlebnis zurück: Den gewalttätigen Vater, der ihn schlug, als er seine Mutter vor ihm in Schutz nahm.
Versuchte er, nachträglich seine Tat einsehbar zu machen?
Ein geschickter Autor bereitet seine Tat vor, und je tiefer sie in der Hauptperson seines Werkes verankert ist, desto plausibler. Je länger die Inkubationszeit, desto einsichtiger für den Leser.
Ihm war bewußt, daß seine kurvenreiche Biographie auf Interesse stoßen würde, deshalb strebte er – zumindest nach außen hin – eine scheinbare Offenheit an, die um Lossprechung von persönlicher Schuld bemüht war und manchmal exhibitionistisch entgleiste. Allerdings: entscheidende Sachverhalte wie den Vaterschaftsprozeß ließ er doch in der Schwebe. Zu groß war offenbar seine Angst, daß die Gesellschaft vernichtend über ihn urteilen würde.
Doch das Geständnis verfehlte seine Wirkung. Die Kritik rückte von ihren Vorbehalten nicht ab.
Er wollte wieder ein anerkanntes Mitglied der Gesellschaft werden und tat das, was Hunderttausende, ja Millionen seiner Zeitgenossen taten: Er schob alle Schuld den Nazis in die Schuhe. Sie waren es, die ihm befahlen, die Abstammungsklage einzureichen. Er versuchte, durch die Maschen

des neuen Arierparagraphen zu schlüpfen und sein Leben zu retten.
Mehr als sich selbst lieferte er mit dieser Klage allerdings Ferdinand Bronner ans Messer, den Mann, »der vom Tage Ihrer Geburt an Sie als sein Kind oder zum mindesten wie sein Kind ernährt, gekleidet und aufgezogen hatte«, so die Richterstimme im *Protokoll*.
Am 11. Oktober 1939 hatte sich Ferdinand im Wiener Amt für Sippenforschung Am Hof 4 einzufinden, mit seinem Tauf- und Trauschein, denen seiner Eltern und Großeltern und den Dokumenten von Martha.
Ein Schreckensweg lag vor ihm. Sein Leben war bedroht.
Am 17. Oktober 1939 wurde er erneut mit denselben Dokumenten dorthin zitiert. Ein handschriftlicher Vermerk war seiner Akte beigefügt:

»behauptet von deutschem Vater (?) abzustammen
Soll Schwabe gewesen sein
Konnte lediglich Bescheide vorlegen
Behauptung denkbar unglaubwürdig
Sieht wie zwei Juden aus!
Reichsschrifttumskammer in Kenntnis setzen
(Urkunden von Adamus besorgen lassen)
behauptet Strobl, Jelusich u. a. Schriftsteller gut zu kennen!«

Mit der Nennung dieser zwei heute unbekannten, damals jedoch renommierten Autoren verhielt sich Ferdinand Bronner geschickt im Sinne des Systems. Karl Hans Strobl, ab 1925 Präsident des österreichischen Schriftstellerverbands, war seit 1933 NSDAP-Mitglied, wurde 1934 von der Tschechoslowakei wegen »staatsgefährlicher Betätigung« ausgewiesen und war nach dem Anschluß am

Bekenntnisbuch österreichischer Schriftsteller beteiligt, an dem auch Mirko Jelusich, Mitglied dreier Corps und Redakteur des Ressorts Theater und Kunst von 1923 bis 1933, mitwirkte. Strobl tat sich mit Werken wie *Eine gute Wehr und Waffen* und *Zwischen Weichsel und Karpathen*, Jelusich schon im Ersten Weltkrieg mit dem *Kriegs-Vaterunser* hervor.

Jelusich war ein Befürworter des »Anschlusses« Österreichs an Deutschland und wurde 1931 erster Vorsitzender und schließlich Leiter des Kampfbundes für deutsche Kultur in Wien, einer Organisation, die den Nationalsozialismus in Österreich vorbereitete. Auch er beteiligte sich 1938 am *Bekenntnisbuch österreichischer Schriftsteller*.

Ferdinand hatte ihn wohl beim Wiener Dichterkreis, gegründet mit Genehmigung der Reichsschrifttumskammer, und als kommissarischen Leiter des Burgtheaters kennengelernt. Zudem war Jelusich mit Ferdinands Freund, dem nationalen Schriftsteller Arthur Trebitsch, bekannt.

Aufgrund des Vermerks des Sippenamtes in Wien sandte der willige Gauhauptstellenleiter Mixa am 23. Oktober 1939 an Professor Max Stebich in der Reichsschrifttumskammer am Schwarzenbergplatz 7 ein Schriftstück, daß anläßlich einer Abstammungsüberprüfung des Schriftstellers Dr. Ferdinand Israel Wilhelm Bronner, geboren am 15. Oktober 1867 in Auschwitz, Bezirk Biała, Galizien, festgestellt wurde, daß »derselbe als Jude gilt« – schließlich war seine Mutter Jüdin: »Er behauptet zwar, daß sein Vater deutschblütig gewesen sei (ungarischer Schwabe), doch läßt sich diese Behauptung aus verständlichen Gründen durch nichts beweisen. Ich teile Ihnen dies mit, weil ich aus dem Gespräch entnommen habe, daß er sich um die Mitgliedschaft der Reichstheaterkammer zu Beginn vorigen Jahres beworben hat.«

Gleichzeitig verfaßte der Gauhauptstellenleiter der Nationalsozialistischen Deutschen Arbeiterpartei einen Brief an das Polizeirevier 130 in der Döblinger Hauptstraße, in dem er berichtete, daß sich »der Jude« Ferdinand Bronner »als Mischling I. Grades« ausgebe und daß sein Vater angeblich Nichtjude gewesen sei. Die Urkundenlage sei jedoch eindeutig. »Er möge zur Haltung einer Kennkarte verhalten werden.«
Und Mixa sandte gleich auch noch einen Brief an die NSDAP, Ortsgruppe Gatterburg in der Kreindlgasse: »Obgenannter ist Jude und gibt sich als Mischling I. Grades aus. Seine Einsprüche gegen das Prüfungsergebnis sind unbeachtlich und zurückzuweisen. Ich bitte die Maßnahmen gegen die Juden auf ihn auszudehnen.«
Die Nöte, in denen sein Vater sich befand, waren Arnolt Bronnen bekannt und schürten seine Ängste.
Am Jahresende 1940 stand Bronnen vor der Entscheidung, ob er den Prozeß um seine Abstammung führen sollte: »Ich überlegte, daß es niemandem schaden, und mir nur nützen könnte« – was eine arge Verkennung der Lage für seinen Vater war. Spielte vielleicht auch die Geburt meiner Schwester Franziska im Oktober 1940 eine Rolle, sollten beide Töchter als ›reinrassige deutsche Kinder‹ heranwachsen?
»Ich überlegte, daß meine Mutter auf jeden Fall eine Deutsche sei. Ich überlegte, daß ich also, wer immer mein Vater wäre und welchen Stammes auch immer, die freie Wahl haben müßte, mich zu entscheiden. Wo beginnt, wo endet die Verpflichtung der Abstammung? Wenn der Vater Schuster war, muß der Sohn dann auch Schuster werden?« Er endet diese zynischen Überlegungen mit einer Eloge auf die Freiheit, die hier zur Debatte stünde, die er – »nicht nur für mich allein« – zu wahren habe. Er be-

schließt, daß ihm selbst ein Urteil über seine Herkunft nicht zustehe.
Damit gab er es ausdrücklich an eine Wissenschaft ab, »die damals wenig klare Erkenntnisse« haben konnte, wie er wußte, weil »die fortschrittliche Wissenschaft vor allem jenen Rassenbegriff bekämpfen mußte, welcher bestimmten Rassen bestimmte Privilegien einräumte. Nahm man dem Rassen-Begriff seine negativen Kriterien, die ebenso unberechtigt wie sinnlos waren«, so fand er es einleuchtend, daß das Bekenntnis zur Rasse »lediglich eine Einordnung« und »keinen Vorteil« bedeutete, so im *Protokoll*. Insofern liege der Fall 1940/1941 anders als 1930.
Er nutzte den rassischen Biologismus in seiner Entgleisung im nationalsozialistischen System, der die Nachkommenschaft zu einer Angelegenheit der fleischlichen Herkunft machte.
Unter diesen neuen Bedingungen wäre also jede Bindung ihres Vaters an seinen Vater, der ihn aufgezogen und genährt hat, überflüssig gewesen? Alles nur eine Frage der Leiblichkeit?
Sie empfindet das als den empfindlichsten Punkt ihrer Herkunft. Wußte ihr Vater, was da auf seinen Vater zukam? Riskierte er sehenden Auges die Ermordung seines Vaters? Sie kann das nicht glauben.
Juristisch war ihr Vater durchaus beschlagen.
Er muß etwas in der Hinterhand gehabt haben.
Marthas zweiter Brief an ihren Sohn, unterzeichnet vom Notar – *also mußte der Notar ihren Brief bestätigen?* –, beginnt mit der Begründung, sie schreibe noch einmal, denn »damals war ich ziemlich aufgeregt und schrieb mit einer undeutlichen Handschrift, vieles dürfte Dir nicht ganz klar gewesen sein, und so will ich heute versuchen,

noch mal alles zu schildern«, um so mehr, als »das Sprechen uns beiden schwer« wird, »und ehe es zu spät sein könnte, möchte ich mir doch alles vom Herzen reden«. Sie schildert abermals den Qualenweg durch den Wald, die teuflische Ermüdung, den tragischen Zwist zwischen Ferdinand und ihr, da sie nicht zur Stelle gewesen sei, als er ankam, die Güte der Frau Schmidt, dieser kränklichen, zarten Frau, die sie tröstend in den Arm genommen hätte, und wie der unheilvolle Herr Schmidt über die süß Schlafende kam.

Eine durchgestrichene Seite ist beigefügt. Sie möchte »nur noch hinzufügen, daß es doch eine sehr schwierige Sache für Dich ist, Ahnen für Dein Kind zu finden, werden nun die Schmidts anerkannt? Du bist doch in der Ehe geboren, und leider war die ganze Sache bös, unwahrscheinlich, wie der Detectiv sagt. Ich kann ihm nicht ganz unrecht geben, selbst Papa wollte es mir nicht glauben, er hat durch Jahre geglaubt, daß wir diesen Ausflug dazu benutzten, jetzt glaubt er es schon längst. Schließlich war es nur die Eifersucht, daß er mich so empfing und die Enttäuschung und seine Nerven, unter denen ich Jahrelang gelitten habe, doch nun darüber Schluß.«

Der Brief enthält im Gegensatz zum ersten noch eine weitere Wendung. Demnach seien einige Wochen vergangen, in denen sie Ferdinand nur »anpfauchte«, »bis ich es nicht mehr ertrug und ihm alles sagte, umso mehr, als ich einen Grund hatte zu glauben, daß diese Nacht Folgen gehabt hatte«. Sie sei erst »zugänglicher« gegenüber Ferdinand geworden, als sie eine »mir unangenehme Entdeckung machte«.

Was sie daraufhin gelitten habe, hätte Arnolt in seiner Kindheit erlebt, »ich konnte mich nicht wehren, da ich ja schließlich die Schuldige war«.

Wenigstens sei ihre Sorge, »ein schwarzes Kind zu bekommen«, unberechtigt gewesen, und Ferdinand habe sich »mustergiltig« benommen; sie wäre glücklich, wenn Arnolt endlich einsehen würde, daß er recht hatte, »oft ekelhaft zu mir zu sein«.
Fazit der Geschichte: Arnolt jedenfalls habe allen Grund, sich als Christ zu fühlen, weil er es sei.
Marthas Verführung, ein abstruser vorehelicher Akt des 19. Jahrhunderts. Dennoch fällt es ihr schwer, sich diese beengte und unromantische Szene vorzustellen, die jeden Augenblick durch Frau Schmidt hätte gestört werden können.
Dem Durchschlag des Briefes lag Marthas eidesstattliche Erklärung bei. In einem Nachsatz schrieb sie: »Ist das alles nur Bestimmung, daß gerade Du ein reiner Arier werden solltest!« Und: »Papa will nicht der Gehörnte sein. Drum bat ich Dich, nur im Ernstfalle davon Gebrauch zu machen. Jetzt sind wir ein Volk, ein Reich, und was in Berlin vorgeht, weiß man hier, Papa wird sich nicht der Wahrheit entziehen ... aber angenehm ist es nicht.«
Über Pfarrer Schmidt, den Erzeuger ihres Sohnes, sagt sie: »Was Deinen Vater anbelangt, muß ich nur sagen, daß er mir so gleichgültig und langweilig war, wie jeder Fremder, und ich glaube, auch ich ihm.« Ansonsten weiß sie, die als wißbegierig und anderen Menschen gegenüber aufgeschlossen galt, nur Belangloses über den neuen Vater zu berichten: »Ich weiß nur zufällig, daß er am 11. Oktober geboren ist, und wahrscheinlich im 67 oder 68 Jahr höchstwahrscheinlich in Bielitz, wo sein Vater Eisenbahner war.«
All das will ihr nicht in das Bild passen. Keine Spur mehr von ihrer gerühmten Redlichkeit, und sie fragt sich: War-

um verstellt sich Martha? Würde eine gebildete Frau solch einfältige Briefe schreiben?

Geht sie zu weit, wenn sie dem Gedanken folgt, daß nicht Martha es gewesen war, der der Inhalt dieser Briefe eingefallen sei? Hat der Sohn seine Mutter dazu angehalten, diese Briefe so und nicht anders zu schreiben (oder schreiben zu lassen, da Martha infolge ihrer Erblindung kaum dazu imstande gewesen sein dürfte)?

Wenn es so gewesen wäre, hätte er dann nicht auch wissen müssen, daß er seine Mutter mit ins Verderben riß, sollte die Lüge offenbar werden?

Für niemanden sonst findet Bronnen im *Protokoll* so warme Worte wie für seine Mutter: Heimat ist sie, Beständigkeit, Geborgenheit, Ruhe, Klarheit der Gedanken, alle Liebe und Zärtlichkeit dieser Welt: »Worin lag das Geheimnis ihrer Sicherheit? (...) Es lag darin, daß sie die Kontinuität ihres Lebens nie verloren hatte. Es lag ferner darin, daß sie die Fäden, die sie mit der Welt verbunden hatten, nie zerrissen hatte« – in Wirklichkeit hatte sie diese Fäden mit dem nie widerrufenen Geständnis ihrer Untreue gründlich zerrissen. Hat der *Protokoll*-Schreiber das verdrängt und vergessen?

Sie sucht Antworten auf immer neue Fragen, mit denen sie nie gerechnet hat, während ihr Mißtrauen in die Aussagen ihres Vaters wächst.

Diese Martha Bronner war ganz sicher kein »überirdisches Wesen«, vollkommen in ihrer Weisheit und Güte, wie ihr Sohn sie hochstilisiert.

Vier Kinder hat sie zur Welt gebracht und großgezogen. Den Sohn Rudolf verlor sie im Ersten Weltkrieg. Zu ihrer Tochter Ellida, diesem reizvollen, springlebendigen Mädchen, und dem gutmütigen und ausgeglichenen Günther hatte sie wohl keinen sehr engen Bezug. Ihr blieb ihr

Ältester, Arnold, die Zangengeburt. Der als Kind kränkliche, sensible Junge suchte bei ihr Wärme, Geborgenheit, Schutz und jene Zärtlichkeit, die ihm – und auch ihr – Ferdinand Bronner nicht geben konnte. Früh schon entstand eine enge emotionale Bindung, die einen Muttersohn hervorbrachte und ein Leben lang anhalten sollte.
Ferdinand Bronner, der niemals die Liebe eines Vaters erfahren hatte und der, als Ehemann und Vater, alle seine Kräfte aufwendete, der kümmerlichen Existenz eines schlecht bezahlten Schullehrers und seines Judentums zu entkommen und als Künstler seine Begabungen zu entfalten, dieser Mann wurde in der Familie zunehmend zum Fremdkörper. Die Kluft zwischen ihm und dem jungen Arnold, der ein mittelmäßiger Schüler war und dem hochgebildeten Vater nicht das Wasser reichen konnte, wuchs.
Es wäre Marthas Aufgabe als Mutter gewesen, eine Brücke zwischen beiden zu schaffen. Das aber tat sie nicht. Im Gegenteil, sie stand immer auf der Seite des Sohnes und schürte dessen Abneigung gegen den Vater.
Sie wirft nochmals einen Blick auf die Muttergestalten im dramatischen Werk Arnolt Bronnens, findet aber in seinem ersten Stück Recht auf Jugend *keine edel verklärte Muttergestalt. Hier tritt die Mutter als der verlängerte Arm des Vaters auf: hart und kalt, kontrollierend und reglementierend, der Rest jammerndes Klagen: ein Abziehbild der Frau Wawroch in Ferdinand Bronners Familie* Wawroch.
Im Vatermord *Bronnens verbindet Mutter und Sohn ein stillschweigendes Einverständnis, indem sie sich gemeinsam des Vaters als Objekt des Hasses entledigen. Es ist letztlich die Mutter, die den Sohn zum Vatermord antreibt. Im überarbeiteten Entwurf des Stücks wird die aktive Rolle der Mutter noch stärker herausgestellt.*

»Walter: Jemanden muß man erschlagen
Mutter: Wen
Walter: Ich kenn ihn nicht
Mutter: Du kennst ihn
Walter: Nein
Mutter: Der jetzt die Treppe heraufkommt
Walter: Nein
Mutter: Der jetzt durch den Gang geht
Walter: Nein
Mutter: Der die Tür aufsperrt
Walter: Geh weg er sieht uns ich kenn ihn nicht nein
Mutter: Der der da
Walter: leise erstickt zitternd
  Jja«

Martha Bronner war eine sittsame, keine brünstige Mutter, eine ruhige und gesellige bürgerliche Frau. Impulsivität lag ihr fern, von mysteriöser Triebhaftigkeit keine Spur. Daß Pfarrer Schmidt im Schlaf über sie kam, wie es in ihren Briefen heißt, ist nicht auszuschließen. Das Leben ist keine moralische Anstalt.

Doch warum hetzte sie durch ihre Andeutungen und ihr düsteres langes Schweigen den Sohn geradezu auf den Vater?

Verbarg sich hinter ihren Briefen der Wunsch, sich an ihrem autoritären Ehemann zu rächen?

Mit den Rassengesetzen, die nach der Einverleibung Österreichs ins Großdeutsche Reich das Blatt wendeten, wuchs ihr urplötzlich als »reinrassige Arierin« unverhofft eine besondere Bedeutung zu: das Leben ihres Ehemanns hing jetzt von ihr und ihrer Solidarität mit ihm ab.

War sie so infam, eine fast vierzigjährige Ehe aufs Spiel zu setzen? Den Lebensbau ihres Mannes zum Einsturz zu bringen?

Sie zweifelt daran.
In Gedanken kehrt sie zurück zu Etiel, dem Vater Ferdinands, dem angeblichen Findelkind. In dieser Familie, so scheint es, setzt sich etwas fort, das das Fundament der herrschenden Gesellschaft, die Vaterschaft, über Generationen hinweg in Frage stellt.

Mater certissima, pater semper incertus, *die Mutter steht immer fest, der Vater bleibt stets ungewiß: der berühmte Text des römischen Rechts erweist seine ungeheure Tragweite. Die Vaterschaft kann nur vermutet werden, und die angeblich zu frühe Geburt als Achtmonatskind gilt Bronnen als feststehendes Indiz, kein Bronner zu sein.*

Sich Wilhelm Andreas Schmidt, den Pfarrer, als seinen Vater vorzustellen gelingt ihr nicht. Immer wieder hat sie die Fotos der beiden betrachtet und kann nicht die geringste Übereinstimmung feststellen.

Ich erinnere mich der Äußerung meiner Mutter. Sie erzählte, Arnolt sei »tobsüchtig« geworden, wenn das Thema auch nur angesprochen wurde, ähnliches berichtete seine Witwe Renate, die ihn kein zweites Mal zu fragen wagte.

Selbst Ferdinands Enkel, Dr. Hans Bronner, in Linz, in Sachen Bronnen mehr als zurückhaltend, betonte die verblüffende Ähnlichkeit zwischen Ferdinand und Arnolt, die sich nicht nur aufs Äußere beschränkte, sondern auch Mimik, Gestik, Sprachbegabung und die dramatische Ader einschlossen. Daß alle, die ihn kannten, übereinstimmend sagten, man könne im Sohn den Vater erkennen. Daß beide dieselbe eigenartige Verschwiegenheit hegten, beide an einem Magenleiden litten. Beide zum Dramatiker geboren waren.

* * *

35. Rassenwahn

Das Drama um den berüchtigtsten Ehebruch jener Tage spielte sich in ihren ersten Lebensjahren ab.
Wollte ihr Vater seiner Familie und den Neugeborenen eine »arische« Herkunft garantieren?
Was mag in Ferdinand vorgegangen sein? Er stand zwischen seiner Ehefrau und dem Sohn, ausgeliefert diesen Sippenspezialisten.
Die ganze Bühne dieser Institution steht Arnolt zur Verfügung, er wird sie für seine Zwecke nutzen, wird harte Worte finden, um sein Leben zu retten.
Sie versucht, sich in Ferdinand hineinzuversetzen.
Er würde einem Ankläger gegenüberstehen, der sein Sohn war und der für sich die Gesetze des Nazi-Staates in Anspruch nahm. Er würde vor den Sittenrichtern zu Protokoll geben müssen, ob er der leibliche Vater war oder nicht.
Was hatte er schon gegen die Repräsentanten dieses Staates in der Hand, die die Macht besaßen, Menschen nach den Kriterien einer Pseudowissenschaft in zwei Klassen zu unterteilen, in die »arische« Herrenrasse und die zur Vernichtung bestimmten Untermenschen?
Sie stellt sich Ferdinand und Martha vor, wie sie im Zug von Wien nach Berlin sitzen. Sehen sie einander in die Augen, wenn sie miteinander sprechen? Oder gibt es nichts mehr zu sagen und sie schweigen einander an? Memoriert jeder für sich die lange durchdachten Antworten auf Fragen des Sippenamts in Berlin? Denkt Ferdinand an das, was ihm bevorsteht, und Martha an ihre Zukunft als entlarvte Lügnerin oder als armselige Witwe? Haben sie ihre bis zum Zerreißen gespannten Nerven so im Griff, daß sie

den kontrollierenden Blicken der Zugschaffner, der mitreisenden Gestapo nicht auffallen?
Sie erträgt die Bilder und Fragen nicht länger und stellt den Film ab, der in ihrem Kopf läuft, und zwingt sich zur Sachlichkeit.
Welche Papiere hatten Ferdinand und Martha bei sich, säuberlich in zwei Mappen eingeheftet, die sie dem Sippenamt vorlegen mußten? Die Geburts-, Tauf-, Heirats- und Sterbeurkunden zurück bis zu den Großeltern, ärztliche Atteste, Blutgruppenbescheinigungen, erbbiologische Gutachten, Staatsbürgerschaftsnachweise. All diese Dokumente zusammenzutragen, muß Wochen gedauert haben. Die internen Dokumente hatte die Gauleitung Wien bereits nach Berlin geschickt. Ferdinand – jetzt als Ferdinand Israel Bronner benannt – war lange vor dem Erlaß der Nürnberger Gesetze zum Christentum konvertiert, mußte jedoch eine Bescheinigung vorlegen, daß er in der vom Staat vorgeschriebenen Form den mosaischen Glauben abgelegt hatte, der bloße Nachweis seiner Taufe zum Christen genügte nicht. Martha hatte von ihrem Sohn einen Merkzettel erhalten, auf dem der Name »Dr. Kurt Mayer« stand. Dieser Dr. Kurt Mayer, gelernter Historiker, Parteigenosse und Mitglied der SS – ein Helfer, wie Arnolt Bronnen es der Mutter versprochen hatte?
Mayer war als Scharfmacher berüchtigt. Er galt als einer der strammsten SS-Männer und als übereifriger Mitarbeiter des Reichssippenamts, der auch Personen als Juden denunzierte, die nachweislich keine waren.
Und ausgerechnet diese Kreatur sollte einen weichen, menschlichen Kern in sich bergen?
Angekommen in Berlin, näherten sich der Vierundsiebzigjährige und seine Ehefrau den bedrohlichen, neugebauten Baracken-Komplexen des Reichssippenamts.

Ferdinand wußte, was auf ihn zukommen würde. Die Beamten in der Reichsstelle für Sippenforschung, zuständig für Zweifelsfälle wie Findelkinder, Adoptierte und unehelich Geborene, hatten mehr oder weniger freie Hand darin, wie sie sich entschieden. Die sogenannten Nürnberger Gesetze von 1935 waren 1938 durch einen neuen Gesetzentwurf dahingehend erweitert worden, daß in bestimmten Einzelfällen erb- und rassenkundliche Gutachten »im Interesse des Kindes« als notwendig verordnet wurden. Damit sollte sichergestellt werden, daß kein »Arier« versehentlich als Jude oder Mischling dem Dritten Reich verlorenging.
Die Rassenforschung unterstand Reichsminister Wilhelm Frick, Parteimitglied seit 1925 und Träger des Ehrenzeichens der Bewegung für seine Teilnahme am Hitler-Putsch vor der Feldherrnhalle in München, in seinem Ministeramt verantwortlich auch für das Verbot regimekritischer Publikationen, Zeitungen, Filme und Theaterstücke.
Was Ferdinand Bronner neben der Blutgruppenbestimmung und allen übrigen Dokumenten brauchte, war der »große Ariernachweis«, ein bis ins Jahr 1800 zurückreichendes erbbiologisches wissenschaftliches Gutachten.
Niemand in diesem Barackenkomplex interessierte sich dafür, was er dachte, getan oder geschrieben hatte. Hier zählte nur eins: Jude oder Arier.
An der Einlaßsperre drängten sich die Menschen, Zweifelsfälle, wie er es war. Hier mag Arnolt Bronnen auf ihn und die Mutter gewartet haben.

Sie ist unfähig zu beurteilen, wie ihr Vater sie empfing. Alles ist möglich. Mit unsicherem Lächeln, das die Angst verbergen sollte? Mit der Großspurigkeit des Prominenten der

Berliner Literaturszene, der überall durchkommt? Mit der glatten Selbstsicherheit eines Spielers, der vorsorglich die Karten gezinkt hatte? Oder gab es gar ein einverständliches Augenzwinkern zwischen ihm, seiner Mutter und dem alten Mann an ihrer Seite?
Je länger sie darüber nachdenkt, um so mehr verfestigt sich in ihr die Ahnung, daß Taktik und methodisches Denken zugrunde liegen müssen. Doch mit welchem Ziel?
Zusammen passierten sie die Einlaßsperre, gingen auf eine der Baracken zu und ließen von einem Beamten ihre Personalpapiere prüfen. Die Abteilungen I und II, in die sie verwiesen wurden, waren in einer überheizten häßlichen Baracke, es roch nach Schweiß und Demütigung, nackte Glühbirnen warfen grelles Licht. Hier wurden die zweifelhaften Fälle untersucht.
Arnolt wurde zuerst aufgerufen. Er sah, wie der Beamte das in Wien ausgestellte Papier hervorzog. Er wußte, was darauf stand: ein Beamter der Reichsstelle für Sippenforschung, Zweigstelle Wien, hatte notiert, daß er aufgrund der vorgelegten Dokumente Halbjude sei, sein Vater Ferdinand Bronner Volljude, seine Mutter, eine geborene Schelle, deutschblütig.
Als nächster kam Ferdinand an die Reihe. Auf die sogenannte Sanitarische Untersuchung war er gefaßt. Er befolgte die militärisch knappen Anweisungen, stieg auf die Waage, ließ seinen Brustumfang vermessen, atmete auf Befehl gehorsam ein und aus, die Lungen wurden abgehört. Seine Körpergröße wurde gemessen, seine nackten Füße begutachtet, dann durfte er seine Hose wieder anziehen, nicht jedoch Hemd, Socken und Schuhe. Er wurde in den Nebenraum geschickt, während Martha in den Untersuchungsraum geführt wurde.
Die nun folgende Prozedur war Ferdinand unbekannt.

Männer in weißen Kitteln saßen an Tischen, auf denen merkwürdige Instrumente ausgelegt waren. Ihm wurde befohlen, sich auf einen verstellbaren Hocker zu setzen, frontal vor ihm nahm einer der Männer Platz. Er wurde zwischen den Augen betastet, ein Stift markierte in der Mitte einen Punkt, ein zirkelartiges Instrument, auf seine Nase angesetzt, wurde hin- und hergeschoben. Meßzahlen wurden genannt und aufgeschrieben. Am Hinterkopf Ferdinands wurde ein anderes Instrument in Zickzacklinien auf- und abgeführt, wieder folgten Meßzahlen. Das nächste Instrument fuhr zwischen Ferdinands Lippen, vermaß Stirnwinkel, Nasenproportionen, Ohrenansatz und Kinn. Und immer wieder die Zahlen, die ein Gehilfe wiederholte und dann notierte. War das die wissenschaftliche Methode, mit der sich nachweisen ließ, ob ein Mensch Jude oder Arier war?

Schließlich mußte Ferdinand sich an die Wand stellen. Von oben sauste ein Fallbeil auf ihn herab. Wieder eine Zahl. Auf Brusthöhe wurde ein Apparat angesetzt, eine Art Schieber, den er mit ausgestrecktem Arm so weit von sich stoßen sollte, wie er es vermochte. Wieder Zahlen, wiederholt und notiert.

Als nächstes tastete eine überdimensionale Pinzette seinen Schädel ab, riß ihm ein Büschel Haare heraus. (In seinem *Protokoll* erklärt Arnolt Bronnen, man hätte eine Art Besen aus Haaren verschiedener Tönungen über sein Haupt gehalten und ihm ein Haarbüschel geraubt, weil, so Bronnen, »eine Theorie im Schwange war, wonach das jüdische Haar einen anderen Querschnitt hätte als das arische«.)

Die Methode der Entwürdigung wurde mit der Aufnahme durch eine Spezialkamera gekrönt. Verbrecherfotos, frontal, im Profil. Neben sein Auge hielt man Glasaugen in verschiedenen Farben: »Etwas heller als zwo«, sagte einer der Männer an.

Nach insgesamt drei Stunden waren sie mit ihm fertig, kurz darauf auch mit seiner Frau. Noch zweimal mußten Ferdinand und Martha nach Berlin fahren, um vor einem Oberlandesgerichtsrat, einem Staatsanwalt und einem Beisitzer auszusagen. Die erste Verhandlung wurde vertagt, da ihre Aussagen nicht als von ihnen beeidet zu Protokoll genommen worden waren.

In der zweiten Verhandlung erhob der Staatsanwalt Anklage gegen Arnolt Bronnen auf Feststellung seiner unehelichen Geburt und focht damit das Gutachten der Wiener Reichsstelle für Sippenforschung vom 1. April 1939 an, das ihn als Halbjuden eingestuft hatte. Man stellte das Fehlen aller jüdischen Rasse-Merkmale bei ihm fest und »konstatierte bei mir Blut-Gruppe 0, während die Mutter und der Professor Blut-Gruppe A hatten«, so Bronnen im *Protokoll*.

Am 5. Mai 1941 wurde Arnolt für unehelich erklärt und mußte den Namen der Mutter annehmen: »Schelle«. Zu seiner Entlastung hatte Bronnen angegeben, Dr. Ferdinand Bronner habe selbst unter Eid ausgesagt, er sei nicht der Vater, eine Aussage, die »vollkommen unbeeinflußt« durch ihn erfolgt sei.

Das Reichssippenamt entschied neun Monate später, Arnolt sei »deutschen oder artverwandten Blutes«, also »Deutscher und deutschblütiger Herkunft« und Dr. Ferdinand Bronner nicht sein Vater. »Die Eheleute lebten bis Januar 1895 getrennt. Während der gesetzlichen Empfängniszeit hat die Kindesmutter mit dem Pfarrer Wilhelm Schmidt, gestorben 1913, geschlechtlich verkehrt, der augenscheinlich der Erzeuger des Angeklagten ist.« Es sei zwar nach einer vorgenommenen Blutgruppenun-

tersuchung »nicht unmöglich, daß der gesetzliche Vater der Erzeuger des Beklagten ist«, aber der Beklagte weise keine kennzeichnend jüdischen Rassemerkmale auf. Die Erzeugerschaft des W. A. Schmidt sei eher wahrscheinlich als unwahrscheinlich. Zudem habe Bronnen bei seiner Geburt 3500 Gramm gewogen und hätte eine normale Länge gehabt, könne also »offenbar unmöglich aus einem Geschlechtsverkehr vom Januar 1895 stammen«. Und am 17. Oktober 1941 urteilte das Berliner Landgericht konträr zum Wiener Reichssippenamt, daß – welch Wunder – auch Dr. Ferdinand Bronner kein Jude sei.
Arier beide, und das amtlich besiegelt.
In seinem *Protokoll* merkt Arnolt Bronnen dazu lakonisch an: »Immer noch recht imposante Richter.«
Dieser Satz, den sie so oft überlesen hat, bringt sie jetzt aus der Fassung. Wieder und wieder liest sie die Bescheide des Reichssippenamts, durchforscht Wort für Wort nochmals die Wiener Dokumente, in denen schwarz auf weiß steht, Ferdinand Israel Bronner sei nach dem Abstammungskodex und ersten Ergebnissen »Jude mit einer nicht geringen Anzahl jüdischer Rassemerkmale«, ein anderes Mal wird festgestellt, Arnolt Bronnen sei »Mischling ersten Grades«, also Halbjude. Und nun »Arier«.
Sie ist verblüfft. Empfindet eine quälende Verwirrung. Natürlich weiß sie nicht, aufgrund welcher Merkmale ein Mensch als jüdisch deklariert wird. Aber sie weiß auch, daß Ferdinand jenen, die es zu wissen glaubten, in die Hände gefallen war.
Doch das ist nur das eine. Das andere ist: Sie weiß, daß er Jude ist.
Wie ist dieses »Arier«-Urteil zustande gekommen, das Ferdinand vor dem Tod in jenem Ort rettete, in dem er geboren wurde?

Wie dieses Geheimnis lüften?
Das dritte Kriegsjahr – und die deutsche Wehrmacht in Stalingrad von der Roten Armee vernichtend geschlagen. Ein bestialischer Winter, in dem der Terror unvorstellbare Ausmaße annahm. Die oberste Führungsriege der Gestapo und SS, von der jetzt möglichen Kriegsniederlage unter Druck gesetzt, beschleunigte die »Endlösung« der Judenfrage, wie sie dann auf der geheimgehaltenen Wannsee-Konferenz offiziell beschlossen wurde.
Eichmann, der von der totalen Ausrottung besessene Buchhalter des Todes, errechnete die Zahl von 10,3 Millionen Juden in Europa.
Eine neue Generation von Lehrern, ausgebildet in Rassenkunde, Volkskunde und Grenzlandkunde, trat an den Schulen an.
Ferdinand durfte in Wien weiterhin spazierengehen, Straßenbahn fahren, ins Café gehen. Er konnte Theater, Museen und Kinos besuchen und durfte ein Radio besitzen. Er durfte sich auf eine öffentliche Bank setzen, mußte nicht auf der Straße knien und sie mit bloßen Händen säubern, mußte nicht die Abtritte der SA-Kasernen schrubben, mußte nicht bis zum Umfallen Kniebeugen machen und im Chor Heil Hitler! brüllen. Er wurde nicht enteignet, mußte keine Hausdurchsuchungen erdulden, das spärliche Mobiliar wurde ihm nicht genommen.
Er trug keinen Judenstern.
Er besaß seinen österreichischen Paß.
Was mit den Juden in seiner Heimatstadt Auschwitz und in Birkenau geschah, konnte er wohl nicht mal ahnen, das hätte ohne Zweifel seine Vorstellungskraft überfordert. Details erreichten ihn nur sporadisch. Die Vernichtungsmaschinerie blieb abstrakt. Von seiner Schwester Amalie, in Kolomea mit einem Nichtjuden verheiratet, kamen

Briefe, und er war froh, daß seine Eltern das nicht mehr erleben mußten.
Bald gab es nur noch wenige tausend Juden in Wien. Das spezielle Wiener System der »Aushebungen«, wonach Wohnungen von Juden, die noch in Wien lebten, systematisch durchkämmt wurden, zeigte Wirkung. Er hielt sich fern von den Zitternden, die fürchteten, gefoltert oder verschleppt zu werden. Aber ihre Hilfeschreie wurden unüberhörbar. Freunde rückten ferner.
Er bezog keine Position und verhielt sich still. Ins Griensteidl ging er als »Gehörnter« längst nicht mehr, man hätte ihn ausgelacht.
Die Bronners isolierten sich. Nur nicht auffallen! Weder ihr Sohn Günther noch ihre Tochter Ellida erfuhren ein Wort über den Vaterschaftsprozeß, geschweige denn über sein Jude-Sein. Das Schweigen sicherte ihm und seiner Familie das Überleben in Wien ohne schwerwiegende Behelligungen.
Sie wühlt unter den Dokumenten, den Briefen, liest die letzten Briefe noch einmal. Ohne Ergebnis. Liest immer wieder. Da verrät ihr eine Zeile in einem Brief Ferdinands an seine Tochter Ellida in Amerika, daß sich seit dem Vaterschaftsprozeß etwas Grundlegendes verändert hat. Der so unnachgiebig und unversöhnlich sich gebende Ferdinand schreibt dankbar: »Arnolt hat mir sehr geholfen.« Dieser Satz – Arnolt hat mir sehr geholfen – elektrisiert sie. Er bestätigt ihr, daß es vor dem Prozeß zwischen Vater und Sohn eine Absprache gegeben haben muß.
Einen Beweis hat sie jedoch nicht.
In Berlin erlebte Bronnen die ersten Flächen-Bombardements. Er wurde zur »Dienstverpflichtung« im Auswärtigen Amt herangezogen und lebte mit seiner neuen Familie, der blonden Hildegard und den zwei Töchtern, von den Aufträgen des Auswärtigen Amts.

Wußte er nicht, daß das Auswärtige Amt an der Judenpolitik des Dritten Reiches entscheidend mitwirkte, sogar an der »Erfassung« der Juden und ihrer Deportation?
In jedem Fall verband er sich, der sich angeblich vom Nationalsozialismus zu lösen begann, mit seinen Funktionären und schrieb Artikel über Washington, Churchill, die Kriegshysterie. Er erhielt den Auftrag, als ausländischer Journalist getarnt, einen Stimmungsbericht zu schreiben, »welcher die Wirkungen der Luft-Angriffe bagatellisierte und die siegesfrohe Stimmung der Heimat überzeugend zu Papier brachte«. »Das hatte ich«, schreibt er im *Protokoll*, »von dem Prozeß, von der Rehabilitierung...« Bronnen erledigte diesen Auftrag rasch, da kam schon der zweite: Er sollte als britischer Journalist seine Vorstellung von einem Europa nach dem Sieg entwerfen. Kaum war dies zum Wohlgefallen erledigt, kam schon der dritte Auftrag: »Nun wurde es mir zu bunt.«
Neuerliches Publikationsverbot für Arnolt Bronnen und Verbot der Berichterstattung über Bronnen. 1942 wird die Aufführung seines Stückes *Gloriana* an den Münchner Kammerspielen untersagt. 1943 wird das Publikationsverbot für In- und Ausland wiederholt. Die erneute Aufhebung der Mitgliedschaft in der Reichsschrifttumskammer wird mit seiner »früheren schriftstellerischen Tätigkeit« begründet.
Arnolt wurde erneut von der Gestapo vorgeladen, mit der Begründung, man habe »von sehr hoher Stelle« beantragt, ihn unter Schutzhaft zu stellen. Die aggressive Vernehmung endet mit der Drohung, er werde nochmals vernommen werden. Immer wieder hatte er sich Nischen gesucht, aus denen man ihn hervorgezerrt hatte. Jetzt schien es keine mehr zu geben. Er war am Ende.
Fliehen oder bleiben? Nichts wie weg. Seit 1942 hatte er

immer wieder die Übersiedlung nach Österreich ins Auge gefaßt, nun berief er sich auf seine »Pflicht«, Österreich beizustehen. In einer Vorfassung des *Protokolls* gibt er finanzielle Gründe für die Übersiedlung an, im *Protokoll* emotionale.

Er fuhr nach Wien und suchte seine Mutter auf. »Die 72jährige ragte noch wie ein Marmor-Fels in diese Zeit aus Schmutz und Sand.« In ihrer monumentalen Erstarrung und Unangefochtenheit findet Arnolt Bronnen Halt. »Bei ihr war alles klar, eindeutig, unanzweifelbar. Sie hatte immer alles Unechte, Arrogante und Intolerante gehaßt, und also auch den Nationalsozialismus gehaßt.«

Unkorrumpiert von aufpeitschenden Ideologien, behält die Mutter ihre Distanz. Ein Idealbild, das das andere Ich Bronnens verkörpern soll?

Wie bei seinem Vater Ferdinand ist es die Mutter, die dem entwurzelten Sohn das Gefühl von Schutz und Halt vermittelt, das er im zerrissenen Selbst nicht finden kann.

Mit ihrer Hilfe färbt Bronnen seine Wandlungen ein. Immer ist es die Mutter, die an entscheidenden Wendepunkten seines Lebens als »deus ex machina« agiert.

Der »Professor« hingegen, so Bronnen, »bedünkte sich, auf diese Zeit von souveräner Warte zu sehen.« Jedenfalls trug er sein Schicksal mit Demut und Bescheidenheit.

* * *

36. Alp-Träume

Ich bin ein Jahr vor Kriegsausbruch geboren, doch mein Vater irrte sich, als er schrieb, Sirenen und Bomben »erschreckten sie (die Kinder) kaum«. Noch heute, wenn heulend eine Funkstreife an mir vorüberfährt, halte ich mir die Ohren zu und schließe fest die Augen, als könnte ich auf diese Weise für meine Umgebung unsichtbar werden. Vage erinnere ich mich, wie wir im Dunkeln den Keller aufsuchen mußten, oft mehrmals in der Nacht, flüsternde Erwachsene um mich herum, schließlich die Flugzeuge der Amerikaner, die tagsüber tief über unser kleines Haus in Berlin-Kladow flogen.
Im August 1943 sehe ich uns im Zug, schwitzend, die Mutter in Mantel und Hut, von Koffern eingekreist. Sie zittert vor Anspannung, innerhalb eines halben Tages hatte sie den Hausstand aufzulösen, und der Vater mußte Ausweispapiere und Karten für die Fernzüge organisieren. Währenddessen traf bei uns das von Ferdinand – so Hans Bronner, laut Bronnen im *Protokoll* jedoch von der Mutter – aufgegebene Telegramm ein: Zimmer in Goisern frei! Von einer Stunde auf die andere fuhren wir los. Alles egal: mein Vater brauchte nicht nur ein Dach über dem Kopf. Er brauchte eine neue Heimat, einen neuen Glauben – und bald darauf eine neue Frau.
Es war eine Flucht, wenn auch nicht unbedingt die Flucht vor den Bomben. Wir sollten erst einmal mit der Mutter zur Großmutter mütterlicherseits nach Niederbayern, Arnolt fuhr nach Goisern, um sich die Wohnung anzusehen.
Erstmals wird ihr in aller Konsequenz klar, was das Ein-

geständnis Ferdinands – Arnolt hat mir sehr geholfen – bedeutet: Es muß sie gegeben haben, diese tiefreichende solidarische Verbindung zwischen Vater und Sohn, sobald es ums existentielle Überleben ging.
Sie spürt, sie ist auf der Fährte.
Obwohl meine Mutter mir gegenüber immer bei der Meinung blieb, Vater und Sohn hätten sich bis zuletzt voneinander distanziert und kaum ein Wort miteinander gewechselt, stellt es sich mir anders dar. Einen Grund gab es für sie nicht mehr, mir die Wahrheit zu verschweigen. Mir bleibt allein diese Erklärung: Daß sie nur das sah, was sie sehen wollte und durfte.
Bevor meine Eltern Berlin verließen, kam es noch zu einem weiteren, mir lange Zeit befremdlichen Vorfall: Unmittelbar vor der Abreise konvertierte der evangelisch getaufte Arnolt Bronnen zum Katholizismus und holte mit meiner Mutter die kirchliche Trauung in einem Eilverfahren nach. Heute sehe ich darin einen Akt der taktischen Anpassung: Er wollte als getaufter Katholik nach Österreich und im Glauben geläutert in das kleine Goisern zurückkehren.
Nach der treudeutschen nun also die katholische Identität.
Neben der Taktik mag aber auch ein inneres Bedürfnis nach einem festen Halt mitgespielt haben. Während sein Vater nie in einer protestantischen Glaubenswelt lebte, auch wenn er ab und zu Martha zum Gottesdienst begleitete, schien der Sohn aus Angst vor dem Tod und der auf ihm lastenden Schuld Hilfe im Glauben gesucht zu haben. Mit dem jesuitischen Pfarrer Natschläger, den Arnolt Bronnen im Widerstand kennengelernt und mit dem er sich angefreundet hatte, verarbeitete er nachträglich seine Konversion.

Mit dem geläuterten Vater kamen wir 1943 ins Kurbad Goisern mit dem Schwefelgeruch, »die größte Nazi-Gemeinde im Salzkammergut«, so Arnolt Bronnen. Im August 1944 um fünf Uhr morgens im alten Bauernhaus Abschied von meinem Vater, der einrücken mußte. Er kam nach Steyr und Znaim. Aufgrund einer Denunziation wurde er der Wehrkraftzersetzung angeklagt und in Wien inhaftiert. Provisorisch auf freien Fuß gesetzt, riskierte er eine Unterbrechung, um seine Mutter in Döbling zu besuchen – Ferdinand wird nicht erwähnt –, die »ihren schönsten und wärmsten Schal opferte, um meine schmerzenden Lenden zu schützen«: Er litt unter heftigem Ischias.

Noch einmal saß er in dem Zimmer, in dem er herangewachsen war, sah »die Schreibtische, an denen Rudi und ich gesessen, der Tisch in der Mitte, sogar die alte Uhr hing noch an der gleichen Stelle. Ich prägte mir das alles genau ein, so, als sollte ich es nie mehr sehen.«

Bomben, die knapp einen Meter vom Haus der Großeltern in der Reithlegasse entfernt einschlugen, zerstörten den ganzen Vorderbau, zerrissen die Fenster, die Türen, deckten das Dach ab und beschädigten die Möbel.

Nun ließ Arnolt die ausgebombten Eltern nach Goisern kommen und reservierte ein Zimmer beim Metzger Gschwandtner für sie. So ist es überliefert im *Protokoll*.

Sie ist aufgeregt. Ihr wird immer deutlicher, daß Arnolt Bronnen keineswegs die Nähe seines angeblich gehaßten Vaters floh, sondern durchaus verwandtschaftliche Verpflichtungen empfand und sich um das Leben des Vaters sorgte.

Um sich auf eine eventuelle Invasion russischer Besatzer vorzubereiten, nahm Ferdinand die Dienste eines in Goisern lebenden russischen Obersten in Anspruch und

lernte in kurzer Zeit Russisch. Dann zogen er und Martha ins Pflegeheim der Evangelischen Kirche.
Am 15. Dezember 1944 wurde Arnolts Bataillon von Steyr ins böhmische Znaim verlegt, dem sich die sowjetischen Armeen auf 200 km Entfernung näherten. In Schnee und Eis erlebte er seine sechsten Kriegsweihnachten: »Der Krieg begann in seine grauenvolle End-Phase zu treten.«
Aufgrund heftiger Magenschmerzen und nervöser Leiden, Folge der alten Verwundung, gelang es ihm, ins Wiener Kriegslazarett überwiesen zu werden, dem er bald entkam. Er entging den Razzien und Kontrollen der Wiener Gefepo, obwohl er keinen Zivilanzug auftreiben konnte, und suchte im verwüsteten Elternhaus in der Reithle-Gasse Unterschlupf. Eine Bombe zerstörte auch die letzten Reste des Hauses, Bronnen wurde unter den Trümmern begraben, konnte sich befreien und kehrte, als sich das Bataillon auflöste, nach Znaim und am 13. April 1945 schließlich zu seiner Familie nach Goisern zurück, 26 Tage, ehe er das Hakenkreuz endgültig ablegte, »das mir vor fünfzehn Jahren als das Symbol der Kraft, des Glaubens, des Aufstiegs erschienen war«.
Hatte er in Wien nicht den Mut gefunden, sich zu den vielen illegalen Widerstandskämpfern zu schlagen, so fand er ihn in Goisern. Mit einemmal engagierte er sich für den Kampf gegen den Faschismus, suchte Anschluß an den Widerstand; dazwischen wurde er wiederholt vom Auswärtigen Amt nach Berlin zitiert: Kontrastprogramm. Er mußte doch längst wissen, daß das Auswärtige Amt Juden der »Endlösung« zuführte.
Bronnen wurde als Widerständler denunziert, und es gelang ihm nicht, die Aussagen der Denunzianten zu entkräften. Er gab an, seine beschlagnahmten Notizen seien

»Exzerpte aus antinationalsozialistischen Büchern für die von ihm verfaßten Propagandaschriften für das Auswärtige Amt in Berlin«. Bei einer Hausdurchsuchung reagierte meine zitternde Mutter geschickt und rettete damit Arnolts Leben: Sie versenkte weitere gefährliche Notizen im Wassertank der Toilette.

1945 schloß sich Arnolt der österreichischen Kommunistischen Partei an und wurde für zwei Monate Bürgermeister des kleinen Ortes.

Zur selben Zeit genoß Ferdinand wieder das Bergsteigen, wenn er auch nicht mehr die Höhen wie früher erklomm. Immerhin schaffte er es mit fast achtzig Jahren noch auf die Goiserer Hütte. Die ungelenken Hakenkreuze des »Alpenvereins« der völkischen Bewegung, die seit dem Antisemitenkongreß 1921 die Gipfel und Hütten geschmückt hatten, waren verschwunden, der Arierparagraph in den Satzungen kommentarlos getilgt.

Sicher schlug er manchmal den Weg Richtung Dachstein ein, vorbei am Haus des »Schätzn«, wo Arnolt inzwischen mit seiner Familie untergekommen war, doch nie machte er dort halt. Wahrscheinlich trug er, wie auf den Goiserer Fotos zu sehen, seine Trachtenjacke.

Ich habe keine Erinnerung daran, daß mein Großvater uns einmal besucht, seine Enkelkinder je gesehen hätte. Die Ausnahme, die ich noch erinnere, unseren Besuch bei ihm, verdanke ich den auf seinem Tellerrand aufgereihten Haferflockenspelzen. Ob er sich mit meinem Vater heimlich getroffen hat, weiß ich nicht. Möglich ist es.

Heute stellt sich mir die Frage, wie mein Großvater Ferdinand mit den Herausforderungen und Krisen, den einschneidenden Veränderungen nach dem Zusammenbruch des sogenannten Großdeutschen Reichs zurechtkam. Sicher fand er den liberalen Kurs der provisorischen Regierung Österreichs nicht falsch, jene wieder in die Gemeinschaft des Volkes zu integrieren, die aus »Willensschwäche, infolge ihrer wirtschaftlichen Lage, aus zwingenden öffentlichen Rücksichten, wider innere Überzeugung und ohne an den Verbrechen der Faschisten teilgenommen zu haben, mitgegangen sind«, so hieß es in einer Regierungserklärung. Von seiner deutschnationalen Gesinnung aber wird er wohl nicht abgewichen sein – die Vierteilung durch die Besatzungsmächte war ihm sicher ebenso ein Dorn im Auge wie den vielen Hakenkreuzlern, von denen es im Salzkammergut immer noch reichlich gab. Daß hier nicht die Sowjets, sondern die Amerikaner das Sagen hatten, war ihm allerdings ein Trost. Am 28. Januar 1946 schrieb er an seinen Enkel Friedl (Fred Adler) in Los Angeles, er wäre »glücklich, amerikanische Zone zu sein«, denn: »unsere amerikanischen Freunde befreiten uns von dem Nazi-Terror«.

Der Sommerfrischeantisemitismus hatte überdauert, und Entnazifizierung wurde in Österreich als Freisprechung von jedem Schuldvorwurf ausgelegt. Die wenigsten mögen es als zynisch empfunden haben, daß die durch ihre aktive Nazi-Vergangenheit Belasteten bereits vor der Amnestie amnestiert worden waren.

Auch wenn sich ab und zu überlebende Juden zeigten, so war es mit dem Judenhaß keinesfalls vorbei. Sie lebten scheu, wollten nicht auffallen und keinesfalls die Antisemiten reizen. Ein wenig eifersüchtig mag Ferdinand vielleicht auf die Emigranten gewesen sein, die sich wieder offen zum Judentum bekannten und in der Presse plötzlich Anerkennung und Hochachtung ernteten. Er blieb das, was er aus sich gemacht hatte, korrigierte nichts und wäre wohl niemals auf die Idee gekommen, seine Vergangenheit zu widerrufen.

Er hatte überlebt und hüllte sich weiterhin in Schweigen. Darin bestand seine Wahrheit.

Ferdinand Bronner starb 1948, elf Jahre vor seinem Sohn Arnolt, in aller Stille im Krankenhaus in Bad Ischl, vergessen waren seine dramatischen Werke bereits zu seinen Lebzeiten. Niemand schmähte ihn, keiner goß hämischen Spott über den amtlich zum Arier erklärten assimilierten Juden, dem ausgerechnet jener Pfarrer, der ihn mit Martha traute, noch in der Nacht vor der Hochzeit Hörner aufgesetzt haben soll.

Im Dezember 1945 wurde mein Vater Kulturredakteur der kommunistischen Zeitung *Neue Zeit*; wir verließen 1977 Goisern und zogen nach Urfahr bei Linz an der Donau.

Er war Kommunist geworden. Obwohl ich noch Kind war, habe ich diese Veränderung wahrgenommen, ohne sie jedoch zu begreifen. Er benutzte fremde Worte. Verklärte Arbeitergeschichten. Die pathetisch vorgetragene Geschichte vom Holzfäller, aus dem ein Schriftsteller wurde. Das Verbot, mit einer Schulfreundin zu spielen, deren Vater Nazi gewesen war.

Seine Selbstauskunft im *Protokoll* stellt es so dar, als sei sein Leben ein langer Weg hin zum Kommunismus gewesen und sein Umzug 1954 nach Ostberlin die Konsequenz. Lese ich sein Buch *Tage mit Bertolt Brecht*, in den letzten Lebensjahren geschrieben, so hat er bereits in den zwanziger Jahren kommunistische Überlegungen gehegt, Träume, die Brecht verspottete: »Geist und Intellekt zogen mich nach links, Gefühl und Leidenschaft rissen mich nach rechts«, schreibt er im *Protokoll*. Dieser Zwiespalt zieht sich auch durch sein Werk.

Zu seiner Verteidigung hätte er sich auf die Brüder Gregor und Otto Strasser berufen können, die früher einen

sozial-revolutionären Kurs der NSDAP verfochten. Bronnens Crux aber war, daß er weder in die »Innere Emigration« ging noch (wie Gregor Strasser) emigrierte und zusätzlich seine Abstammung arisierte.
Seine Erwiderung auf die Angriffe der Presse, die ihn beim Erscheinen des *Protokolls* als wetterwendisch und opportunistisch darstellten, war ›klar, hell und einfach‹, wie er schreibt, zu einfach jedenfalls, wenn er behauptete: Ich war schon immer Kommunist!
In seinen Werdegang läßt er wohldosiert prokommunistische Gedanken einfließen und nimmt eine völlig neue Position ein: die des Schülers, der zu lernen hat: »Es war das erste Mal, daß ich Unterordnung als Befreiung empfand.«
Seine Vergangenheit ließ sich nicht abstreifen, sie verfolgte ihn und machte ihm zu schaffen, schürte sein Bedürfnis nach Rechtfertigung und gab ihm die Gelegenheit, sich gegen das heftig zu wehren, »was jetzt alleweil in gewissen Periodika steht«. So erzählt der Jude Peter Edel, selbst Opfer der Nazis, von seiner ersten Begegnung mit Bronnen in der *Neuen Zeit*, die Bronnen, das vorwegnehmend, was Edel wohl dachte, mit den Worten einleitete: »der Bronnen, der Schandkerl, ist außa. Hat sich's geschafft ... Wie der Goebbels-Intimus wieder einmal übergelaufen ist zu den Roten, net wahr?«
Volk, Arbeit, Kommunismus – fast immer haftet diesen Begriffen in den späteren Arbeiten Bronnens ein verdächtiges Pathos an, in dem Reisebericht *Deutschland, kein Wintermärchen* (1954) wie in manchen Artikeln, die er für die *Berliner Zeitung* schrieb.
Ihr bereitet es Schmerzen, vorgeführt zu bekommen, wie weit sich ein intelligenter Mensch nach all den Erfahrungen von sich selbst wegtreiben läßt, nur um sich der Staats-

macht anzudienen, in der der Stalinismus noch immer existent war.
War er denn unbelehrbar? Erfahrungsresistent?
Auch in den Ferien-Gesprächen mit meinem Vater, etwa als er mich dazu überreden wollte, in Ostberlin zu studieren, empfand ich Unbehagen über sein systemkonformes Verbiegen, das auch in manchen seiner Artikel für die *Berliner Zeitung* zutage trat. Dort wie in der *Neuen Zeit* vermied er Artikel über die Folgen des Zweiten Weltkriegs oder den Antisemitismus.
Aber ich war zu unsicher, wollte meine Mutter nicht verletzen und scheute das Risiko, auf das Angebot meines Vaters einzugehen und ein Leben in der DDR zu wagen. So verpaßte ich die Chance, mich mit diesem Staat und auch mit meinem Vater auseinanderzusetzen. Aus der Ferne betrachtete ich mit Interesse Wolf Biermann, der 1954 in die DDR gegangen war, oder Adolf Endler, der 1955 »rübergemacht« und sogar den Bau der Mauer für gut befunden hatte, und verfolgte das Leben von Johannes R. Becher, Stefan Heym und all jener, die aus der Emigration in die DDR gelockt worden waren.
Heute, rund zwanzig Jahre nach dem Fall der Mauer, sehe ich Arnolt Bronnen entspannter. Zwar hat mein Blick längst seine Unschuld verloren, und er hat keinen leuchtenden Platz in meinem Gedächtnis. Aber ich werfe keinen Stein mehr auf ihn.
Unter den in der DDR lebenden Schriftstellern gehörte er zu den wenigen, die ihr Denken nicht völlig der Parteidoktrin der SED unterwarfen. Die Folge davon war, daß er als Künstler in all seiner Vielschichtigkeit nicht angenommen wurde, obwohl er gerade darin dem Staat hätte nützlich sein können. Im damaligen Literaturbetrieb führten andere das große Wort, nicht weil sie die besseren

Schriftsteller waren, sondern weil sie im gleichmacherischen Strom der ministeriell verordneten Kultur mitschwammen. Mit Begriffen wie »Sozialistischer Realismus« konnte er nichts anfangen. Was unter diesem Etikett geschrieben und in hohen Auflagen gedruckt wurde, tat er ironisch als Werkkreisetüden ab, Literatur wollte er es nicht nennen.
Als er einmal mit Ingrid Kantorowicz am Schwielowsee an der Bar saß und die in der Schnurbeleuchtung im Gleichschritt Tanzenden betrachtete, sagte er leise: »Hier tanzen die neuen Nazis.« Eine Episode, gewiß, aber sie erhellt schlaglichtartig den Trend, der schon zwei Jahre nach seinem Tod zum Bau der Mauer und zum Rechtsextremismus führen sollte.
Als Dramatiker spielte Bronnen in der DDR keine Rolle mehr. Niemand wollte von dem einst so prominenten Dichter etwas wissen, und wenn er das Theater besuchte, stand er in den Pausen mit seiner Frau Renate allein im Foyer.
Die kleinbürgerlich spießige Lebensart, die den Alltag im sogenannten ersten deutschen Arbeiter-und-Bauernstaat bestimmte, war ihm unerträglich. Materiell gehörte er zu den Privilegierten. Er bewohnte mit seiner Familie – Frau, Sohn und Renates Sohn aus erster Ehe – ein Haus im sogenannten Intelligenzviertel, er hatte Arbeit und ein sicheres Einkommen, doch der Preis dafür wurde ihm zur Qual. Die massive Ablehnung, auf die er bei Kulturfunktionären und Juden stieß, galt auch seiner Vergangenheit. Einerseits war der Antisemitismus in der DDR sehr ausgeprägt, andererseits waren die jüdischen Schriftsteller doch stark genug, um einen wie Bronnen zu ächten.
Als mein Vater 1959 starb, schockierten mich die Feind-

seligkeit und Verachtung, die sein Tod in der »freien«, der westlichen Presse auf sich zog. Selbstherrlich nahm sich jedermann heraus, über ihn zu richten, ja ihn über das Grab hinaus zu vernichten.

Sie empfindet Trauer darüber, daß sie nicht Auge in Auge mit ihm sprechen konnte. Daß dieses Versäumnis nicht wiedergutzumachen ist, davon erzählt dieses Buch.

Doch einen genauen Rechenschaftsbericht hätte sie ihm nie entlockt.

* * *

37. Chuzpe!

Damit hätte dieses Buch sein Ende finden können, wäre sie nicht unerwartet auf etwas gestoßen, das sich in seiner alltäglichen Banalität geschickt unter dem Berg ihrer Notizen und gesammelten Dokumente verborgen gehalten hätte.
Heißt es nicht richtig, fragt sie, der Teufel stecke im Detail?
Das Detail entpuppt sich als die Tatsache, daß Ferdinand und Martha Bronner, kaum im Evangelischen Pflegeheim in Goisern eingetroffen, zusammen mit der Witwe des Pfarrers Schmidt an einem Tisch saßen und gemeinsam zu Mittag speisten. Ausgerechnet mit jener kränklichen Frau, deren 1913 verstorbener Mann zum leiblichen arischen Vater Arnolt Bronnens erklärt worden war!
Nach allem, was sie in jahrelang mühsamer Arbeit herausgefunden und zusammengetragen hat, verschlägt es ihr mit diesem in seiner Tragweite erstmals wahrgenommenem Fund den Atem. Die Witwe des geistlichen Ehebrechers und die von ihm gegen ihren Willen Geschwängerte sitzen mit dem gehörnten Ferdinand einträchtig beisammen und lassen es sich schmecken?
Sie lacht, lacht, lacht. Und sieht unter Tränen endlich, wie sich die Nebel lichten.
Ich bin früh aufgewacht, mit der aufregenden Entdeckung im Kopf. Ich wische die Papiere mit den unzähligen Fragezeichen von meinem Schreibtisch und beginne damit, zwei und zwei zusammenzuzählen. Dr. Ferdinand Bronner und Arnolt Bronnen auf den Porträtfotos sehen mir dabei zu: zwei Brüdern gleich, aus demselben Holz

geschnitzt, dasselbe ironische Lächeln in den Mundwinkeln. Zwei Intellektuelle und hochbegabte Dramatiker.
Mir schießt der Satz Ferdinands durch den Kopf, den er seiner Tochter Ellida schrieb: Arnolt hat mir viel geholfen. Unwillkürlich schließe ich die Augen, doch es wird nicht finster, die beiden Männer blicken mich unverwandt an, und mir ist, als hörte ich ihr heiseres Lachen. Das Lachen zweier Schlemihls, die zusammen ein aberwitziges Ding gedreht und einander geschworen haben, darüber bis an ihr Lebensende Stillschweigen zu bewahren.
Ich reibe mir die Augen. Stillsitzen kann ich nicht mehr. Ich ziehe den Regenmantel über und verlasse das Haus. Es regnet in Strömen, aber das kümmert mich nicht. Ich muß laufen, um zur Besinnung zu kommen.
Jetzt fragt sie andersherum, fragt, was wäre mit Ferdinand Bronner geschehen, wenn er aus dem Vaterschaftsprozeß als bestätigter Jude hervorgegangen wäre?
Die Antwort liegt auf der Hand: Die Nazis hätten ihn dorthin geschickt, woher er gekommen war, und ihn in Auschwitz ermordet.
Und Arnolt Bronnen, was hätten die Nazis mit ihm gemacht, wenn Ferdinand bestritten hätte, daß ein anderer als er ihn gezeugt hat?
Als Halbjude hätte er das Schicksal Ferdinands geteilt.
Wer im Berliner Reichssippenamt im Hintergrund an den Fäden gezogen hat, ob es dieser ominöse Dr. Schröder oder der Scharfmacher Dr. Mayer gewesen war oder Goebbels oder Mirko Jelusich – diese Frage läßt sich nicht mehr klären. Die Tatsache allerdings bleibt bestehen, daß Ferdinand Bronner ohne den in Berlin geführten Vaterschaftsprozeß als Jude in Auschwitz »vergast« worden wäre.
Was die beiden, Vater und Sohn, zusammen auf der Büh-

ne des Lebens unter Todesgefahr inszeniert haben, grenzt an Wahnwitz.

Sie stellt sich Fragen, auf die sie nie gekommen wäre, fragt sich, wer zuerst die Idee zu diesem Stück aus dem Tollhaus hatte? Arnolt, der Sohn, der sich 1930 den ersten Brief von seiner Mutter Martha schreiben ließ, um gegen die in der Öffentlichkeit verbreitete »Lüge« vorzugehen, er wäre jüdischen Bluts? Damals ging es ihm noch »nur« um seinen Ruf, zum Prozeß jedoch kam es nicht. Zehn, elf Jahre später aber wurde es ernst für Vater und Sohn. Beide wissen, was ihnen droht, wenn sie nichts unternehmen.

Der Regen läuft mir in den Mantelkragen hinein, rinnt in kleinen Sturzbächen über die Beine. Ich halte inne, schließe den obersten Mantelknopf, laufe weiter, arbeite meine Frageliste ab.

War Ferdinand bereits mit im Boot, als Martha den ersten Brief an den Sohn schrieb? Die Antwort muß Ja sein! Wer sonst als Ferdinand hätte ihr Arnolts Brief vorlesen, ihr beim Schreiben zur Hand gehen können?

Und die Idee für den Mißbrauch im Schlaf, diesen somnambulen Zeugungsakt, einer Novelle von Heinrich von Kleist entliehen – wer machte sie Martha schmackhaft? Das ließ sich der Sohn in seinem allseits berüchtigten Zynismus einfallen, und den Vater sieht sie darüber ironisch schmunzeln. Wer von den braunen Rassenfanatikern würde schon das Kleistsche Original kennen, das zudem von einer tumben Hausfrau auf die einfältigste Weise kopiert wurde?

Außerdem, und da wird sich Ferdinand besser ausgekannt haben als sein Sohn: eine eindeutige Feststellung der Vaterschaft war bereits im traditionellen Familienrecht der Zeit fragwürdig genug und wurde durch die Verbindung mit der Suche nach »jüdischen Rassemerkmalen« noch zusätzlich erschwert.

Das war die entscheidende Lücke, die Vater und Sohn ausgespäht und sich zunutze gemacht hatten.
Triefnaß eile ich nach Hause, schüttele das nasse Haar, werfe Regenmantel und Schuhe ab. Zitternd vor Kälte lasse ich mich in den Schreibtischstuhl fallen und blicke meine Väter an. Ziemlich angeschlagen wirken sie, ohnedies scheinen sie mit dem Schlimmsten zu rechnen. Der drohende Tod setzt ungeahnte Kräfte in ihnen frei, macht aus ihnen ebenso tollkühne wie angstgeplagte Draufgänger, mit einer gehörigen Portion Galgenhumor, gemeinsam bis zum Äußersten gehend. Was Vater und Sohn im alltäglichen Leben nicht fertigbrachten, das schaffen sie jetzt angesichts der tödlichen Gefahr, auf die sie zugehen: ein perfektes Duo in einem existentiellen Spiel, bei dem sie Kopf und Kragen riskieren.
Sie tippt in ihren Laptop die Sätze:
Des Pudels Kern: Zwei Dramatiker, die um des Überlebens willen eine makabre Komödie inszenieren, zu der der junge und begabtere die Idee liefert, die Mutter als Zeugin gewinnt und den Vater zum Mitspieler macht.
Ferdinand will nicht noch einen Sohn verlieren und steigt als Co-Autor ein.
Zwei Dramatiker schreiben gemeinsam das Drama ihres Lebens. Haben getüftelt, sich abgesprochen und wagen das Rasse-Spiel. Pokern hoch. Wissen, der kleinste Fehler kann sie ihr Leben kosten.
Nicht ohne professionelles Vergnügen feilen sie an der Dramaturgie des Stückes. Bieten sämtliche Papiere, Dokumente und Referenzen auf. Scheuen nicht davor zurück, einem toten Geistlichen, noch dazu dem langjährigen Freund des Vaters, die Schandtat des sexuellen Mißbrauchs in die Schuhe zu schieben. Suchen überdies dessen Witwe auf, überzeugen sie davon, daß es ihre Pflicht

als Christenmensch sei, die ausgedachte Vergewaltigung gutzuheißen, um zwei Menschenleben zu retten. Lassen sich ihr Versprechen geben, Mitwisserin des wilden Seitensprungs ihres Mannes gewesen zu sein, falls die Gestapo sie befragen sollte.

So gerüstet, begeben sich die beiden in das Räderwerk der Rassenuntersuchung und klagen sich in einem beispiellosen Spektakel frei.

Ich blicke erneut mein Väter auf den Porträtfotos an, frage sie, ob stimmt, was ich in meinen Laptop eingegeben habe? Aus ihren Augen spricht arglose Bürgerlichkeit, in ihren Mundwinkeln blitzt die Ironie zweier Juden, die den von den Rassefanatikern geforderten »reinen Ariernachweis« ad absurdum geführt haben.

Hochachtung erfüllt mich, vor diesen beiden Männern, aber auch vor Martha und der mitverschworenen Pfarrerswitwe Schmidt.

Später, als ich das Geschriebene nachlese, treffen mich wie stechende Pfeile neue Fragen. Warum hielt mein Vater lebenslang an seinem Vaterhaß fest? Nicht nur innerhalb der Familie, auch in der Öffentlichkeit? War das eine Rolle, auf die er nicht mehr verzichten konnte? Oder fürchtete er, eine noch weitere Kurve der Wandlungen hin zum guten Sohn hätte man ihm weder geglaubt noch sie akzeptiert? Spontan fällt mir dazu ein Wort von Golo Mann ein: »Trete niemand aus der ihm einmal zugewiesenen Rolle. Wehe, wenn ich einmal Novellen schreiben sollte.«

Als Ferdinand Bronner kurz vor seinem Tod seine Lebenserinnerungen abschloß und Arnolt Bronnen das *Protokoll* zu schreiben begann, war im Nachkriegs-Österreich noch immer das Jüdische indiskutabel. Dann, als Bronnen das *Protokoll* veröffentlichte, war keiner mehr am Leben, der den zusammen mit dem Vater durchgezogenen Coup hätte bestätigen können. Dazu kam, daß er wußte und in der DDR erleben mußte, wie dort der Antisemitismus fortwirkte, wenn auch nicht rassistisch, so doch politisch motiviert. Arnold Zweig, Stephan Hermlin, Alfred Kantorowicz, allesamt Juden, haben das zur Genüge erfahren. Juden galten den Organen der Staatsmacht stets als wetterwendische Kosmopoliten und wurden als unsichere Kandidaten eingestuft.

Mit dem späten Bekenntnis, der Sohn eines in Auschwitz geborenen Juden zu sein, hätte Arnolt Bronnen sich und seiner ohnehin beschädigten Glaubwürdigkeit keinen Gefallen getan. Da hielt er sich besser an das Vorbild seines Vaters, dieses Meisters der stillen Anpassung.

Bislang hat sich die Forschung weder mit den Hintergründen zu Bronnens persönlichem Prozeß noch allgemein mit den gerichtlichen Anfechtungen ehelicher oder unehelicher Geburt im Dritten Reich beschäftigt. Gerichtsverfahren zuhauf, bei denen es um den »passenden Status« der Eltern und ihrer Kinder und damit um Tod oder Überleben ging.

Tat man so etwas nicht? Galt oder gilt es als feige? Ist man immer noch der Meinung, dies wäre moralisch unstatthaft und verwerflich, zumindest aber fragwürdig?

Wie wäre das Urteil der Kritiker Arnolt Bronnens wohl ausgefallen, wenn er, seinem jüdischen Vater nachfolgend, in der Hölle von Auschwitz verhungert, erschlagen, vergast worden wäre?

Die Antwort darauf mag sie sich nicht vorstellen.

Heute weiß ich: Hätten meine Väter ihren grandiosen Coup nicht mit der ihnen eigenen Chuzpe durchgezogen, gäbe es uns, ihre Nachkommen, nicht.

* * *

Für ihre Hilfe und Unterstützung danke ich:
Bernd C. Hesslein, der mich in all den Jahren ermunterte, mich dem Thema zuzuwenden
Meiner Schwester Franziska, die wie ich endlich klar sehen wollte
Dr. Paweł Zarychta, dem ich besonderen Dank schulde für seine persönliche Begleitung durch Auschwitz, Birkenau und ins Archiv
Maria Kłańska, die mir mit Rat beistand
Dr. Elke Fröhlich, der herausragenden Historikerin, die mich als erste gedrängt hat, das Problem Vaterschaftsprozeß neu zu durchdenken
Manfred Grunert († 2010) für nicht nachlassende Unterstützung im entscheidenden Moment
Ewald Dede für Kritik und Verbesserungsvorschläge
Professor Dr. Michael Brenner und Prof. Dr. Dieter Pohl, die mir mit freundlicher Teilnahme Informationen zum Vaterschaftsprozeß vermittelten
Gisela Fichtl, erste kritische Leserin
und Gisela Haasen, Leserin gegen Ende des Buches
Dr. Clemens Pornschlegel, der mir einiges zur Thematik Vater und Sohn zu sagen hatte
Günther Bronner, der mir familiäre Kontakte vermittelte
Renate Bronnen († 2010), deren Offenheit ich manche Hinweise verdanke.
Mein Dank gilt nicht zuletzt den zahlreichen Archiven in Deutschland, Israel und Österreich, deren Mitarbeiter sich bemühten, mir Informationen zukommen zu lassen.
Ich danke meiner Lektorin Gesine Dammel und meiner Schwester Franziska Bronnen für ihren Weitblick in Hinsicht auf den Text, danke Raimund Fellinger und allen Mitarbeitern des Insel Verlags, die das Buch auf den Weg gebracht haben.

Näheres über die Autorin unter www.barbara-bronnen.de

Inhalt

1. Findlinge 9
2. Reliquien 28
3. Das geheime Dokument 40
4. Aufbruch 45
5. Paweł 49
6. Die Stadt der Geister 55
7. Der Friedhof 64
8. Das Schtetl 69
9. Der Schulweg 74
10. Auschwitz 78
11. Der Sohn 84
12. Die Reise 96
13. Hauslehrer in Wien 104
14. Ein Deutsch 120
15. Deutsche Dichter 124
16. Berlin 134
17. Martha Martha 140
18. Pflicht 148
19. Familiendrama 152
20. Selbdritt 155
21. Adam 161
22. Premiere 171
23. Schmelz, der Nibelunge 184
24. Vater und Sohn 192
25. Finis austriae 203
26. Tauglich 211
27. Ungläubigkeit 220
28. Zwischenreich 242
29. Der Sohn der Söhne 245

30. Ein Sohn tötet einen Sohn 256
31. Mundtot 265
32. Die Hochzeit 273
33. Tabula rasa 283
34. Der Prozeß 292
35. Rassenwahn 305
36. Alp-Träume 316
37. Chuzpe! 327